LIDERAZGO BASAL

© 2024. Luis Ronda Zuloaga
Ediciones Universidad de Navarra, S.A. (EUNSA)
Campus Universitario • Universidad de Navarra • 31009 Pamplona • España
+34 948 25 68 50 • www.eunsa.es • eunsa@eunsa.es

ISBN 978-84-313-3901-2
DL NA 6-2024

Imprime: Podiprint

Printed in Spain – Impreso en España

Cupón para la Biblioteca Virtual

Accede a la versión eBook de este título por solo **1,99 €**. Con la compra de este libro puedes utilizar el siguiente cupón para la lectura en *streaming** desde la Biblioteca Virtual. **Sigue estas instrucciones** para visualizar tu libro:

1. Dirígete a la web de la Biblioteca Virtual **https://ebooks.eunsa.es/library**.

2. En la web ve a **Iniciar sesión** e introduce tu email y contraseña. Si no estás registrado, deberás completar el proceso en **Registrarse**.

3. Tras registrarte, accede a la página del libro o lee el QR de esta página. Bajo el precio podrás **insertar el código oculto en el siguiente cupón** para activar la promoción.

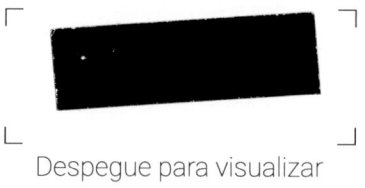

Despegue para visualizar

Acceso directo al eBook

No se admitirá la devolución del libro si el código promocional ha sido manipulado.

Canjéalo en ebooks.eunsa.es

*Con acceso a internet desde cualquier navegador.

Luis Ronda Zuloaga

LIDERAZGO BASAL

El reto de dirigir una
empresa en el s. XXI

EUNSA

EDICIONES UNIVERSIDAD DE NAVARRA, S.A.
PAMPLONA

ÍNDICE

Prólogo del profesor Cosimo Chiesa

He tenido el privilegio de conocer a Luis cuando dirigía los destinos de *Cargill Animal Nutrition* en España y Portugal, y desde entonces he podido seguir su evolución profesional hasta hoy cuando dirige todas las operaciones de *Lesaffre* en la Península Ibérica.

Mi profunda amistad con él me ha permitido seguir también su evolución como autor y sus precedentes obras sobre temas históricos que son, en mi opinión, de lectura recomendada. En estos dos libros toca eventos que deberían de ser de lectura obligada hasta en las escuelas, porque es vergonzoso saber que una grandísima parte de los españoles ignora un personaje como Blas de Lezo, que él me hizo descubrir. De su vida e increíbles victorias me quedé tan atraído que llegué a visitar Cartagena de Indias sólo para revivir su última heroica y victoriosa defensa contra un contingente inglés que pretendía hacerse con todo el imperio español de la Latinoamérica y que era 10/12 veces más potente en su fuerza de choque.

Ahora Luis, se ha alejado temporalmente de su pasión por la historia para entrar en una temática de *management* con una profundidad y documentación excelente. *Liderazgo Basal* es uno de los libros más potentes de liderazgo que he leído a lo largo de mi vida y que refleja la amplia experiencia de mi amigo en temas de dirección de personas. Son más de 30 años en los que el autor ha podido poner en práctica todos los conocimientos que comparte ahora con nosotros en esta obra. Como él mismo nos recuerda "el mundo cambia constantemente y esa evolución afecta al perfil de los lideres que la sociedad demanda" y cuya presencia, en mi opinión, escasea.

Hoy estamos viviendo una profunda crisis de liderazgo a todos los niveles –político, social y empresarial– y se han escrito, como nos recuerda el autor, decenas de miles de publicaciones sobre el tema. Estas obras literarias han sido completadas con millones de horas de formación sobre esta temática tan difícil como apasionante. Liderar es un arte cuyo fin consiste en conseguir con su trabajo y ejemplo que "individuos que conforman el equipo consigan unos buenos resultados que no podrían lograr trabajando por si solos".

Difícilmente se pueden gobernar personas y organizaciones si uno es incapaz de gobernarse a sí mismo y esta es una de las premisas básicas que se exponen en esta obra.

Su excelente recomendación, en *Liderazgo Basal*, se apoya sobre unas prioridades que deberían de ser el rigor, la excelencia y el pragmatismo para de esta forma, satisfacer las expectativas comunes respeto a su valor de accionistas, clientes, empleados, proveedores y como él recomienda hasta de responsables de la comunidad en la que la empresa desarrolla su actividad.

Los líderes de verdad no hacen nunca de sí mismo el centro de atención. Los verdaderos líderes son discretos pero decididos, silenciosos y llenos de coraje. Los mejores no apabullan con su ego, sino que saben construir organizaciones con su humildad. Tratan de avanzar con los demás y nunca a costa de los demás. Son ambiciosos, pero principalmente para conseguir el éxito para sus organizaciones.

Enhorabuena Luis por tu gran contribución en este delicado, complicado y apasionante tema de cómo dirigir personas de la mejor forma posible y mis deseos de grandes éxitos con esta obra.

BARCELONA, JULIO 2023

COSIMO CHIESA

Profesor Extraordinario del IESE Business School
y Presidente de Barna Consulting Group

Introducción

Este libro pretende contribuir al éxito de los profesionales con responsabilidades directivas en las organizaciones empresariales del s. XXI.

Se han escrito infinidad de libros sobre el liderazgo, el éxito en el mundo empresarial y las habilidades directivas. ¿Por qué uno más? ¿Qué podría aportar? ¿Qué interés podría tener hoy?

El liderazgo ha sido, es y será un tema de permanente actualidad. Por obligado pragmatismo, la acción de dirigir cualquier grupo organizado siempre recae en las manos de unos pocos. En todos los ámbitos y niveles de nuestra sociedad, cualquier organización más o menos formal siempre está necesitada de líderes. Muchas personas serán llamadas a desempeñar, alguna vez en su vida, el papel de jefe. Un dirigente puede marcar la diferencia, para bien y para mal, en el éxito de un equipo. Por ello el liderazgo siempre estará de moda.

Como individuos necesitamos líderes que nos inspiren y nos permitan hacer realidad nuestros sueños. Líderes a los que admirar y tratar de emular. Líderes en los que confiar. También necesitamos líderes a los que criticar y exigir. Líderes a los que juzgar implacablemente para tratar de identificar carencias y debilidades que nos permitan reafirmar nuestros valores y creencias... En los últimos años hemos podido observar diferentes tendencias en relación con el liderazgo en nuestra sociedad. En el mundo empresarial hemos pasado de la gloria de los líderes carismáticos, visionarios y poderosos al auge de los líderes influyentes, cercanos, dotados de habilidades interpersonales e inteligencia emocional. En el caso de los dirigentes políticos, independientemente de la ideología, en los últimos años hemos visto la transición de líderes tecnócratas, sólidos, pragmáticos y reservados a dirigentes populistas, ególatras, huecos, autoritarios y hambrientos de protagonismo –por higiene democrática y respeto a los ciudadanos esta tendencia debería cambiar pronto–. En el ámbito del deporte y del espectáculo conviven desde hace tiempo estrellas humildes y cercanas con figuras prepotentes y distantes. En los medios de comunicación son cada vez más escasos los líderes independientes y críticos con el poder establecido. Sin embargo, son cada vez más frecuentes los periodistas que no informan sino que pretenden ser ellos los protagonistas de las noticias. El mundo cambia constantemente y esa evolución afecta al perfil de los líderes que la sociedad demanda. Por todas estas razones el liderazgo siempre estará de permanente actualidad.

Con frecuencia escuchamos que en nuestra sociedad hay una grave crisis de liderazgo. Las personas al frente de las organizaciones son criticadas con dureza y están mucho más expuestas a la opinión pública. La forma de ejercer la política se ha degradado. Los líderes políticos no buscan el bien común, son líderes ególatras y autoritarios que dividen a la sociedad. En las redes sociales ha surgido con fuerza la figura de los llamados influyentes −*"influencers"* en inglés−. Son personas de todo tipo que comparten diferentes aspectos de su vida, más o menos frívolos, con sus seguidores −*"followers"* en inglés−. Condicionan por tanto los gustos, opiniones e ideas de millones de personas y alrededor de ellos surgen intereses de todo tipo, fundamentalmente económicos y políticos. Esta situación provoca un cierto desasosiego, confusión y falta de referencias sólidas en muchos de nosotros. En este contexto la búsqueda de las claves del liderazgo puede ser un ejercicio útil, valioso y de tremenda actualidad.

Líder es una palabra de origen inglés. Si recurrimos al diccionario de la Real Academia Española (RAE) encontramos dos acepciones, 1. m. y f. *"Persona que dirige o conduce un partido político, un grupo social u otra colectividad"*. 2. m. y f. *"Persona o entidad que va a la cabeza entre los de su clase, especialmente en una competición deportiva"*. Sin tratar de corregir a nadie, creo que esta definición se queda corta. Un líder no es únicamente la persona que está al frente de una organización. El concepto de líder debe estar asociado a que la organización que dirige consiga buenos resultados y tenga éxito en su razón de ser. El hecho de estar al frente de una organización es una cuestión de rango o jerarquía. La designación de una persona como responsable de un equipo permite que sus integrantes la identifiquen como jefe y la obedezcan. Pero el liderazgo es algo más. Un líder debe ser un individuo cuyo trabajo y ascendencia hagan posible que los miembros del grupo consigan unos buenos resultados que no podrían lograr trabajando por sí solos. Los componentes de la organización deben llegar a respetar y confiar en su líder, dando lo mejor de sí mismos para alcanzar el éxito del conjunto.

En la numerosa bibliografía existente, se habla con frecuencia de "modelos de liderazgo". Podemos encontrar modelos de liderazgo basados en la inteligencia emocional; en los estilos individuales de dirección −liderazgo natural, democrático, autocrático, transformacional, transaccional, de servicio, etc.−; en la psicología organizacional positiva −liderazgo positivo−; en las circunstancias específicas a las que se enfrenta la organización −liderazgo situacional−; en las motivaciones que mueven a las personas −liderazgo motivacional−; en las relaciones establecidas entre las personas –liderazgo relacional–; y así un largo etcétera.

La idea del Liderazgo Basal surgió hace unos años al tratar de identificar las características esenciales y básicas que debe poseer un líder para tener éxito en su labor. Y esa búsqueda intenté hacerla bajo dos nuevas perspectivas: considerando las necesidades de los diferentes grupos de interés de la organización, y teniendo en cuenta tanto las causas del éxito como las del fracaso de los líderes. Desde un punto de vista menos conceptual y más utilitario, las prioridades del modelo buscado debían ser el rigor, la sencillez y el pragmatismo.

Buscaba respuestas a preguntas como las siguientes: ¿qué mueve finalmente a un accionista, un cazatalentos o un consejero a la hora de seleccionar al máximo responsable de una entidad? ¿Qué valora realmente un director general a la hora de confirmar en su puesto a un director industrial? ¿Cuáles son las claves que permiten a un director comercial tener éxito en su organización y en las relaciones con sus clientes? ¿Qué premisas fundamentales hacen que fracase un director financiero en una corporación? ¿Qué expectativas debe satisfacer el líder de una compañía importante en su relación con los dirigentes políticos de la comunidad? En definitiva, ¿qué cualidades personales tienen más peso en los diferentes grupos de interés a la hora de valorar el desempeño de un profesional de alto nivel en una organización? Para dar respuesta a estas cuestiones debía identificar las expectativas comunes respecto al líder de los accionistas, los clientes, los empleados, los proveedores y los responsables de la comunidad en la que la empresa desarrolla su actividad. Ello requería realizar un ejercicio de empatía y de conciliación de intereses comunes a estas figuras.

En el pasado, las características del líder se basaban casi exclusivamente en satisfacer las necesidades de los accionistas de una empresa. Ello provocaba frecuentes conflictos del líder con los otros miembros de los grupos de interés: empleados, proveedores, clientes y comunidad. Con frecuencia el liderazgo se convertía en un ejercicio de poder. Aunque el conflicto de intereses entre las partes perdure inevitablemente, las empresas del s. XXI deben gestionarse bajo estrictos principios de legalidad, sostenibilidad, tolerancia, respeto y eficacia. Ello obliga a los líderes de las organizaciones a encontrar el adecuado equilibrio y consenso entre los intereses de las diferentes partes. En el exigente entorno actual, solo los líderes que consideren y satisfagan las expectativas de todas las figuras que conforman una organización empresarial, tendrán posibilidades de alcanzar el éxito. Este nuevo enfoque, así como el rigor, la sencillez y el pragmatismo ya mencionados, son los valores distintivos del Liderazgo Basal.

Tanto la premisa de identificar las causas básicas y esenciales del liderazgo como la de hacerlo desde el criterio de los grupos de interés, son extrapolables a otras organizaciones y no sólo a las empresas. Por ello, aunque el modelo del Liderazgo Basal se ha construido alrededor del mundo de la empresa, sus principios pueden ser perfectamente adaptados a las necesidades de cualquier otra organización.

Pero como decíamos al principio, el objetivo del libro es contribuir al éxito de los profesionales con responsabilidades directivas en el s. XXI. Esta obra es por tanto algo más que un libro sobre el liderazgo. Consta de tres partes diferentes y complementarias entre sí. La primera parte, que he denominado "cómo decidimos", tiene como objetivo profundizar en los fundamentos psicológicos del proceso de toma de decisiones. Decidir es una de las principales responsabilidades del directivo. Para hacerlo con acierto es importante conocer los principios básicos que rigen el proceso de toma de decisiones en los seres humanos. A lo largo de tres capítulos hablaremos, entre otros contenidos, de la estructura y funciones de nuestro cerebro, de la memoria y su funcionamiento, de los prejuicios y sesgos cognitivos, de las inteligencias racional y emocional, de la conciencia y de los valores, etc.

La segunda parte aborda en cuatro capítulos la descripción del Liderazgo Basal. Un modelo de liderazgo tremendamente actual, basado en las expectativas de los grupos de interés en relación con el desempeño de los directivos al frente de las organizaciones. En un primer capítulo describiremos el modelo y en los tres siguientes profundizaremos en cada uno de los pilares de este: la capacidad de generar confianza, la determinación para lograr resultados y la generosidad para asegurar el futuro de la organización.

En la tercera parte, titulada "dirigir una empresa en el s. XXI", reflexionaremos sobre los principales retos que afronta un líder de una organización empresarial en el complejo entorno social y económico de nuestros días. Perseguiremos más la compresión e identificación de las causas, fundamentos y condicionantes de los desafíos actuales que la propuesta de mágicas soluciones y pretenciosas respuestas. En seis capítulos abordaremos temas como la importancia de la ética en el liderazgo, la ética empresarial, la responsabilidad social de las empresas, la sostenibilidad, la lucha política alrededor de la sostenibilidad, el ecologismo radical, el alarmismo climático, etc. Analizaremos también el gran reto que afronta la humanidad relacionado con el control del impacto de la actividad humana en nuestro planeta, especialmente en lo relacionado con la oferta y demanda mundial de la energía necesaria para garantizar el progreso social de la humanidad en los próximos años. Sin perder de vista el entorno mundial, nos detendremos especialmente en los retos para los ciudadanos de la Unión Europea.

En todos los capítulos he incorporado diversas citas, breves historias, ejemplos actuales, fotografías, datos, esquemas y gráficos para hacer más ameno y didáctico su desarrollo. También he referenciado una abundante bibliografía que permitirá al lector interesado completar los contenidos.

Los conceptos psicológicos expuestos en la primera parte de la obra pueden ayudar a muchos profesionales a conocerse y dirigir mejor sus equipos. El modelo del Liderazgo Basal, que se desarrolla en la segunda parte, puede contribuir a realizar mejor su trabajo, entendiendo las expectativas de los diferentes grupos de interés que conforman una empresa. Y la última parte pudiera ser valiosa para comprender un poco mejor los acontecimientos que vivimos, cómo afectan a las empresas y cuál podría ser el papel de los líderes empresariales a la hora de afrontarlos.

El valor de este libro se basa en la actualidad y utilidad futura de sus contenidos. Como decía el filósofo griego Heráclito, el cambio es la única realidad permanente. Así ha sido en el universo desde su nacimiento hace unos 13.700 millones de años. Los cambios de todo tipo que afrontamos en el s. XXI −sociales, económicos, políticos, tecnológicos, demográficos, etc.− son de una gran intensidad y se suceden a una gran velocidad. Estamos en un momento crucial en el que afrontamos retos de gran calado. Los próximos años serán sin duda muy importantes para el progreso de la humanidad. No podemos permanecer pasivos ante estos acontecimientos, ni como ciudadanos ni como profesionales. Hay que hacer un esfuerzo permanente por tratar de entender mejor qué se espera de cada uno de nosotros y qué debemos hacer para adaptarnos a los nuevos tiempos. También hay que tratar de conocer mejor lo que realmente sucede, cómo afecta a nuestro trabajo y a los objetivos de las empresas. Este es el valor que pretende aportar el libro en medio de la vorágine de acontecimientos a la que nos encontramos expuestos. En definitiva y con humildad, espero que el libro cumpla con su objetivo y contribuya al éxito de los profesionales del s. XXI con responsabilidades directivas.

PRIMERA PARTE

CÓMO DECIDIMOS

CAPÍTULO 1.
EL CEREBRO Y LA MEMORIA

"El único y verdadero viaje de descubrimiento no consiste en buscar nuevos paisajes, sino en mirar con nuevos ojos"

Marcel Proust (1871-1922), novelista y crítico francés.

■ Decidir y liderar

Según la RAE, decidir es *"formar juicio resolutorio sobre algo dudoso o contestable"*, también *"formar el propósito de hacer algo"*. Las personas tomamos decisiones continuamente a lo largo de nuestra vida. Toda decisión lleva a la acción –o inacción– y por tanto acarrea unas consecuencias. Muchas veces los resultados de nuestras decisiones afectan a otros individuos. La gran diferencia entre una persona adulta y una inmadura es la de aceptar la responsabilidad de sus decisiones. La madurez de un ser humano no siempre está relacionada con la edad. Como bien dice mi amigo, el profesor Cosimo Chiesa, hay muchas personas que aunque cumplan años nunca abandonan el "valle de las excusas".[1]

Cuando alguien lidera una organización sus decisiones en ese ámbito tienen una trascendencia añadida: siempre afectan a otras personas, a él mismo y a la propia organización. En el mundo actual las relaciones sociales y profesionales son cada vez más complejas y exigentes. Un líder debe ser un experto en la toma de decisiones. En el proceso de decidir siempre está implicado nuestro cerebro. Por ello, para entender bien como decidimos y mejorar nuestro proceso de toma de decisiones, es imprescindible adquirir unos conocimientos básicos de psicología relacionados con el funcionamiento de esta maravilloso y complejo órgano de nuestro cuerpo.

■ El cerebro

Tras millones de años de evolución, los seres humanos hemos desarrollado un órgano tremendamente sofisticado que rige nuestro conocimiento y comportamiento. El cerebro gobierna las acciones y reacciones de nuestro cuerpo, permitiendo en última instancia el control de nuestra capacidad física, intelectual y de relación con otras personas. En otras palabras, gracias al cerebro los seres humanos somos capaces, por ejemplo, de respirar inconscientemente, enamorarnos, subir al Everest, pisar la luna, secuenciar el genoma humano o hacer disquisiciones filosóficas sobre la muerte y la vida.

El cerebro ha ido evolucionando de diferente manera en las distintas especies animales. En los vertebrados, mediante numerosas mutaciones genéticas, el desarrollo cerebral se ha materializado a lo largo de miles de años con la incorporación y conexión de nuevas estructuras cerebrales a las ya existentes. La evolución, los hábitos alimenticios y el modo de vida de cada especie han condicionado este proceso. El ser humano es el animal con el cerebro más sofisticado en nuestro planeta. En un escalafón inferior están los primates y el resto de los mamíferos, seguidos de los reptiles, anfibios y peces.

Dada su complejidad, al nacer los seres humanos no tienen completamente desarrollado su cerebro. El crecimiento debe completarse fuera del útero materno, especialmente en los primeros años de vida. El tamaño del cerebro de un bebé es un 25% del tamaño adulto y el de un niño de tres años alcanza el 80%. Como ejemplo, en el primer año de vida una parte muy importante de nuestro cerebro, el cerebelo, multiplica por tres su tamaño, lo que permite el rápido desarrollo de nuestras habilidades motoras.

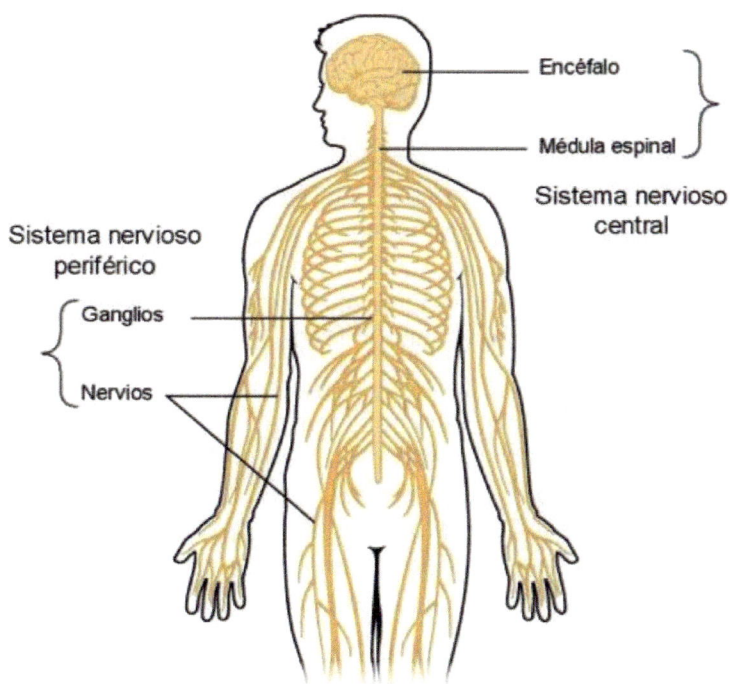

Sistema nervioso de un ser humano.
Fuente: https://www.psicologia-online.com/sistema-nervioso-periferico-funciones-y-partes-4702.html

Es importante conocer que las relaciones sociales y el afecto de los padres son especialmente importantes en el desarrollo cerebral durante las primeras etapas de nuestra vida. En la década de los ochenta del s. XX, Rumanía sufrió una gran crisis económica. Nicolae Ceaușescu, el dictador comunista que gobernaba el país, promovió una agresiva política de promoción de la natalidad. Como resultado, muchas familias no podían mantener ni educar a sus hijos y los entregaron por decenas de miles a hospicios estatales. Cuando a finales del año 1989 el sátrapa y su pareja fueron fusilados, acusados de genocidio, Rumanía se abrió al mundo. Entonces, unas terribles imágenes de los orfanatos estatales fueron publicadas en la mayoría de los medios de comunicación internacionales. En ellas aparecían niños de corta edad hacinados, desnutridos y en pésimas condiciones higiénicas. Muchos de estos niños fueron adoptados por familias occidentales y pronto se pusieron en evidencia las peores secuelas de este drama. El desarrollo del encéfalo no se había completado y ello se reflejaba en un menor tamaño del cerebro y deficiencias en otras estructuras cerebrales. Carentes del imprescindible afecto de padres y cuidadores durante los primeros años de vida, los niños presentaban con el tiempo graves secuelas intelectuales y afectivas: menor coeficiente intelectual, déficit de atención, problemas de depresión y relación, dificultades para trabajar, etc.[2]

Las variadas y complejas relaciones sociales del ser humano están directamente relacionadas con su sofisticada evolución cerebral. Como resultado, nuestra propia supervivencia depende en gran medida de un comportamiento social efectivo. Individuos aislados de la sociedad tienen un menor desarrollo cognitivo, menor esperanza de vida, son más propensos a enfermar y menos felices.

En los seres humanos, el cerebro forma parte del sistema nervioso. Este se divide en sistema nervioso central (SNC), compuesto por el encéfalo y la médula espinal, y sistema nervioso periférico (SNP), compuesto por los ganglios y nervios que se extienden por todos los rincones de nuestro cuerpo. Encéfalo y médula espinal están protegidos por huesos: el cráneo y la columna vertebral.

El encéfalo lo componen el tallo encefálico, el cerebelo y el cerebro. El tallo encefálico es, evolutivamente, la parte más antigua del encéfalo. Se ubica en el extremo superior de la médula espinal. En él se localizan las funciones vitales más básicas de nuestro cuerpo como la respiración, el metabolismo, los movimientos inconscientes de ciertos órganos, etc. Los peces, anfibios y reptiles mantienen una estructura cerebral muy primitiva y sencilla, muchísimo menos desarrollada y compleja que en el caso de los mamíferos, localizada únicamente en la parte superior de su médula espinal. En los humanos a partir del tallo encefálico y a lo largo de miles de años de evolución han ido desarrollándose el cerebro y el cerebelo. En el caso del cerebro humano las nuevas estructuras se fueron agrupando en capas, formando los denominados córtex y neocórtex. El neocórtex es la base estructural de las principales funciones racionales del ser humano: la toma de decisiones, la resolución de problemas, el lenguaje, la moralidad, la capacidad de síntesis y razonamiento, etc.

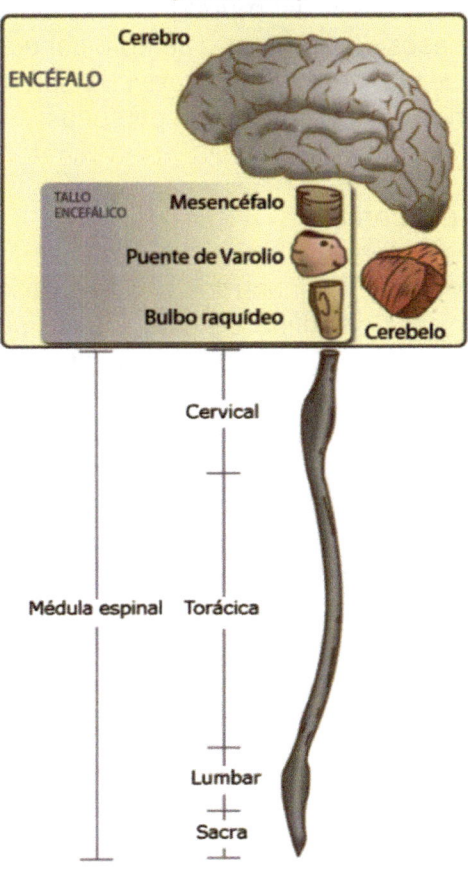

Sistema Nervioso Central de un ser humano.
Fuente: Snell RS (2003) Neuroanatomía clínica. Wikipedia CC BY 3.0

Según el neurocientífico brasileño Miguel Nicolelis, especializado en la integración del cerebro humano con prótesis mecánicas, este órgano es un ordenador biológico sin rival en el universo conocido.[3] A sus increíbles capacidades de cálculo y gestión de la información, se unen sus fascinantes aptitudes para la abstracción, sincronización y empatía. Pero lo realmente maravilloso de nuestro cerebro es su capacidad de adaptación y regeneración ante todo tipo de contingencias desconocidas.

El cerebro es el centro del universo humano. En él se almacena todo lo que nos define como seres racionales: nuestros conocimientos, instintos, capacidades, creencias, mitos, pensamientos, inteligencias... Nuestros sistemas sensoriales, desarrollados y adaptados a lo largo de millones de años de evolución, recopilan de una manera precisa y casi mágica la información del mundo exterior que procesa nuestra mente. A partir de esos datos nuestro cerebro genera modelos y desarrolla funciones que nos permiten sobrevivir, relacionarnos y en última instancia realizarnos plenamente como personas.

■ *Los estudios del cerebro*

A pesar de su importancia ignoramos muchas cosas de nuestro cerebro. El conocimiento científico de este órgano se ha desarrollado recientemente. Los avances en microscopía, anatomía y fisiología de finales del s. XIX sentaron las bases de lo que hoy sabemos. En esas primeras etapas fue fundamental la aportación del médico y científico español Santiago Ramón y Cajal. Especializado en histología y anatomía patológica, sus investigaciones sobre la morfología de las células nerviosas –neuronas– y sus conexiones –sinapsis– le permitieron recibir el Premio Nobel de Medicina en el año 1906. Este reconocimiento fue compartido con el citólogo italiano Camillo Golgi quien desarrolló un método de tinción que resultó fundamental para el estudio del tejido nervioso, facilitando los descubrimientos de Ramón y Cajal.

El estudio del cerebro es un tema de tremenda actualidad. Los responsables políticos de la mayoría de los países desarrollados, UE, EE. UU., China, India, Canadá, Japón, Brasil, etc., comparten una misma inquietud por conocer mejor nuestra mente y en estos momentos destinan una importante cantidad de fondos a este fin. Estas inversiones se materializan en ambiciosos programas de investigación que implican a numerosos científicos de diferentes nacionalidades y abarcan múltiples frentes de trabajo. Así, en la Unión Europea, el objetivo del proyecto *"The Human Brain Project"* (HBP) consiste en construir simulaciones detalladas desde el punto de vista biológico del cerebro humano y desarrollar tecnologías de supercomputación, modelización y digitalización que permitan materializar esas simulaciones. En Estados Unidos, la iniciativa *"Brain Research Through Advancing Innovative Neurotechnologies®"* (BRAIN) tiene como objetivo hacer un mapa de las redes neuronales del cerebro humano y conocer cómo interactúan las células cerebrales. Los avances que se están logrando son realmente espectaculares y están llamados a cambiar significativamente nuestra calidad de vida.

Con carácter general, para proceder al estudio científico del cerebro hemos de actuar en cinco niveles:

- Molecular. Afecta al estudio de las moléculas implicadas en la transmisión y recepción de información, mediante impulsos electromagnéticos, a través de las estructuras que conforman el sistema nervioso.

    Celular. Trata del estudio de las distintas células nerviosas, su morfología y funciones que realizan en el sistema nervioso.

- Redes neuronales. Aborda el estudio de las redes formadas por las neuronas, su morfología, relaciones y funciones en el sistema nervioso.

- Funcional. Estudia las diversas agrupaciones de redes neuronales en el cerebro, su morfología y funciones, así como sus relaciones con las diferentes estructuras del encéfalo y sistema nervioso.

- Integral. Estudia la cognición y el comportamiento humano, incluyendo la posibilidad de conectar máquinas a nuestra mente.

■ *El cerebro y la memoria*

El cerebro de una persona adulta pesa alrededor de 1,5 kg y contiene unos cien mil millones de neuronas. Las neuronas son las células del sistema nervioso especializadas en la recepción y emisión de información, mediante la transformación de estímulos químicos en impulsos electromagnéticos. El cerebro también contiene mil millones de células gliales que complementan y dan soporte a las funciones neuronales. Las neuronas disponen de una cierta capacidad de almacenamiento de la información necesaria para ejecutar las funciones cerebrales. Pero es en las complejas y numerosísimas interconexiones entre las neuronas, llamadas sinapsis, donde fundamentalmente se guardan esos datos. La memorización de la información está basada en procesos de estimulación molecular, también intervienen nuestros genes –DNA– mediante factores de transcripción como las proteínas CREB. Se estima que existen más de cien mil millones de neuronas y cien billones de sinapsis en un cerebro humano. Estas conexiones neuronales se modifican y adaptan permanentemente a lo largo de la vida del individuo. Dicha evolución está ligada al continuo proceso de aprendizaje y cambio al que estamos sometidos las personas. Por ello se habla de la plasticidad como una de las características inherentes a nuestro cerebro.

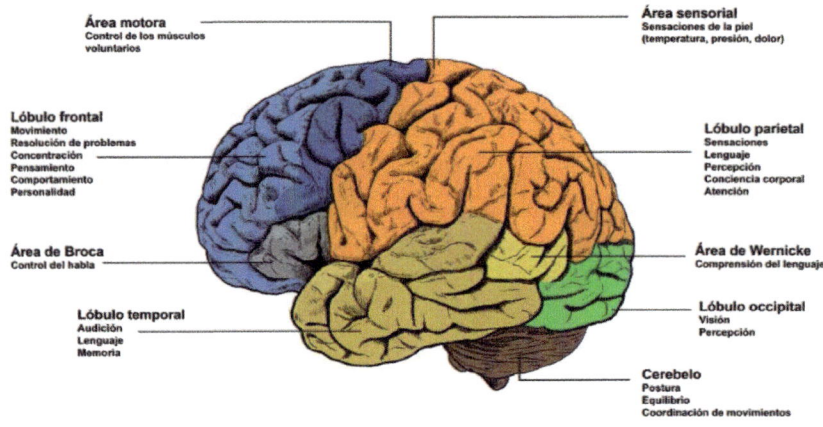

Principales partes y funciones del cerebro humano.
Fuente: Consejo Superior de Investigaciones Científicas (CSIC), España.

Morfológicamente, el cerebro presenta una especialización de sus funciones, las cuales se localizan en distintas zonas de su estructura. Esta característica está ligada a la transformación y adaptación del cerebro a lo largo del proceso evolutivo del ser humano. La localización de las distintas funciones cerebrales en nuestra cabeza se investiga hoy en día con diferentes técnicas. Una de ellas se basa en el uso de modernos aparatos que miden y localizan los impulsos electromagnéticos de la actividad cerebral al ejecutar distintos ejercicios mentales. Antes de disponer de estos sistemas, los psiquiatras habían estudiado y localizado las distintas funciones cerebrales en sus pacientes, relacionando los problemas de comportamiento, razonamiento, etc., con las carencias o anomalías en su fisiología cerebral. De esta manera se concluye, por ejemplo, que en el cerebelo se localizan las funciones de coordinación motora del cuerpo humano; en el lóbulo occipital el sistema visual; en el lóbulo parietal el lenguaje y la atención; en el lóbulo frontal las funciones relacionadas con el pensamiento, la concentración y la personalidad; en el lóbulo temporal la audición y la memoria; etc. No obstante, esta especialización de funciones es muy compleja debido a la gran cantidad de conexiones e interrelaciones entre las distintas zonas cerebrales.

Una de las funciones más importantes realizadas por nuestro cerebro es almacenar y recuperar información. Esta facultad se denomina memoria. La memoria nos ayuda a tomar decisiones y a dirigir nuestra vida con eficacia. Es por ello necesario conocer algunos principios generales sobre su funcionamiento. La memoria es la facultad de los seres humanos que les permite guardar y recuperar, en el momento oportuno, información de hechos pasados o conocimientos adquiridos que consideran importantes. La memoria desarrolla cuatro funciones clave: grabar, guardar, recuperar y borrar experiencias del individuo.[4] Los fallos en la memoria pueden estar relacionados con una o varias de estas cuatro funciones clave. La memoria es parte fundamental de nuestras acciones ejecutivas en el día a día y en nuestros razonamientos.[5] No podríamos vivir normalmente sin memoria. En función del alcance temporal de los recuerdos guardados y recuperados, se distingue entre memoria a corto plazo y memoria a largo plazo. Otra clasificación más ilustrativa es la que se basa en el tipo de recuerdos guardados y su utilización posterior, en base a ello se distinguen cuatro tipos de memoria:

- Memoria autobiográfica. Formada por los recuerdos que guardamos de los episodios o experiencias de nuestra vida, situándolos en un tiempo y lugar determinados. También guarda las emociones que acompañaron a esos sucesos que vivimos. Condiciona nuestro ámbito personal y social del presente y del futuro.

- Memoria semántica. La memoria que se especializa en grabar y conservar las definiciones o los conceptos de las cosas, así como las connotaciones que damos a los símbolos y a las expresiones.

- Memoria motora. Son los conocimientos que almacenamos sobre cómo manejar las cosas (un lápiz, un teclado de ordenador, unas tijeras, una bicicleta, una guitarra...), y como ejecutar tareas, procedimientos y actividades que requieren aprendizaje y coordinación motora.

– Memoria de trabajo. Nos permite llevar a cabo mentalmente operaciones aritméticas, resolver problemas concretos, razonar varias ideas a la vez o comparar las ventajas e inconvenientes de las decisiones que vamos a tomar. Para su funcionamiento requiere recuperar, retener y gestionar de forma consciente varios tipos de datos y conocimientos a la vez, generalmente en un corto espacio de tiempo.

Debemos conocer que el funcionamiento de nuestro cerebro tiene limitaciones. Y ello a pesar de ser un órgano realmente sofisticado y fiable que ha ido evolucionando a lo largo de los tiempos hasta alcanzar un grado de perfección en su funcionamiento realmente fascinante. El origen de esas limitaciones se debe, fundamentalmente, a dos causas que desarrollaremos seguidamente:

1. La subjetividad de la memoria. La percepción y recogida de información por parte de nuestros sentidos presenta algunas restricciones. Además, el almacenamiento de esa información en nuestra memoria está condicionado.

2. La capacidad de nuestra memoria. La cantidad de datos que nuestro cerebro puede manejar es limitada.

■ *La subjetividad de la memoria*

Los datos que almacena y procesa nuestro cerebro se captan a través de nuestros sentidos: vista, olfato, tacto, oído y gusto. Los órganos de nuestro cuerpo implicados en esa captación de datos: ojos, nariz, piel, oídos y lengua, pueden tener ciertas limitaciones en su funcionamiento. Por otro lado, es importante entender que nuestro cerebro graba y guarda en la memoria datos de lo ocurrido con una carga muy importante de subjetividad. Es decir, normalmente captamos, recordamos e interpretamos la realidad desde un punto de vista subjetivo. Veamos tres ejemplos.

En ocasiones podemos encontrar discrepancias más o menos importantes sobre una misma realidad entre dos o más testigos de esta. Ello es debido a que la capacidad de percepción, grabación y almacenamiento de la información en la memoria puede verse alterada o condicionada por numerosos factores del entorno: la localización de la persona en un momento dado, el correcto funcionamiento de sus sentidos, la atención prestada, el estado de ánimo, las vivencias posteriores, etc. Sirvan como ejemplo las diferentes interpretaciones de una misma jugada en un partido de fútbol por parte del árbitro, los jugadores o los aficionados de uno y otro equipo, incluso tras observarla repetidamente en la televisión. Factores como la rapidez de los hechos, el número de jugadores implicados, la confusión ante diferentes sucesos, la posición de cada uno de los observadores, su atención y estado de ánimo, las emociones del momento, la interpretación de las reglas, la subjetividad, etc., distorsionan inevitablemente una misma realidad.

Por otro lado, es importante constatar que la coincidencia entre distintas personas en los recuerdos de unos mismos hechos no asegura que esos recuerdos se correspondan totalmente con la realidad. Este es el interesante argumento de una magnífica película del maestro Alfred Hitchcok estrenada en el año 1956, "*The Wrong Man*" –en España conocida con el título *Falso Culpable*–, interpretada por Henry Fonda, Vera Miles y Anthony Quayle.[6] La película narra la historia real de Manny Balestrero –magníficamente interpretado por Henry Fonda–, un músico de jazz, casado y con dos hijos, que tocaba el bajo en el "*Stork Club*" de Nueva York a principios del s. XX. Este hombre, al ir a pedir dinero a su compañía de seguros para poder pagar al dentista de su mujer, fue identificado por cuatro testigos diferentes como el ladrón que recientemente había realizado un par de atracos en las mismas oficinas. Una serie de coincidencias, entre ellas el cometer el mismo error ortográfico que el delincuente al redactar una nota, vinieron a confirmar los falsos recuerdos de los testigos. Manny fue detenido y encarcelado a la espera de ser juzgado. Su abogado –interpretado por el actor británico Anthony Quayle– intentó demostrar que se trataba de un error de identificación por parte de los testigos. Pero sólo logró la repetición del juicio al constatar la predisposición en contra de su defendido por parte de un miembro del jurado. Mientras se esperaba el segundo juicio, apareció el verdadero ladrón y confesó su culpabilidad. Ello permitió la completa absolución de Manny Balestrero, aunque nadie pudo compensarle nunca por el error que le llevó a la cárcel durante meses y que produjo serios problemas en su familia.[7]

Es también necesario considerar que los recuerdos grabados en nuestra memoria evolucionan con el tiempo de acuerdo con los cambios en nuestras propias opiniones y puntos de vista. La memoria reconstruye los recuerdos, los datos y acontecimientos que guarda del pasado. Ese proceso los hace coherentes con nuestra visión del presente eliminando contradicciones. Es un proceso involuntario que protege nuestra autoestima y equilibrio psicológico, pero que también puede equivocarnos. Una variante de esa adaptación de los recuerdos guardados en nuestra memoria es tremendamente positiva a la hora de tomar decisiones importantes. Para evitar precipitarnos con decisiones difíciles, "en caliente", es normal "dejar reposar" la información que tenemos para lograr una visión más clara y calmada de la realidad a la que nos enfrentamos. Ese "consultar con la almohada" nos da tranquilidad y enriquece nuestra toma de decisiones, añadiendo otros puntos de vista y recuperando experiencias que normalmente hubiéramos obviado de tomar la decisión rápidamente.

Las evidencias sobre el funcionamiento subjetivo de nuestra memoria que acabamos de ver no deben causarnos una inquietud perniciosa, ni evitar el que defendamos con pasión nuestras ideas, opiniones y visión de la realidad. Pero si nos deben servir para ser siempre humildes y prudentes a la hora de valorar la certeza de nuestros recuerdos y aseveraciones. Es sano cuestionar con frecuencia nuestra interpretación de la realidad, identificar todos aquellos condicionantes que pueden añadir subjetividad a nuestro conocimiento, escuchar a los demás con atención y mantener nuestra mente siempre abierta a detalles que pudieron pasarnos desapercibidos. Y lo que es más importante, al ser conscientes de estas "imperfecciones" de nuestra memoria, debemos ser íntegros y buscar siempre la verdad, entendida como la verificación de los hechos con la realidad.

En individuos sanos y condiciones normales, la capacidad de percepción de nuestros sentidos y el funcionamiento de nuestra mente permiten captar, guardar y recuperar lo más importante de unos hechos con un elevado grado de certeza y coincidencia con la realidad. Además, los procesos de percepción, grabación, almacenaje y posterior recuperación de lo aprendido son comunes entre los seres humanos. De ahí nuestra capacidad para relacionarnos y expresarnos en un mismo lenguaje, nuestra habilidad a la hora de escribir y comunicarnos, nuestra aptitud para conducir un coche junto con miles de conductores, la posibilidad de manejar un ordenador, pilotar un avión o un barco, cantar en un coro, bailar, trabajar en equipo y coordinarnos en labores complejas, etc. Estemos pues tranquilos, nuestro cerebro ha evolucionado a lo largo de miles de años con la premisa básica de ser fiable en sus razonamientos y permitirnos conocer la realidad —la verdad— de nuestro entorno para poder enfrentarnos a ella. De otra manera no habríamos sobrevivido ni llegado al grado de desarrollo como especie que tenemos en la actualidad.

■ *Prejuicios y sesgos cognitivos*

Por su actualidad en el mundo empresarial, vamos a revisar brevemente dos mecanismos de nuestro cerebro que pueden condicionar negativamente nuestras decisiones, especialmente en lo relativo a nuestros juicios, actitudes y comportamientos con otras personas. Se trata de los sesgos cognitivos y de los prejuicios. Estos mecanismos están relacionados con los dos grandes tipos de pensamiento, el racional y el intuitivo -o emocional-, que determinan muchas de nuestras decisiones y comportamientos.

Los sesgos cognitivos consisten en una interpretación errónea y sistemática de la información que manejamos en un proceso de toma de decisiones, normalmente sin ser conscientes de ello. Su origen parece estar ligado a la evolución de la mente humana, que favorece, en determinadas situaciones, preservar la información que da lugar a decisiones rápidas e intuitivas frente a la que nos empuja a decisiones racionales más lentas. El concepto fue introducido en el año 1972 por los psicólogos israelitas Daniel Kahneman y Amos Tversky.[8] Kahneman es considerado el padre de la psicología conductual. Recibiría el Premio Nobel de Economía en el año 2002, junto con el estadounidense Vernos Smith, por su teoría de la "economía conductual" en la que analiza los procesos de toma de decisiones en situaciones de incertidumbre. Es el único psicólogo que ha recibido un Premio Nobel de Economía.

Kahneman identifica ocho sesgos cognitivos que interfieren en nuestras decisiones.[9] Entre ellos está el sesgo o aversión a la pérdida, que nos inclina a proteger lo que ya tenemos aunque ello no sea muchas veces la mejor opción. Un ejemplo del comportamiento asociado a esta decisión es que una gran mayoría de personas prefieren quedarse con cien euros y no hacer nada, antes que arriesgarlos en una inversión para ganar otros cien. Otro sesgo es el del compromiso, consiste en darnos cuenta de un error y a pesar de ello persistir en él, pues es más fácil que tratar de corregirlo. O el sesgo de la confirmación que nos lleva a justificar continuamente nuestras creencias en lugar de cuestionarlas y aprender nuevas cosas. Por último mencionaremos el sesgo de la complacencia que nos lleva a muchas personas a pensar que el éxito pasado garantiza el éxito futuro.

Los prejuicios son etiquetas negativas que ponemos a algo o a alguien, sin ser conscientes de ello. Son consecuencia de nuestras creencias adquiridas, fruto de nuestros miedos, desconfianza, entorno cultural, vivencias, etc. También se denominan estereotipos. Fueron identificados por el psicólogo americano Gordon Allport, reconocido por sus estudios sobre la personalidad.[10] Los prejuicios nos llevan a discriminar o dar preferencia a unas personas respecto a otras porque las asociamos con determinados grupos sociales, étnicos, sexuales, políticos, religiosos, nacionalidades, etc. Esta generalización condiciona inconscientemente nuestros juicios, actitudes y comportamientos con otros seres humanos. En el año 1995, la psicóloga estadounidense de origen indio Mahzarin Banaji y el psicólogo americano Anthony Greenwald profundizaron en el análisis de los prejuicios bajo una nueva denominación: sesgo implícito –*implicit bias* en inglés–.[11]

En relación con los prejuicios creo que resultará valioso recordar el incidente del año 2018 en una cafetería de la empresa Starbucks en la ciudad de Filadelfia en EE. UU. Dos afroamericanos entraron en el establecimiento y solicitaron utilizar los servicios. Los empleados les respondieron que los aseos estaban reservados para los clientes y que debían consumir algo para poder utilizarlos. Entonces se sentaron en una mesa sin consumir, aduciendo que estaban esperando a un amigo. Tras cerca de dos horas, según los empleados, fueron requeridos a abandonar el local. Las dos personas se negaron y protestaron por estar recibiendo un trato racista. Los empleados, ejerciendo el derecho de admisión en un establecimiento privado, llamaron a la policía. Los agentes les pidieron educadamente, por tres veces, que abandonaran la cafetería y al no obedecerlos fueron esposados y llevados a comisaría. Los dos afroamericanos fueron puestos en libertad sin cargos al confirmar Starbucks que no presentaría ninguna denuncia. Una mujer que se encontraba allí subió un video a las redes sociales y se produjo una reacción en cadena de acusaciones de racismo hacia Starbucks y la policía de Filadelfia.[12] El CEO de la compañía, Kevin Johnson y los propios empleados del local pidieron disculpas públicamente. El gerente del local fue despedido. El escándalo se extendió por todo EE. UU. y Starbucks anunció el cierre durante medio día de todos sus establecimientos en el país para que sus empleados fueran formados en la identificación de prejuicios racistas.[13]

El incidente que afectó a Starbucks disparó la sensibilidad de la sociedad americana hacia los prejuicios.[14] El negocio de formación en empresas, entidades gubernamentales, cuerpos de seguridad, ejército, etc., se disparó. Según estimaciones de la consultora McKinsey realizadas en el año 2017, las empresas americanas invierten 8.000 millones de dólares anuales para formar a sus empleados en gestión de prejuicios y diversidad.[15] La Universidad de Harvard dispone de una prueba *online* para que cualquier persona pueda detectar si tiene algún tipo de prejuicios.[16] Esta sensibilidad se ha extendido por la mayoría de los países europeos. Hoy en día, estos entrenamientos son habituales en las compañías para potenciar la cultura de diversidad, facilitar las relaciones personales, mejorar los procesos de selección de personal, etc.

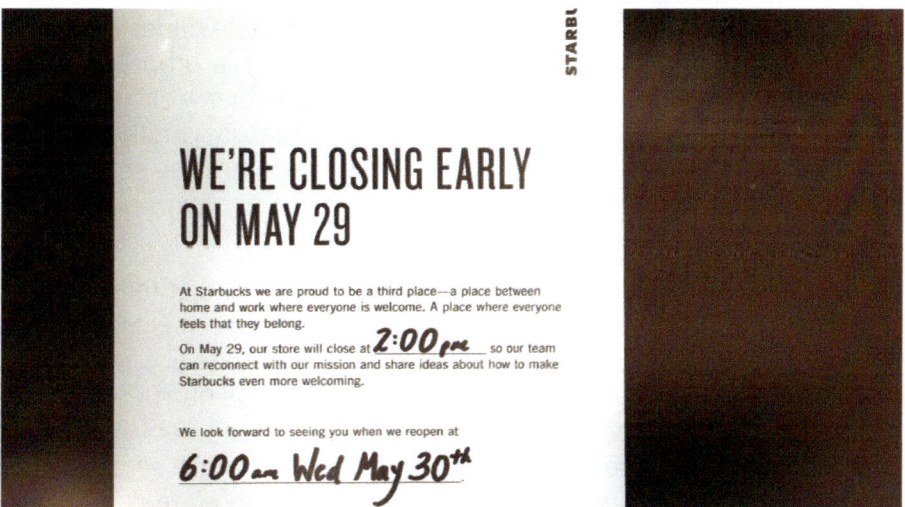

El 29 de mayo del año 2018, la compañía Starbucks cerró durante media jornada sus más de 8.000 establecimientos en EE. UU. para que todos sus empleados recibieran un entrenamiento en la gestión de prejuicios racistas.
Fuente: eu.usatoday.com MIKE DE SISTI / MILWAUKEE JOURNAL SENTINEL.

■ *La capacidad de nuestra memoria*

Además de la subjetividad, también hemos de considerar los límites en la cantidad de datos que nuestra memoria puede manejar. Hace unos años surgió la polémica sobre la capacidad analítica de nuestra mente. Para Héctor González Pardo, profesor de Psicología en la Universidad de Oviedo, la capacidad teórica de nuestra memoria es prácticamente ilimitada.[17] Según Paul Reber, profesor de Psicología en la Universidad Northwestern de Illinois, el cálculo de la capacidad de nuestra memoria presenta serias dificultades: no hay un método definido para hacerlo, el tamaño de los datos en los recuerdos almacenados puede ser muy variable, la enorme plasticidad de la memoria hace que los recuerdos sean eliminados y reemplazados por otros, etc. No obstante, Reber estima que la capacidad de nuestro cerebro es equivalente a 2,5 petabytes (2,5 millones de gigabytes).[18] Terry Sejnowski, profesor del Laboratorio de Neurobiología Computacional en el Instituto Salk de San Diego, estima que la capacidad de almacenamiento de datos en nuestro cerebro se encuentra en el rango de varios petabytes.[19]

Pero una cosa es la capacidad teórica de nuestra memoria y otra la cantidad de datos que nuestro cerebro puede procesar adecuadamente en un determinado momento. Todos sabemos que hacer varias cosas al mismo tiempo favorece las distracciones y la probabilidad de cometer errores. Normalmente si queremos hacer bien y eficientemente una tarea debemos concentrarnos en ella. Dadas las limitaciones de nuestra mente y nuestros sentidos, cometeremos errores si tratamos de hacer varias cosas al mismo tiempo. Por ello es tan importante la atención en los procesos de aprendizaje.

Por tanto, es importante aceptar lo limitado de nuestro entendimiento. La famosa *Alegoría de la Caverna* de Platón, recogida en el Libro VII de su obra *La República*, es una ilustrativa metáfora sobre el conocimiento del ser humano. Narra la historia de unas personas que permanecen en una cueva encadenadas, tras un muro, desde su nacimiento. Su único conocimiento de la realidad son las sombras que se proyectan desde el exterior, tras el muro, sobre una de las paredes de la gruta. Cuando una de las personas logra liberarse de sus cadenas y salir de la cueva, constata el origen de las sombras. Al salir de la caverna queda totalmente fascinada ante la realidad del mundo al que tiene acceso por primera vez. Llevada de un sentimiento de solidaridad vuelve a la gruta para liberar a sus compañeros y advertirles del limitado conocimiento que tienen y lo maravilloso que es el universo fuera de aquella caverna. Pero ellos no sólo no la creen, sino que condicionados por sus percepciones y miedos la insultan y agreden.[20] Platón aprovecha la historia para resaltar la importancia de la búsqueda incansable del conocimiento. Es esta una lección de incuestionable actualidad en nuestros días.

Además de la cantidad es importante tener en cuenta la calidad de la información que manejamos. Gracias al desarrollo de la informática y las comunicaciones, hoy en día tenemos acceso a una enorme cantidad de información. Esto es un gran avance para la humanidad y favorece sin duda la libertad, independencia y desarrollo individual. Pero desgraciadamente, la baja calidad de la información y las posibilidades de manipularla interesadamente también se han multiplicado. Redes sociales, televisiones y medios de comunicación, utilizando algoritmos e infinidad de señuelos, condicionan y limitan con frecuencia nuestro conocimiento de la realidad con fines ideológicos y comerciales. La manipulación intencionada de la información no es algo nuevo, siempre ha existido a lo largo de la historia de la humanidad. Fue el genocida Lenin (Vladímir Ilich Uliánov) quien aseveró *"la mentira es un arma para alcanzar los objetivos de la revolución"*. Y vaya si lo fue para desgracia de millones de rusos. Pero en la actualidad la manipulación de la realidad suele ser más sutil, cercana y efectiva, al utilizar herramientas y canales –teléfonos móviles y redes sociales fundamentalmente– que permiten enviar y tener acceso a gran cantidad de información, casi instantáneamente, a un número cada vez mayor de personas en prácticamente todos los lugares del mundo.

La ignorancia no es únicamente tener pocos conocimientos, es tener y estar expuesto a información parcial, equivocada o torticeramente manipulada. Debemos ser conscientes de que la ignorancia limita en última instancia nuestra libertad como individuos. Una vez más, la toma de conciencia sobre lo corto de nuestro saber debe llevarnos a priorizar el esfuerzo continuo por aprender, conocer y fomentar el espíritu crítico en relación con nuestros conocimientos y razonamientos. La inquietud por aprender es importante para cualquier persona, pero es una obligación insoslayable para individuos con responsabilidades de liderazgo. Por ello, en el tercer capítulo desarrollaremos con más profundidad esta idea.

En esta búsqueda del conocimiento en el s. XXI es importante considerar el desarrollo imparable de las tecnologías que facilitarán la aparición de una nueva realidad virtual o metaverso y de los distintos avances relacionados con la inteligencia artificial -IA-. El término metaverso se utilizó por primera vez en el año 1992. Fue en la novela *"Snow Crash"* del escritor de ciencia ficción americano Neal Stephenson, nacido en 1959.[21] Esta novedosa manera de comunicarnos materializará las visionarias ideas de Stephenson y será una auténtica revolución tecnológica y social durante los próximos años. ¿Nos llevarán estos avances tecnológicos a perder la noción sobre el mundo real?, ¿afectarán a nuestra libertad para decidir? Autores como el filósofo sueco Nick Bostrom avanzan que la realidad virtual será en los próximos años, para muchos seres humanos, tan importante como el mundo físico... Este es el argumento de la famosísima saga cinematográfica "*Matrix*", tetralogía de películas de ciencia ficción escritas y dirigidas por las hermanas Wachowski y protagonizadas por Keanu Reeves, Laurence Fishburne, Carrie-Anne Moss y Hugo Weaving. El mundo que el protagonista –Neo– creía real, no era sino una simulación virtual –matrix– en la que vivían millones de personas. Estos individuos eran prisioneros utilizados para proporcionar energía a unas máquinas que dominaban el mundo real tras un desastre apocalíptico. Las disquisiciones sobre el metaverso no son nuevas. Esta disyuntiva filosófica sobre la verdad de nuestra existencia, en esencia sobre la libertad –o libre albedrío– del ser humano, es permanente a lo largo de la historia de la humanidad. Ha sido abordada por grandes pensadores como Sócrates, Platón o el español Calderón de la Barca en su magnífica obra *La Vida es Sueño*.

Alegoría de la Caverna de Platón - Grabado de Jan Saenredam (1604) – Museo Británico, Londres. Fuente: Wikipedia. Dominio Público.

La filosofía es, en esencia, el intento de los seres humanos de ordenar racionalmente los conocimientos que tenemos acerca de la realidad y la manera de comportarnos. El cuestionamiento de la objetividad no es algo nuevo a lo largo de la historia de la humanidad. De hecho, es una discusión de permanente actualidad, especialmente en estos inicios del s. XXI. Ello se debe fundamentalmente a dos grandes razones. La primera es la importancia que han adquirido las teorías posmodernistas y postmarxistas en la ideología de los partidos políticos occidentales. Baste el ejemplo de unas declaraciones del expresidente del gobierno español, el socialista Felipe González, con motivo del cuarenta aniversario de su llegada al poder en el año 1982: *"en democracia, la verdad es lo que los ciudadanos creen que es verdad"*.[22] Es decir, para González al igual que para Foucault, la lucha por el poder condiciona y justifica la manipulación de la realidad. La segunda razón es la gran influencia que ejercen las redes sociales en amplios sectores de la población y lo fácil que es manipular los contenidos que difunden. Según Jonathan David Haidt, psicólogo estadounidense, las universidades, los medios de comunicación, las instituciones, la justicia y otras organizaciones sólidas y reputadas de la sociedad habían contribuido hasta ahora a la búsqueda de la verdad. Pero hoy todas estas instituciones son cuestionadas y su reputación se ha resentido. La sociedad está totalmente fragmentada por la lucha política. Ahora cada uno elige su propia versión de la realidad y la reivindica en sus círculos sociales, demonizando y marginando a quien no opina lo mismo.[23, 24] Como dice Alejandro Zaera Polo en su libro *La Universidad de la Posverdad*: *"Si la objetividad no existe, si los hechos no sirven, si no existe la verdad, el éxito de las interpretaciones, las percepciones, las emociones y los sentimientos como evidencias está asegurado"*.[25]

La subjetividad de nuestra memoria, lo limitado de nuestro entendimiento, la calidad de nuestros conocimientos, la ignorancia, los sesgos cognitivos, los prejuicios, las interferencias en la noción que adquirimos de la realidad... Es muy importante que un líder conozca estas limitaciones de nuestra mente y sea humilde a la hora de ejercer su responsabilidad. Todos estos condicionantes y limitaciones de nuestro cerebro no justifican el cuestionamiento genérico –filosófico– de la verdad, entendida como la conformidad objetiva del pensamiento con la realidad.[26] Y por eso es tan importante que un líder tenga formación, conocimientos y cultura. Como dice el psicólogo español Enrique Rojas: *"la cultura es buscar respuestas esenciales y es la llave para interpretar la realidad de la mejor manera posible"*.[27] La cultura es libertad. La cultura es imprescindible para liderar.

Capítulo 2.
Inteligencia racional y emocional

"El liderazgo es la capacidad de traducir una visión en una realidad"

Warren Bennis (1925–2014), estadounidense. Héroe de guerra, profesor y experto en liderazgo.

■ *El concepto de inteligencia*

Etimológicamente inteligencia proviene del latín *"intellegere"* cuyo significado es: saber elegir. Saber elegir implica tener capacidad para comprender y procesar la información recibida. Esa capacidad, entendida como habilidad, experiencia o destreza, es diferente entre individuos.

Normalmente se ha asociado la inteligencia a la capacidad intelectual del individuo para resolver complicados problemas lógicos, recordar y relacionar grandes listas de conceptos y palabras, hacer largos y difíciles cálculos matemáticos, etc. A ello ha ayudado que el método más aceptado para medir la inteligencia fuera hasta hace poco el del cálculo del "coeficiente intelectual" (CI). Aplicado por primera vez en el año 1912 por el psicólogo alemán William Stern, está basado fundamentalmente en mediciones del razonamiento lógico-matemático del individuo.[28] Hoy en día, la mayoría de los autores consideran que dada la complejidad del cerebro humano la inteligencia no puede medirse con un único factor. Las pruebas actuales suelen ser más complejas y abarcan correlaciones con estimadores como el lenguaje, la visión espacial, la capacidad de abstracción, etc.

En línea con estas disyuntivas metodológicas, hoy en día el concepto de inteligencia es más amplio que el exclusivamente asociado a la capacidad del individuo de realizar complejos cálculos matemáticos o recordar largas listas de conceptos. En la actualidad el concepto de inteligencia se asocia más a la capacidad cognitiva general de las personas. A partir de ahí, diversas investigaciones han permitido identificar los genes relacionados con la inteligencia humana. También se ha constatado que el CI de las personas cambia a lo largo de su existencia. Es decir, aunque los genes nos condicionan, a lo largo de nuestra vida podemos mejorar y desarrollar ciertas habilidades de nuestra capacidad intelectual con práctica y entrenamiento adecuado. La fuerza de voluntad y el esfuerzo individual son fundamentales en este proceso, como en tantas otras facetas de la vida. Por ello es tan importante cuidarlos y promoverlos en las escuelas. Por tanto, no solo los genes determinan la capacidad intelectual de las personas.

Existen hoy diversas clasificaciones de la inteligencia, la más aceptada se basa en la *Teoría de las Inteligencias Múltiples* postulada en el año 1983 por el psicólogo y profesor Howard Gardner.[29] Según Gardner, en los seres humanos existen 7 tipos de inteligencia, cada una de ellas relativamente independiente del resto, y que son:

- Inteligencia lógico-matemática, capacidad que permite resolver problemas lógicos y matemáticos.
- Inteligencia espacial, capacidad de distinguir aspectos como: color, línea, forma, figura, espacio, y sus relaciones en tres dimensiones.
- Inteligencia interpersonal, relacionada con el conocimiento de uno mismo y de sus emociones.
- Inteligencia corporal, capacidad de controlar y coordinar los movimientos del cuerpo y expresar sentimientos con él.
- Inteligencia verbo-lingüística, capacidad de utilizar correctamente las palabras.
- Inteligencia intrapersonal, capacidad de entender y relacionarse con otras personas.
- Inteligencia musical-rítmica, capacidad relacionada con la música, el canto, el baile y los ritmos.

Todos poseemos diversos grados de las siete inteligencias, las combinamos y utilizamos de manera profundamente personal. También podemos desarrollarlas con la práctica y un entrenamiento adecuado. El número de siete ha sido aumentado posteriormente por Gardner y su equipo, llegando a trabajar hasta con 20 inteligencias. Se han añadido la inteligencia naturalista, relacionada con la capacidad para entender y relacionarse con la naturaleza, se ha desglosado la inteligencia interpersonal, etc. Más que el número, lo importante es la diferenciación, riqueza y complejidad del concepto de inteligencia humana.

Como hemos visto, Gardner identificó desde un principio entre las múltiples inteligencias del ser humano las inteligencias interpersonal e intrapersonal. Ambas están relacionadas a su vez con la denominada inteligencia emocional. Este concepto aparece por primera vez en el año 1990 en un artículo de los psicólogos norteamericanos Peter Salovey y John Mayer. Pero cuando se extiende con fuerza por todo el mundo es en el año 1995 con la publicación del libro *Inteligencia Emocional* del psicólogo y periodista Daniel Goleman.[30, 31] El libro ha tenido y tiene un gran impacto en diferentes ámbitos de nuestra sociedad como el mundo empresarial, las relaciones familiares, las relaciones sociales, la mejora personal, etc. Según Goleman, la inteligencia emocional es la capacidad para reconocer sentimientos, pasiones y motivaciones, tanto propias como ajenas, y la habilidad para manejarlas adecuadamente en la relación que mantenemos con los demás y con nosotros mismos. Así, conociendo y aprendiendo a gobernar nuestros impulsos, nuestras motivaciones y nuestros sentimientos, nos relacionaremos con los demás de una manera más fluida y eficaz. Por otro lado, tratando de comprender las pasiones, aspiraciones y motivaciones de las personas con que interactuamos, también podremos relacionarnos mejor y más positivamente. En su libro, Goleman nos indica como desarrollar cinco habilidades: el conocimiento de uno mismo y de sus emociones, el autocontrol, la autogestión y la propia motivación, la empatía y las habilidades sociales. Es muy importante ser conscientes del potencial de mejora que todos tenemos en relación con nuestra inteligencia emocional. Con esfuerzo y voluntad es posible aprender a conocernos mejor y a tratar de dominar nuestros impulsos y sentimientos.

■ La toma de decisiones y el papel de las inteligencias racional y emocional

Desde la infancia, padres y maestros nos enseñan a responsabilizarnos de las consecuencias de lo que hacemos. Por ello, muchos de nuestros actos son resultado de decisiones que tomamos tras analizar y evaluar racionalmente diversas opciones. A la hora de entender cómo decidimos, es importante averiguar los vínculos entre nuestra mente racional y emocional. Este conocimiento es muy valioso para cualquier persona, pero resulta crítico en individuos con responsabilidades de liderazgo.

El modo en que decidimos es complejo. Durante la toma de decisiones se produce en nuestro cerebro una "discusión" entre nuestra mente racional y nuestra mente emocional.[32] Dependiendo de la situación a la que nos enfrentemos, primará una u otra inteligencia a la hora de decidir. Algunas decisiones de los deportistas en las competiciones deportivas, debido a la rapidez con que se toman, presentan una componente emocional muy importante. Son actos reflejos ante determinados estímulos, fruto del entrenamiento y asociados a la memoria motora. Conocer la mecánica de este proceso puede ayudarnos, entre otras cosas, a comprender mejor como decidimos.

Recuerdo la noche del 11 de julio del año 2010. Estaba con Elena, mi mujer, en la maravillosa isla de Palma de Mallorca viendo la final del Mundial de Fútbol FIFA 2010 entre las selecciones nacionales de España y Holanda. Estadio *"Soccer City"* de Johannesburgo, 95.000 espectadores enmudecieron cuando en la segunda parte de la prórroga, con el partido empatado a cero, el delantero holandés Roben se dirigía desde el centro del campo, en solitario y a toda velocidad, hacia la portería defendida por el español Casillas, su antiguo compañero de equipo en el Real Madrid. En un instante y con una habilidad endiablada, Roben había adquirido una ventaja determinante sobre la adelantada defensa española. El único obstáculo para obtener el gol, que podía dar el título mundial a Holanda tras un bronco y emocionante partido, era el portero español. Roben llegó al borde del área y Casillas le esperaba en el punto de penalti. El holandés amagó en su carrera con irse hacia la derecha y el meta se lanzó a cubrir esa zona. Inmediatamente el delantero disparó a puerta, al lado contrario al que se estiraba el español. Todo parecía perdido en ese instante, pero en la última décima de segundo, Casillas, en contra de la inercia de su cuerpo, logró estirar su pierna derecha lo suficiente para rozar la pelota con el exterior de su bota. Aquel roce desvió el balón que acabó perdiéndose por la línea de meta. Con esa decisión en el último segundo, gracias a unos increíbles reflejos en su desesperada salida, Casillas había evitado el gol holandés que seguramente habría sido decisivo para la suerte del campeonato. Unos minutos más tarde el gran Andrés Iniesta no perdonó y logró, esta vez sí, el gol definitivo que dio a España el Campeonato del Mundo de Fútbol 2010.

¿Qué pasó por la mente de Casillas en esa última décima de segundo, en plena salida para tratar de anular el disparo de Roben? ¿Qué activó ese movimiento reflejo a contrapié que, junto con el gol de Iniesta, acabó dándole a España el título de campeona del mundo? Desde luego no fueron análisis racionales complejos sobre los movimientos de Roben, la técnica utilizada en el regate, la velocidad y altura del balón, la situación de la portería, etc. Esos análisis son imposibles de realizar en tan corto espacio de tiempo. Tampoco fue una cuestión de suerte ni un error de Roben, ya que el movimiento del cuerpo de Casillas se hizo con intención de bloquear un balón que estaba a punto de superarle camino de la red. La decisión fue fruto de la inteligencia emocional del deportista, una mezcla de reflejos e intuición basada en horas de entrenamiento y años de experiencia en situaciones similares mano a mano con los delanteros. Algo en la mente de Casillas activó en última instancia su memoria motora que inmediatamente cursó la orden de estirar los músculos de su pierna, en medio de su salida, para tratar de interceptar el balón impulsado por Roben. Y lo consiguió. ¡Vaya si lo consiguió!

Parada de Casillas a Roben en la final del Campeonato del Mundo de Sudáfrica. 11 de julio de 2010.
Fuente: El Español. Agencia EFE.

En otras situaciones el proceso de toma de decisiones es diferente y presenta con frecuencia la mencionada "discusión" entre nuestra inteligencia racional y nuestra inteligencia emocional. Por ejemplo, a la hora de decidir qué menú escoger en un restaurante ante una carta con diferentes opciones, podremos valorar datos como el contenido en nutrientes de los platos, su coste, el tiempo que ha transcurrido y el que va a transcurrir hasta nuestra próxima comida, nuestra tolerancia o intolerancia ante determinados alimentos, su impacto en nuestra salud, la habilidad del cocinero del local, nuestra experiencia pasada en el mismo restaurante, etc. Seguramente seríamos incapaces de decidir si exclusivamente consideráramos esas variables racionales. El manejo exclusivo de excesiva información racional puede producirnos una tensión añadida y una incapacidad para decidir. Esta es la causa más frecuente de que nuestra mente "se quede en blanco" y nos bloqueemos a la hora, por ejemplo, de hacer un examen o de hablar en público. En este sentido son tremendamente reveladores los estudios del neurocientífico portugués Antonio Damasio, sobre personas incapaces de decidir por tener dañadas zonas muy determinadas de su cerebro en las que se localizan funciones concretas de la inteligencia emocional.[33] Pero volvamos a la elección de nuestra comida. Podríamos decidir simplemente por el placer que en ese momento creemos nos va a proporcionar nuestra elección, aunque ello nos cause un problema de digestión, de sobrepeso o de presupuesto. La decisión final estará basada normalmente en la intervención tanto de criterios emocionales como racionales. En este tipo de situaciones podemos fácilmente conocer si estamos decidiendo emocional o racionalmente, simplemente identificando los datos que estamos utilizando a la hora de tomar nuestra decisión definitiva. Así, pensando cómo decidimos, podemos tratar de identificar el papel de las emociones en el proceso. Ello nos permitirá añadir el equilibrio necesario en cada momento para tomar la mejor decisión posible.

En procesos de toma de decisiones complejas, donde la incertidumbre es alta y el número de variables a considerar es elevado, debemos tratar de compartir las decisiones con un número adecuado de personas que puedan aportar diferentes puntos de vista y experiencia. También será bueno asegurarse de que esas personas no estén condicionadas por una misma visión del problema o por unos mismos sentimientos. En estas situaciones las mejores decisiones se toman cuando se afronta la realidad tal y como es, se analizan todos los datos disponibles, se movilizan distintos puntos de vista, se evalúan alternativas enfrentadas, se controlan las emociones y tratamos de identificar los hechos que desconocemos. Hay que huir de sesgos y condicionantes como la falta de información, la subjetividad y la certeza excesiva. Especialmente de la certeza derivada de soluciones que en el pasado fueron exitosas, ya que las circunstancias pueden haber cambiado o pueden haber entrado en juego nuevas variables. En este tipo de decisiones complejas, inciertas y con un elevado número de variables a considerar, el trabajo disciplinado y en equipo es fundamental.

■ *Las emociones*

El filósofo alemán Karl Jaspers denominó "Periodo Axial" a un intervalo de unos seiscientos años entre los siglos II y VIII a.C., caracterizado por la aparición simultánea de diferentes corrientes de pensamiento centradas en el entendimiento de la naturaleza, el universo, los seres humanos y el sentido de nuestra existencia.[34] Esta inquietud surgió en lugares lejanos y desconectados entre sí entonces: China, India y el Mediterráneo. A lo largo de este periodo de tiempo surgieron simultáneamente una serie de sabios, profetas y filósofos cuyas ideas dieron origen o consolidaron importantes corrientes de pensamiento como el budismo en La India, el confucionismo y taoísmo en China, el judaísmo en Israel y la filosofía en Grecia. Todas estas corrientes de pensamiento tenían en común la propuesta de una forma de vida y una espiritualidad basadas fundamentalmente en el pensamiento racional y el dominio de las pasiones del individuo. Hoy, en pleno s. XXI, el control de las emociones es un tópico de rabiosa actualidad que afecta a diferentes ámbitos de nuestra vida, pero especialmente al mundo empresarial, a las relaciones sociales y familiares, y al desarrollo y la mejora personal.

¿Qué son las emociones? Normalmente asumimos que nuestros comportamientos y acciones en la vida diaria son dirigidos por nuestra mente racional. Pero, como hemos visto, en numerosas ocasiones las pasiones toman el relevo y dirigen momentos importantes de nuestra vida. Las emociones son alteraciones en nuestro comportamiento racional, intensas y pasajeras, agradables o desagradables, que van acompañadas de perturbaciones más o menos violentas en nuestro cuerpo. Ejemplos son la ira, la alegría, la tristeza, el miedo, el desprecio, la sorpresa, el asco, la felicidad, el odio, el amor, etc. Las emociones son parte esencial de nuestra actividad cerebral e influyen poderosamente en nuestra vida. Son vitales para resolver situaciones en las que debemos actuar con rapidez. Antonio Damasio distingue entre emoción, sentimiento y estado de ánimo.[35] Un estado de ánimo es causado por una emoción que se prolonga a lo largo del tiempo de una manera estable. Los sentimientos son las sensaciones conscientes causadas por las emociones, esas sensaciones son variables. Al igual que las pasiones que pueden asimilarse a sentimientos muy intensos.

Apoyándonos en la teoría evolutiva del cerebro humano, resulta muy interesante el hecho de que las emociones más simples se generan en las partes del cerebro más primitivas. Así, alrededor del mesencéfalo, en la parte superior del tallo encefálico, se desarrollaron el sistema límbico y la amígdala, estructuras cerebrales donde se localiza el origen de sentimientos como el miedo, la ira, la tristeza, la alegría, etc.[36] De acuerdo con esta teoría, nuestras emociones son el resultado de funciones cerebrales primigenias destinadas a asegurar la supervivencia del individuo y el mantenimiento del estatus en sus relaciones sociales más primitivas. Este origen refleja el importante papel de las emociones en la evolución y es común a especies menos desarrolladas cerebralmente que el ser humano. Por ejemplo, el miedo ante una situación peligrosa dispara mecanismos de autodefensa, como puede ser el salir corriendo, cuya correcta y puntual ejecución pueden significar la vida o la muerte. La ira ante la agresión de un enemigo puede provocar una respuesta defensiva crucial para evitar un gran daño físico o incluso la muerte. La alegría es fundamental a la hora de permitir el contacto y desarrollar las relaciones con otros individuos de la misma especie. Es decir, las emociones son el resultado de miles de años de evolución y juegan un papel determinante en nuestra supervivencia.

En la práctica es como si nuestro cerebro fuera el resultado de un proceso evolutivo en el que se combinan una mente emocional y otra racional, gracias a millones de mutaciones distintas, cuyo resultado es una multitud de circuitos cerebrales distintos e interconectados. Las emociones se generan a una gran velocidad ante determinados estímulos que nuestro cerebro interpreta como peligrosos para la integridad del individuo, o beneficiosos para obtener una recompensa. Debido a esa imperiosa necesidad de rapidez en la respuesta, algunas de nuestras emociones se generan en circuitos independientes y no están bajo el gobierno de nuestra mente racional. Por eso las emociones son tan difíciles de controlar.

El hecho de que las emociones se localicen originalmente en las partes más primitivas de nuestro cerebro no significa que la inteligencia emocional sea algo primitivo y simple. El desarrollo cerebral no puede considerarse de una manera aislada. Las partes más evolucionadas de nuestra mente mantienen múltiples interconexiones con las estructuras más antiguas. Así la inteligencia emocional crece en complejidad y es mucho más sofisticada en los distintos seres vivos a medida que se incrementa el desarrollo cerebral. Hay funciones cerebrales e información relacionada con la vida social del ser humano que se localizan y ocupan la mayor parte del neocórtex, sobre todo en los lóbulos frontal y occipital. Por tanto, debido a esas interconexiones y diferentes circuitos cerebrales que unen la mente emocional con la racional, es posible controlar y modular ciertas emociones. Pero como ya hemos dicho, hay otras que escapan a nuestro control racional al utilizar circuitos cerebrales específicos.

Por tanto, las emociones son resultado de la evolución del hombre. Las heredamos de nuestros antepasados ya que posibilitaron nuestra supervivencia y bienestar. En este sentido cumplieron y siguen cumpliendo tres funciones principales:

- Adaptación. Algunas emociones son respuestas a amenazas para la supervivencia. El miedo nos lleva a escondernos, protegernos o huir del peligro, la ira a luchar y defendernos, el asco a evitar enfermedades, etc.

– Motivación. Las emociones son un elemento importante en el proceso de toma de decisiones. Modulan y enriquecen nuestros razonamientos. La alegría y el optimismo pueden facilitar la resolución de problemas o procesos de aprendizaje, el miedo puede llevarnos a decidir con prudencia, etc.

– Comunicación. La expresión de las emociones permite predecir comportamientos, lo que favorece las relaciones y la adaptación al entorno social. La expresión de tristeza o alegría puede facilitar la relación con nuestros semejantes, la expresión de ira puede prevenirnos y hacernos actuar con cautela, etc.

La ira de Aquiles (1819) – Autor: Jacques Louis David.
Fuente: Wikipedia. Dominio Público.
Las emociones condicionan muchos de nuestros actos.

■ *Características de las emociones*

Hemos citado con anterioridad a Goleman y sus primeros libros sobre la inteligencia emocional, a los que hay que unir actualizaciones centradas en los últimos avances científicos relacionados con el conocimiento de nuestro cerebro. El modelo de inteligencia emocional de Goleman está basado en cuatro elementos: autoconciencia, autogestión, empatía o gestión de las relaciones con los demás y conciencia social. La autoconciencia y la autogestión se reflejan en el autodominio personal, que permite conocer y controlar nuestros estados internos, nuestra manera de pensar y nuestras reacciones. En este ámbito Goleman incide en saber gestionar el estrés, la motivación y el estado que denomina como "secuestro amigdalar", caracterizado porque nuestra mente emocional domina totalmente nuestras acciones, inhibiendo al cerebro racional. Este estado se produce cuando se detecta una amenaza grave para la supervivencia del individuo y toda la atención de nuestra mente se dirige a la gestión de ese peligro.

A la hora de hablar de los efectos de las emociones es necesario mencionar a Paul Ekman, psicólogo americano que ha estudiado profundamente las emociones humanas y específicamente las expresiones corporales asociadas a las mismas. Según Ekman las emociones se diferencian de los pensamientos e ideas por una serie de características.[37]

- En primer lugar, la mayoría de las emociones cuando se desencadenan suelen transmitir una señal a los demás individuos, frecuentemente un cambio en nuestra expresión facial, que avisa y refleja el proceso interno que se está produciendo en ese momento.

- El segundo rasgo distintivo es que pueden desencadenarse automáticamente y a una gran velocidad, de forma completamente autónoma e independiente de nuestra mente racional. Ya comentamos anteriormente que la rapidez en la respuesta ante determinadas situaciones de peligro puede resultar determinante para la supervivencia del individuo.

- La tercera característica es nuestra falta de conciencia sobre las mismas en la mayoría de las ocasiones en que se desencadenan. Debemos concentrarnos mucho para darnos cuenta de que nos hemos emocionado. La naturaleza misma de la emoción es la de desencadenarse independientemente de nuestra conciencia, por ello hemos de esforzarnos mucho para poder controlar las emociones.

- Otra peculiaridad es que las emociones no son exclusivas del ser humano, los animales también las experimentan. En este sentido es tremendamente interesante la referencia de Ekman a los estudios filosóficos y científicos del naturalista inglés Charles Darwin, quien ya anticipó en sus libros principios comunes sobre las emociones en los animales.

– Un quinto rasgo es que suelen durar poco tiempo, desaparecen casi con la misma rapidez que se generan, aunque esto varía según la naturaleza de las personas. Esas diferencias en el inicio y la permanencia de las emociones en diferentes individuos son objeto de múltiples estudios.

– Hay una última característica de las emociones, suelen ir acompañadas de un conjunto de sensaciones de las que no siempre somos conscientes.

Ekman ha estudiado e identificado las señales que nuestro cuerpo emite con relación a seis emociones universales: ira, repugnancia, miedo, alegría, tristeza y sorpresa. También ha identificado signos en una séptima emoción, el desprecio, pero en este caso los síntomas no siempre coinciden en todos los individuos. Ekman define un "Sistema de Codificación Facial de Acciones" (FACS, *"Facial Action Coding System"* en inglés), que permite identificar con bastante acierto cuando un individuo está mintiendo. Los estudios de Ekman son el fundamento de la entretenida serie americana de TV *Miénteme* –*"Lie to me"*– que narra las peripecias de un equipo de investigación, el grupo Lightman, que trabaja para la policía, el pentágono y el FBI. Los protagonistas son capaces de interpretar el lenguaje no verbal de los sospechosos, especialmente las expresiones faciales, y con ello detectar mentiras e interpretar diferentes comportamientos.

■ *La identificación de las emociones, cuándo y cómo se desencadenan*

Paul Ekman ha desarrollado también una técnica *"Micro Expression Training Tool"* (METT), basada en la observación de los ligeros cambios que se producen en la expresión facial de un individuo antes de desencadenarse las emociones. Con esta herramienta y entrenamiento se pueden llegar a identificar con bastante precisión las emociones de terceros, ya que las expresiones asociadas a las mismas tienen un carácter universal. Precisamente por esa universalidad en la expresión, la convivencia nos enseña sin mucho esfuerzo a averiguar los sentimientos de las personas cercanas con una cierta facilidad. Sin embargo, existe una mayor dificultad para reconocer las propias emociones y las de individuos desconocidos.

A la hora de identificar las propias emociones es muy importante conocer cómo se desencadenan y manifiestan. Lo primero que hay que saber es que ante un mismo hecho las emociones se generan de distinta forma en cada individuo. El estado de ánimo, la percepción subjetiva de la realidad, el carácter, la cultura, la educación, la forma de ser, la madurez, los antecedentes familiares, etc., influyen en las reacciones emocionales de cada uno de nosotros. Todos hemos podido identificar individuos que reaccionan explosiva y violentamente ante una determinada situación y otros no. Por ejemplo, cuando un coche se salta un semáforo. Los estados de ánimo tienen una gran influencia. Seguramente también hemos constatado que nosotros mismos no reaccionamos igual, por ejemplo ante ese coche que se salta el semáforo, cuando estamos descansados y tranquilos que cuando estamos nerviosos y preocupados. Por tanto, con carácter general, ante un mismo hecho las emociones no se desencadenan igual en todas las personas.

A pesar de lo mencionado anteriormente, en más de una ocasión habremos estado expuestos al desencadenamiento de una misma reacción emocional en un grupo de individuos. La mayoría de las emociones son tremendamente contagiosas. La risa, como manifestación de alegría, es fácilmente replicable. Cuántas veces hemos empezado a reír sin saber por qué, ante las risas de otra persona mientras nos preguntábamos: ¿pero por qué me río? Este contagio de la risa o del llanto es impactante en bebes y niños de corta edad. La facilidad con que sintonizan una misma y coordinada reacción, ante la alegría o tristeza de un solo pequeño, es siempre llamativa. Las reacciones destempladas, furibundas y violentas son también contagiosas. Pensemos en las concentraciones de protesta, las peleas entre pandillas o los disturbios en acontecimientos deportivos. En esas situaciones puede que personas pacíficas y equilibradas normalmente actúen enloquecidas por la muchedumbre y acaben cometiendo actos agresivos de los que luego se arrepienten. Las neuronas espejo están implicadas en estas situaciones y también desempeñan un importante papel en los procesos de aprendizaje.

El historiador británico Richard Firth-Godbehere ha publicado recientemente un libro en el que pone sobre la mesa una interesante teoría: algunos de los momentos más excepcionales de la historia han venido condicionados por las emociones de sus protagonistas.[38] Identifica, entre otros, el nacimiento de la filosofía y de las religiones, la caída de Roma, las cruzadas de la Edad Media, los grandes descubrimientos de españoles y portugueses en los s. XV y s. XVI, los grandes conflictos armados del s. XX, etc. Algunos de estos acontecimientos históricos ponen en evidencia el gran peligro de dejarse llevar por las emociones colectivas, como hicieron una gran mayoría de alemanes cuando Hitler y los nacionalsocialistas alcanzaron el poder.

El Grito (1893) – Autor: Edvard Munch– National Gallery of Norway.
Fuente: Wikipedia. Dominio Público.

El noruego Edvard Munch es considerado el pintor de las emociones. Cuando se desencadenan producen cambios en nuestra expresión facial que advierten a otras personas.

La intensidad de las reacciones emocionales también suele ser distinta entre individuos. El grado de manifestación de la alegría, la ira o la pena es muy diferente entre personas. Siempre me ha llamado la atención observar cómo hay mucha gente que llora fácilmente en el cine al ver una determinada escena, mientras que otros son mucho más reacios a manifestar el llanto. También tenemos diferencias importantes en la persistencia de las emociones en las personas. Hay individuos que se mantienen emocionados poco tiempo y rápidamente vuelven a un estado racional que dirige el gobierno de sus acciones. Sin embargo, otros permanecen durante periodos largos de tiempo bajo el dominio de su mente emocional, el denominado "estado amigdalar" de Goleman, tardando mucho más en recuperar un dominio racional de sus actos.

Mencionar por último la importancia de reconocer el papel de las diferencias culturales en la manifestación y control de las emociones. Recuerdo claramente, a pesar del tiempo transcurrido, las impactantes imágenes en televisión del tsunami que asoló Japón el 11 de marzo del año 2011, tras el terrible e intenso terremoto que sacudió las principales ciudades del país. Una de las principales consecuencias del terremoto y posterior tsunami fue el accidente en la central nuclear de Fukushima Daiichi. La historia alrededor de este suceso se plasmó en la interesante película *Fukushima 50*, dirigida por Setsurô Wakamatsu y estrenada en el año 2020. En la cinta se muestra el drama vivido por los trabajadores de la planta y su heroico trabajo para evitar un desastre de inimaginables consecuencias. La película muestra la fuerza tremenda de las aguas del mar rebasando muros, invadiendo las calles de las ciudades, desplazando coches, camiones y barcos como si fueran pequeñas hojas de los árboles en el cauce de un río. Viendo la cinta vinieron a mi mente los recuerdos de aquellos días, en concreto la visita de los emperadores de Japón a un pabellón deportivo donde se alojaban las personas afectadas por la evacuación de las poblaciones cercanas a la central nuclear. Recuerdo especialmente unas imágenes de televisión en las que, saltándose el protocolo y manifestando un gran cariño y cercanía con los afectados, conversaban arrodillados con una pareja de ancianos que respondía con entereza y gran educación. Y en relación con esos hechos también me acordé de un interesante artículo publicado en aquellos días por el diario El Mundo, titulado *¿Por qué los japoneses no lloran?*, escrito por el psicólogo español Miguel Ángel Cristóbal Carle.[39] En él se explicaba que el llanto en Japón es considerado una falta de respeto y casi una ofensa hacia los demás. Lágrimas y sollozos como manifestación de tristeza pueden molestar, transmitir negativismo y provocar más pena y dolor a otras personas. Por ello los nipones tratan de controlar su llanto. En la cultura japonesa el respeto al individuo y el bienestar del grupo tienen la máxima importancia. En este contexto, el desencadenamiento de las emociones en el país del Sol Naciente adquiere una dimensión diferente a Occidente.

■ El control de las emociones y la mejora personal

¿Es correcto tratar de dominar las emociones?, ¿es posible? Los grandes filósofos griegos ya se hicieron estas preguntas hace más de dos mil años. Platón utilizó la magnífica *Alegoría del Carro Alado* para definir la esencia de la condición humana y la lucha permanente entre razón y emoción. El alma de las personas se asemejaría a una biga alada, en la que el auriga –que representa la razón– trata de dominar en todo momento a los dos caballos que tiran del carruaje –que simbolizan las emociones positivas y negativas–. Platón identificó el orden y la medida en nuestra vida como las claves para lograr una existencia plena y equilibrada. También incidió en la búsqueda de la sabiduría como único camino para alcanzar el mayor conocimiento posible de la realidad. Desde entonces el dominio de las emociones y el uso de la razón son principios básicos del pensamiento occidental y del cristianismo. El control emocional es también parte esencial del budismo e hinduismo. Ambas corrientes de pensamiento identifican las emociones destructivas como origen de la mayor parte de los problemas entre los seres humanos. El budismo describe los tres grandes venenos que distorsionan nuestra percepción de la realidad: la ira, el deseo y la ignorancia. Por tanto, el control de las emociones y el predominio de la razón son parte esencial de las principales corrientes de pensamiento a lo largo de la historia de la humanidad.

Más que una nueva categoría, las emociones destructivas son aquellas que no gestionadas adecuadamente por el individuo impiden a su mente percibir la realidad tal y como es.[40] Es decir, una emoción destructiva nos hace entrar temporalmente en un estado emocional que nos impide razonar adecuadamente. Ese "estado amigdalar", como lo denomina Goleman, nos ofusca por un tiempo y nos hace comportarnos sin pensar.[41] El bloqueo se puede manifestar de diferentes maneras: paralizándonos –terror–, haciendo que nos precipitemos –excesiva alegría–, que nos comportemos violentamente –ira–, etc. Cuando hablamos de control de las emociones no nos referimos a reprimirlas, pues las emociones son algo inherente a nuestra existencia. Aludimos a modular los efectos negativos que condicionan nuestros comportamientos, especialmente en el caso de las emociones destructivas. Este control es importante para cualquier persona, pero resulta ineludible en individuos con responsabilidades de liderazgo.

A la hora de aprender a gobernar las emociones, ciertas personas tienen una mayor habilidad que otras. Como hemos visto, en 1983 Gardner ya diferenciaba la inteligencia intrapersonal e interpersonal, ambas implicadas en el control emocional. Todos los seres humanos podemos y debemos trabajar estas inteligencias. El dominio de las emociones es una parte fundamental de nuestra educación a lo largo de toda la vida, pero especialmente en los primeros años. La familia y el colegio desempeñan un papel fundamental en este proceso. La educación en el respeto a los demás, modular los instintos, moderar las reacciones, mantener la calma, no precipitarse, controlar nuestro lenguaje, domar nuestros impulsos, etc., tienen un componente de control emocional determinante. Esa educación, sobre todo en las primeras etapas de la vida, es clave para nuestro desarrollo personal y social. Por ello son tan importantes las familias y escuelas, los padres y maestros.[42]

Reflexionemos unos instantes sobre lo que podemos intentar hacer para gestionar los estados emocionales que nos hacen perder temporalmente el dominio de nuestras acciones. Existen una serie de técnicas para gobernar las emociones. Su aplicación con éxito puede requerir la ayuda y el trabajo riguroso con psicólogos, psiquiatras y especialistas, especialmente en situaciones complejas. El primer paso es tener conciencia de la oportunidad de mejora que supone dirigir las emociones destructivas. Ninguna persona es ajena a ellas. Son parte inherente de nuestra naturaleza. No podemos eliminarlas, pero si podemos aprender a tratar de manejarlas.

Muchas de las modernas técnicas de gobierno de las emociones destructivas están basadas en las prácticas, experiencias y métodos utilizados desde hace siglos en las diferentes culturas para el autocontrol y la autogestión. Las técnicas de regulación de la respiración, meditación, conciencia plena, relajación, yoga, etc., son prácticas centenarias de gran eficacia a la hora de dominar las emociones y alcanzar la armonía en nuestra vida. Hoy en día, y con este mismo fin, podemos encontrar nuevas técnicas de eliminación del estrés; para fomentar el positivismo; de *coaching*; de programación neurolingüística (PNL), basadas en cómo funciona nuestra mente y la percepción a través de nuestros sentidos; técnicas EFT de liberación emocional; técnicas AT de análisis transaccional, basadas en las relaciones interpersonales; etc.

En general, todas estas técnicas se fundamentan y estructuran en dos fases. La primera aprender a identificar las emociones, concretamente porqué, cuándo y cómo se desencadenan. La segunda aprender a cambiar las conductas asociadas a su desencadenamiento y usarlas en nuestro beneficio. Además de estas técnicas, tanto la introspección como la convivencia con otras personas pueden facilitar el autocontrol y la autogestión de las emociones destructivas.

"Conócete a ti mismo" decía Sócrates. Qué importancia tiene esta máxima. La introspección −observación interior de los propios actos, estados de ánimo y reacciones− es el primer y más fundamental método para poder aprender a gobernar las emociones en personas adultas. Esta capacidad de mirar hacia dentro de nosotros mismos, de reflexionar sobre nuestras acciones y sus consecuencias, no es fácil de adquirir y practicar en un mundo en el que priman la hiperactividad y el ritmo frenético. Si queremos llegar a conocernos realmente y con ello modular nuestras emociones destructivas, debemos tener la inquietud de encontrar tiempo de calidad para reflexionar sobre nosotros mismos. Tiempo suficiente para aislarnos de la vorágine de la vida diaria y pensar crítica y constructivamente sobre nuestras acciones, sus orígenes y consecuencias.

Una vez que hayamos encontrado tiempo para observarnos, es importante realizar un análisis equilibrado y crítico de nuestros actos y sus consecuencias. Ya hemos explicado antes que nuestra mente suele tener una visión subjetiva de la realidad. Por ello y por la necesidad de proteger la propia estima hay personas muy condescendientes con ellas mismas. También hay individuos tremendamente críticos. Una equilibrada dosis de autocrítica en nuestros momentos de introspección es necesaria. Debemos analizar adecuadamente nuestros actos. Esa valoración realista y ponderada es muy beneficiosa, ya que nos permite aprender sobre nuestras emociones destructivas y sus negativas consecuencias. Además, consolida nuestra voluntad de cambio y mejora, nos mueve de nuevo a la acción y gracias a todo ello permite superarnos y llegar a ser mejores personas. Como decía el emperador romano y filósofo estoico Marco Aurelio, *"la calidad de tu vida depende de la calidad de tus pensamientos"*.

Además de la introspección, los individuos con los que convivimos, en especial los cercanos como los miembros de nuestra familia, amigos o compañeros de trabajo, pueden llegar a ser una fuente de información valiosísima para conocernos realmente y mejorar en el control de nuestras emociones. Por ello es tan importante hablar y relacionarse con respeto. En la familia, en el trabajo, con los amigos, en las universidades, en el deporte, en los eventos sociales... Otras personas son quienes mejor pueden observar nuestros actos, estados de ánimo, comportamientos y reacciones, especialmente si nos aprecian y respetan. Esta fuente de información sobre nuestros comportamientos y acciones es con frecuencia ignorada, cuando no causa de conflicto. En general no queremos correr riesgos ante la crítica de terceros, aunque sean personas cercanas. No nos gusta admitir opiniones que puedan socavar nuestro ego o alterar la imagen que tenemos de nosotros mismos. Tampoco queremos comprometernos y correr riesgos al comunicar nuestro punto de vista a otras personas, ya que se lo pueden "tomar mal" o bien "darnos la lata" en el futuro si se lo toman muy en serio. En nuestra relación con los demás, incluidas las personas cercanas, preferimos hablar de hechos intrascendentes o de los actos y comportamientos de personas que no están presentes. Nos cuesta mucho recibir y dar respuesta a nuestros seres queridos en relación con los propios comportamientos y acciones. Esta falta de comunicación honesta y sincera entre personas cercanas es algo sobre lo que debemos reflexionar.

Hoy en día es frecuente en el mundo empresarial el contar en las organizaciones con sistemas de evaluación del desempeño que valoran tanto el cumplimiento de los objetivos personales relacionados con el plan de negocio, como el comportamiento emocional y racional de los profesionales en sus relaciones dentro de la organización. También es frecuente el realizar los denominados "ejercicios de evaluación 360º". En ellos una persona recibe una valoración, tanto de sus resultados como de sus comportamientos, por parte de superiores, iguales y subordinados. El *"coaching"*, el *"mentoring"* y actividades similares son también frecuentes en el mundo profesional. Todas estas técnicas persiguen mejorar tanto el rendimiento profesional como los comportamientos y emociones del individuo. Mi experiencia con estos sistemas es altamente positiva. Con el conocimiento adecuado de la técnica, ejerciendo una comunicación sincera y el seguimiento adecuado, se pueden mejorar en poco tiempo tanto las relaciones personales como el rendimiento individual y colectivo en una organización.

En resumen, una de las capacidades personales más valoradas hoy en día en los diferentes ámbitos de nuestra vida –las relaciones sociales, familiares, profesionales, deportivas, etc.–, es el control emocional. Por ello, tras aprender a reconocer las emociones y las distintas formas de reaccionar ante las mismas, uno de los aspectos clave en la mejora personal es incrementar nuestra inteligencia emocional en sus cuatro grandes áreas: autoconciencia, autogestión, empatía o gestión de las relaciones con los demás y conciencia social. La mejora personal y el control emocional son imprescindibles en individuos con responsabilidades de liderazgo.

CAPÍTULO 3.
VALORES Y CONCIENCIA

"La cualidad suprema del liderazgo es la integridad"

Dwight Eisenhower (1890-1969), americano. Militar y presidente de los EE. UU.

■ *Valores y liderazgo*

Recurramos de nuevo a la RAE para definir el significado de la palabra valores. Entre sus muchas acepciones vamos a centrarnos en la siguiente: *"cualidad que poseen algunas realidades, consideradas bienes, por lo cual son estimables"*. Por tanto, los valores de una persona son las realidades que estima y aprecia. Estas realidades pueden ser materiales e inmateriales y son adquiridas por el individuo a lo largo de su vida por la influencia de la familia, amigos, educación, compañeros de trabajo, capacidades físicas, inteligencia, habilidades que desarrolla, entorno social y cultural, clima etc. Los valores son por tanto propios de cada persona y pueden cambiar con el tiempo. Los valores de un individuo son distintos de sus principios: *"normas o ideas fundamentales que rigen el pensamiento o la conducta"* (RAE). Los principios son por tanto unas pautas inherentes a la naturaleza humana, derivadas de la llamada ley natural. Hoy en día se plasman, por ejemplo, en los derechos humanos. Los principios son objetivos y prácticamente atemporales. Por otro lado, distintos de los valores y principios, tenemos los conocimientos técnicos, la cultura, las habilidades, virtudes y experiencia de una persona. Se van adquiriendo y desarrollando a lo largo de la vida y por tanto son temporales y objetivos. Aunque la experiencia en general suele estar dotada de grandes dosis de subjetividad. Bajo este análisis, las creencias religiosas podrían incluirse tanto en valores como en principios. Valores, principios, conocimientos, cultura, habilidades, virtudes y experiencia son los elementos clave que intervienen en cualquier proceso racional de toma de decisiones por parte de un ser humano.

En la práctica, cuando hablamos de valores personales solemos meter en un mismo saco los elementos clave que intervienen en cualquier proceso racional de toma de decisiones. Esa idea de valores, poco rigurosa teóricamente, incluiría todos los rasgos más íntimos, profundos y característicos de la personalidad de un individuo. A efectos prácticos, en lo que resta de capítulo utilizaremos normalmente este concepto amplio de la palabra valores, considerándolos temporales y diferentes entre individuos. Los valores influyen por tanto sobre la inteligencia ejecutiva de las personas, la que coordina nuestros conocimientos y emociones para definir objetivos, planificar como conseguirlos y tomar decisiones.

Lo que valoramos no solo condiciona lo que conseguimos, también influye en nuestros comportamientos y actitudes –disposición a actuar según nuestras virtudes–. El griego Hipócrates es conocido por muchos como el padre de la medicina. Fue un gran maestro. Entre sus muchos logros destacan: la descripción de muchas enfermedades; la potenciación del diagnóstico clínico; la profesionalización de los procedimientos médicos; la clasificación de las enfermedades en función de su gravedad; la vinculación de la dieta con la salud y el impulso de la discusión ética en el ejercicio de la profesión. Él fue el autor del conocido juramento hipocrático, un compromiso ético para el ejercicio de la medicina al que se adhieren los médicos al graduarse tras sus estudios. Como parte de su teoría de los humores del cuerpo humano, Hipócrates asoció la esencia del individuo –los humores: bilis amarilla y negra, flema y sangre– a cuatro comportamientos tipo de las personas: colérico; melancólico; flemático y sanguíneo. Dos mil años después, el filósofo y médico inglés John Locke también defendió la idea de que nuestros valores condicionan nuestras actitudes y comportamientos.

Esta relación entre los rasgos más profundos de nuestro carácter y los comportamientos predecibles en el entorno laboral, familiar o social ha sido la base de diferentes modelos psicológicos. Como el "modelo DISC" de William Moulton Marston que vincula la personalidad y los valores con cuatro grandes estilos –Dominante, Influyente, Sereno y Cumplidor–. O el llamado "modelo de los cinco grandes rasgos" que asocia nuestra forma de ser con cinco tipologías –Abierto, Cumplidor, Extrovertido, Amable y Neurótico–. Estos modelos son de gran ayuda a la hora de autogestionarse y para mejorar los resultados de las personas en las organizaciones.

La metodología que utilizan es muy similar. Tras identificar los rasgos característicos de la personalidad de un individuo, se asocian con unos estilos genéricos de comportamiento. Normalmente predomina un estilo sobre otros, pero todos los seres humanos suelen presentar alguna característica de los diferentes arquetipos. De esta manera el individuo puede conocer cómo se comporta en distintas situaciones de acuerdo con su forma de ser. También puede aprender cuál es la mejor manera de relacionarse con las personas de los diferentes patrones. Tras adquirir estos conocimientos, uno puede potenciar los puntos fuertes de su comportamiento y trabajar los débiles. El concepto de mejora y flexibilidad a partir del autoconocimiento es lo más importante. Con esfuerzo y las referencias adecuadas, todos podemos enriquecer nuestro carácter, ello nos permitirá interactuar mejor con los demás y obtener mejores resultados.

A la hora de acrecentar el desempeño y los resultados de sus profesionales, las empresas pueden utilizar otros métodos basados en el mismo esquema ejecutivo −valores > actitudes > comportamientos > resultados−. Los modelos se basan en potenciar entre los empleados los valores, actitudes y comportamientos inherentes a la cultura de la organización. Al reforzar la cultura corporativa entre sus profesionales, se mejorarán la comunicación, las relaciones, el rendimiento, los comportamientos y en última instancia los resultados. El proceso sería: 1) identificar los valores, actitudes y comportamientos esperados; 2) definirlos clara e inequívocamente; comunicarlos y darlos a conocer a todos los empleados; 3) integrarlos en el sistema de definición y valoración de objetivos individuales. De esta manera, respetando la diversidad de las personas, la compañía trata de alinear a todos sus profesionales con la cultura propia de la organización: valores, actitudes, comportamientos y resultados esperados.

VALORES
⬇
ACTITUDES
⬇
COMPORTAMIENTOS
⬇
RESULTADOS

El siguiente esquema muestra de una manera simple y gráfica como nuestros comportamientos y actitudes vienen condicionados por las cosas que valoramos. A su vez, nuestros comportamientos −y decisiones− condicionan los resultados que obtenemos. Gráfico de elaboración propia.

Hemos comentado anteriormente que cada persona tiene una escala diferente de valores. Los filósofos griegos polemizaron frecuentemente a la hora de establecer esa jerarquía.[43] Es un debate importante pues en el fondo permite aterrizar un planteamiento moral y darle utilidad mejorando la conducta de las personas. Para los griegos, la felicidad −*eudaimonia*− estaba basada en dos pilares:

1. La tranquilidad −*ataraxia*−. Consiste en dominar las emociones y alcanzar la paz, un estado de ánimo que permite al individuo vivir sin temores ni ansiedad.

2. La excelencia personal −*areté*−. Basada en adquirir las cuatro virtudes cardinales: prudencia, justicia, fortaleza y templanza. Permite al individuo vivir en sociedad de acuerdo con la esencia de la naturaleza humana: guiado por la razón y la moral. Cuando una persona actuaba de acuerdo con estas cuatro virtudes era considerado un ciudadano ejemplar.

Las virtudes cardinales ejercieron una gran influencia en los siguientes siglos, especialmente en el pensamiento cristiano. Sobre ellas descansan valores universales de la moral humana comunes hoy en día a muchas culturas. A pesar de los años transcurridos y de las importantes diferencias entre la moral de aquella sociedad y la nuestra, creo que las virtudes griegas están de rabiosa actualidad, especialmente en el marco del liderazgo ético y sostenible que se espera ejerzan los líderes del s. XXI. Profundicemos brevemente sobre ellas.

Prudencia. Consiste en discernir y distinguir lo que es bueno o malo, para aplicarlo o rechazarlo. Es decir, para tomar decisiones acertadas. Requiere observar la realidad de manera objetiva y racional. Se adquiere con el ejercicio de la razón. Se manifiesta actuando de forma justa, consistente, buscando la felicidad, respetando los sentimientos, la vida y las libertades.

Fortaleza. Consiste en vencer al temor y huir de la temeridad. Se adquiere al aprovechar el poder de nuestras emociones. Se manifiesta actuando siempre bien sin temor a las consecuencias.

Templanza. Consiste en moderar los instintos y deseos, sujetándolos a la razón. Se adquiere al controlar las emociones. Se manifiesta viviendo con humildad, disciplina, educación y austeridad, sin excesos, banalidades y estridencias.

Justicia. Consiste, según el jurista Ulpiano, en la constante y perpetua voluntad de vivir honestamente, no hacer daño a nadie y dar a cada uno lo que le corresponde. Se adquiere a través de la discusión ética, con el perfeccionamiento moral de la persona en todas sus facetas. La justicia es una virtud de la persona y por tanto se manifiesta en sus actos. Se considera a la justicia como la virtud más importante ya que reúne a todas las demás.

■ *Conciencia, coherencia y ejemplaridad*

Abordamos en el primer capítulo la relación entre la evolución de los seres vivos y el desarrollo cerebral. También hablamos de la relación entre la evolución del cerebro del ser humano y las capacidades intelectuales de nuestra especie. Como vimos, tradicionalmente se han asociado determinadas partes de nuestro cerebro con la localización de sus funciones. Por ejemplo, la visión en el lóbulo occipital, el olfato en el lóbulo temporal, etc. También señalamos que a medida que avanzan los descubrimientos científicos en neurología, se pone en evidencia la gran cantidad de interconexiones y relaciones entre las distintas partes de nuestro cerebro. Hoy en día, a la hora de identificar las zonas de nuestro cerebro implicadas en sus funciones, los científicos han introducido el concepto de "correlatos neuronales". Es decir, de las diferentes redes de células y ganglios nerviosos que mediante complejas interconexiones se ven implicados en las funciones cerebrales.

El Premio Nobel de Medicina en el año 1972, el biólogo estadounidense Gerald Maurice Edelman, postuló la teoría del darwinismo neuronal.[44] Según Edelman, la evolución de los seres vivos en su relación con el entorno los expone a un proceso de continuo aprendizaje. Este aprendizaje se refleja en nuestro cerebro con la creación de nuevas conexiones neuronales que almacenan información de nuestras experiencias. Si una vez establecidas las nuevas conexiones su papel es útil y beneficioso, se usarán frecuentemente. Por tanto, un nuevo conjunto de conexiones entre células −red neural− se consolida en la estructura de nuestro cerebro en función de su utilidad, y si no genera beneficio acaba desapareciendo. El proceso está íntimamente ligado con el almacenamiento de información en nuestra memoria.

Una de las capacidades intelectuales más básicas e importantes de nuestra especie es la conciencia de uno mismo. Hay un ensayo científico muy sencillo, la prueba del espejo del psicólogo americano Gordon Gallup, que se utiliza para saber si un animal tiene o no conciencia de uno mismo. Consiste en colocar al animal ante un espejo tras hacerle una marca en el rostro que permita diferenciarlo de sus compañeros. Sólo unas pocas especies de monos, delfines, elefantes y córvidos han dado signos evidentes de autoconciencia al realizar esta prueba. Aunque todavía hay muchas incógnitas por resolver para llegar a entender su funcionamiento, estas especies de animales tienen en su cerebro un tipo de neuronas fusiformes que los científicos consideran esenciales para poseer el sentido de autoconciencia. Son las neuronas VEN, llamadas así por su descubridor, el psiquiatra austriaco Constantín Von Economo.

Las neuronas fusiformes son más grandes que las cerebrales y tienen un menor número de dendritas o ramificaciones que las conectan con las demás, aunque estas ramificaciones son más extensas. Su estructura les permite transmitir impulsos cerebrales mucho más rápido y a mayor distancia que el resto de las neuronas. Están situadas en la región subcortical de nuestro cerebro, conectando el cerebro ejecutivo externo con el cerebro emocional interno. La zona subcortical donde se encuentran está muy relacionada con nuestro estómago, vísceras e intestinos. También se localizan allí las estructuras neurales ligadas a nuestras emociones, capacidad de hablar, empatizar, concentrarnos y prestar atención. Los expertos creen que las neuronas VEN son parte esencial de los circuitos cerebrales que permiten tener conciencia de nuestra identidad personal.

La conciencia es una función cerebral muy sofisticada que además de facilitar el conocimiento de nuestra identidad nos permite: a) analizar el sentido de nuestras respuestas y sentimientos ante los estímulos del entorno; b) potenciar la cooperación y empatía con nuestros semejantes; c) anticipar las consecuencias de nuestras acciones y d) hacer posible nuestro razonamiento moral.[45] Es decir, en base a experiencias pasadas facilita discernir entre el bien y el mal permitiendo enjuiciar moralmente la realidad y nuestros actos. La conciencia es por tanto una función cerebral íntimamente relacionada con el proceso de reflexión y análisis de las consecuencias de nuestros actos, algo esencial para nuestra supervivencia.

Edelman asoció la conciencia con un proceso.[46] Una actividad recurrente sobre ciertas redes de neuronas localizadas preferentemente en el sistema tálamo cortical. Es en estas estructuras donde nuestro cerebro almacena información de nuestras sensaciones más profundas y primitivas relacionadas con el sentido de ser y de existir, es ahí donde residen nuestros valores más arraigados y viscerales que definen lo que consideramos adecuado e inadecuado. En definitiva, es ahí donde encontramos la explicación última a lo que queremos o no queremos hacer. Sólo en los seres humanos confluyen funciones cerebrales de autoconciencia, lenguaje y cooperación social. Ello determina un desarrollo cerebral muy específico.

Como esas redes se consolidan en función de su utilización, Edelman concluyó que cada individuo posee en su cerebro una estructura nerviosa personal e intransferible en la que reside su conciencia. Los circuitos neurales se van configurando de acuerdo con nuestra actividad mental, tanto por las experiencias de nuestros antepasados en el curso de la evolución como por las experiencias propias de cada individuo. Esa red nerviosa individualizada permite una respuesta rápida, subjetiva, al margen de otros circuitos cerebrales, en las interacciones del individuo con su entorno. Por ello la conciencia es como una voz independiente y profunda que juzga rápidamente nuestras ideas, sentimientos y acciones.

Interpretación del pintor Ernst Mach Inner de la visión de una persona.
Fuente: Wikipedia. Dominio Público.

El filósofo inglés John Locke consideraba, hace más de trescientos años, que la identidad personal está íntimamente ligada a nuestra conciencia.[47] Mantenía que los resultados que obtenemos los seres humanos con nuestros comportamientos y decisiones los enjuiciamos bajo dos criterios: 1) discrepancia entre lo que deseamos y obtenemos realmente, 2) importancia de lo que obtenemos.

¿Qué sucede cuando mis acciones y resultados no son consecuentes con mis principios y valores? ¿O cuando digo algo que no es lo que realmente pienso? ¿Y si lo que hago no se corresponde realmente con lo que digo? La falta de coherencia entre los principios que valoramos y lo que realmente hacemos nos planteará un conflicto moral interno y nos hará sentir mal. Ante una situación similar en el futuro, normalmente nuestra conciencia nos hará rectificar y ser consecuentes. La moral de prácticamente todas las culturas premia la coherencia entre valores, palabras y actos. Solo los psicópatas carecen de conciencia y remordimientos al tener alterada su conducta social. El economista y filósofo inglés Adam Smith decía que todos los seres humanos tenemos un "pensador imparcial" en nuestro interior que siempre nos recuerda lo que es correcto o incorrecto.[48] Sócrates pensaba que es mejor ser víctima de una injustica que cometerla. El hombre es lo que hace, ya que en nuestros actos está implícita la voluntad. Por tanto, si elegimos cometer una injusticia estamos decidiendo ser injustos. Ese no es el caso cuando sufrimos las consecuencias de una injusticia. Por esta razón es tan importante el arrepentimiento y el pedir perdón tras hacer algo malo y reflexionar. No sólo para resarcir, al menos en parte, el mal que hayamos podido generar actuando mal. También para volver a "estar en paz" con nosotros mismos.

En un proceso de decisión racional deberíamos tener siempre en cuenta dos aspectos. Si la decisión es adecuada para conseguir el resultado que buscamos. Y si al mismo tiempo es coherente con nuestros principios morales, conocimientos, valores, virtudes y experiencia. Es el permanente dilema sobre si el fin justifica los medios, tan presente en el día a día de cualquier persona pero especialmente en aquellas con responsabilidades de liderazgo.

La coherencia y ejemplaridad personal no es una discusión ética que esté cerrada, ni mucho menos. Los seres humanos utilizamos multitud de recursos para silenciar nuestra conciencia. Desde drogas, tranquilizantes y alcohol hasta al autoengaño. Con frecuencia justificamos decir lo contrario de lo que pensamos con pretextos, como: *"es una mentirijilla sin importancia que no hace mal a nadie"*. O excusamos actuar en contra de nuestros principios aduciendo razones ideológicas, como: *"no es correcto, pero era mi obligación hacerlo y no hago nada malo"*. O recurrimos a argumentos tribales, del tipo: *"no está bien, pero es bueno para la causa"*. Con ello acallamos la conciencia, eliminamos el sentimiento de culpa y nos sentimos dignos, pero ¿es correcto? El gran problema es que incurrir con frecuencia en el autoengaño, sin intentar rectificar y ser honestos con nosotros mismos, acaba modificando nuestra conciencia al cambiar nuestras referencias morales. Esta forma de actuar, equivocada, genera un proceso pernicioso y decadente. No es infrecuente encontrarnos ante personas o grupos de personas que muestran un injustificable "complejo de superioridad moral". Ensoberbecidos e incapaces de hacer autocrítica, son especialistas en convertir el vicio en virtud. Cuidado con ellos.

La moral de prácticamente todas las culturas premia la coherencia entre valores, palabras y actos. Gráfico de elaboración propia.

Al hablar de liderazgo la coherencia y la ejemplaridad personal adquieren una gran importancia. ¿Qué sucede cuando quien juzga la integridad de nuestros comportamientos con nuestras promesas o exigencias son otras personas? En este caso tenemos mucho menos margen de maniobra. Un líder debe ser ejemplar en sus comportamientos. No podemos esperar de los demás lo que nosotros somos incapaces de hacer. Hay que predicar con el ejemplo. En un líder, la coherencia entre valores, palabras y conductas debería ser irreprochable. Que se lo pregunten a los políticos...

■ Los objetivos personales

Liderándome para Liderar es el título de un libro editado en el año 2015 y escrito por mi amigo el profesor Cosimo Chiesa. El libro está lleno de consejos realmente útiles para cualquier persona con responsabilidades de liderazgo. Sólo el título encierra un gran mensaje: difícilmente se puede estar al frente de una organización o de un grupo de personas si uno es incapaz de gobernarse por sí mismo.

Una de las tareas ineludibles para poder dirigirse uno mismo es la de definirse objetivos personales. Veamos tres ideas básicas y eminentemente prácticas para facilitar esta tarea y realizarla con seriedad y rigor.

1. Debemos definir nuestros objetivos periódicamente y por escrito. Al escribirlos nos obligamos a reflexionar y definirlos claramente. Una vez escritos podremos revisarlos y valorar el grado de consecución. Podemos tener objetivos a corto, medio y largo plazo. Es importante revisarlos y actualizarlos al menos una vez al año.

2. Los objetivos deben estar bien definidos. Para ello deben cumplir cinco requisitos: a) ser Medibles; b) ser Alcanzables; c) propiciar un Resultado; d) estar definidos para un periodo de Tiempo; e) ser Específicos y concretos. Estas cinco características se agrupan en el acrónimo MARTE, –SMART en inglés–.

3. Los objetivos personales deben cubrir diferentes aspectos de nuestra vida, conformando un proyecto coherente y realista que nos motive e ilusione. De esta manera se pueden definir objetivos en áreas como: amor, trabajo, cultura, amistad, aficiones, espiritualidad, estado físico, filantropía, etc.[49]

■ La inquietud por aprender

"Nunca consideres el estudio como una obligación, sino como una oportunidad para penetrar en el bello y maravilloso mundo del saber", Albert Einstein. La competencia y el conocimiento, en cualquier faceta de la vida, condicionan nuestra identidad, libertad y relaciones sociales. Nuestro desarrollo personal y profesional está íntimamente ligado a nuestra capacidad de aprendizaje. Especialmente en un mundo cambiante como el actual, en el que nos tenemos que reinventar con frecuencia. Adquirir nuevas aptitudes se hace imprescindible en el

mundo de hoy, especialmente para personas con responsabilidades de liderazgo. Conocimiento y libertad son los cimientos de la voluntad humana y del desarrollo integral de cualquier individuo.

La memoria es la función de nuestro cerebro que nos permite aprender. El psicólogo y filósofo alemán Hermann Ebbinghaus investigó el funcionamiento de la memoria para retener información.[50] Utilizó poesías y series de sílabas sin sentido que él mismo trataba de aprender. Muchas de sus conclusiones siguen teniendo gran validez hoy en día. Por ejemplo: la repetición ayuda a grabar y recordar, es fundamental en el proceso de aprendizaje; para aprender debemos concentrarnos y prestar atención, ser selectivos con los estímulos exteriores que recibimos; aprendemos mejor las cosas que nos llaman la atención o que tienen un significado para nosotros; retenemos más fácilmente las ideas que verbalizamos y escribimos, o aquellas que visualizamos mentalmente; memorizamos mejor los nuevos conceptos que asociamos con conocimientos adquiridos; el paso del tiempo borra lo aprendido; etc.

Dos mil quinientos años antes de Ebbinghaus, los griegos desarrollaron la disciplina del "Arte de la Memoria". El poeta Simónides de Ceos estableció diferentes métodos para facilitar la memorización de datos y conceptos. Mediante reglas mnemotécnicas enseñaba a utilizar imágenes, junto con su significado y carga emotiva, para ayudar a memorizar conceptos y potenciar razonamientos. Desde entonces, el arte de la memoria y la filosofía pasaron a formar parte de la educación impartida en las escuelas griegas y romanas. Adquirió especial importancia en el Renacimiento y en la Ilustración. La historiadora inglesa Frances Amelia Yates recogió en un interesantísimo libro, *El Arte de la Memoria*, las reglas mnemotécnicas utilizadas por grandes pensadores a lo largo de la historia de la humanidad.[51]

Por su actualidad e importancia creo que puede resultar interesante reflexionar brevemente sobre tres aspectos del proceso de aprendizaje: las relaciones sociales, la voluntad y el esfuerzo.

Las relaciones sociales están íntimamente ligadas a cualquier proceso de aprendizaje. Necesitamos el amor y afectividad de nuestros padres para que el cerebro se desarrolle normalmente. Recordemos a los huérfanos rumanos abandonados por sus padres cuya historia desempolvamos en el primer capítulo. La imitación es fundamental en el proceso de aprendizaje. Imitamos a nuestros padres y hermanos en las primeras etapas de nuestra vida, de ahí la relevancia de la familia.

Posteriormente lo hacemos con nuestros profesores, personas cercanas con las que nos relacionamos, individuos a los que admiramos y tratamos de emular, etc. Nunca dejamos de aprender. Aprendemos continuamente de nuestros semejantes y también somos, consciente o inconscientemente, referencia para otros. La familia, los amigos, los maestros, la sociedad, la tradición, la cultura, el lenguaje, las normas y leyes, la justicia... Nuestras relaciones sociales y con el entorno influyen ineludiblemente en nuestra educación, desarrollo personal y forma de ser.

Pero las cosas cambian. Hoy las redes sociales han adquirido un protagonismo excesivo en la educación y la familia. Las relaciones a través de éstas son, en general, mucho más superficiales, impersonales, frívolas y despiadadas de lo que aparentan. Generan nuevos ídolos cuya popularidad está basada en criterios fácilmente manipulables como la imagen, los sentimientos, el número de seguidores, el número de visualizaciones, etc. Esto favorece el materialismo, la falta de valores, el narcisismo, la inmadurez, el egoísmo, la falta de compromiso, espíritu crítico y respeto... No es nada nuevo. Estos problemas ya existían en nuestra sociedad, pero las redes sociales los acrecientan y ello influye en nuestros procesos de aprendizaje y desarrollo personal.

Cuando la conocí me conmovió. Se trata de la historia del malagueño Pablo Pineda. Fue el primer licenciado europeo con síndrome de Down. Saltó a la fama tras ganar la Concha de Plata del Festival de Cine de San Sebastián del año 2009, como mejor actor en la película *Yo También*. Contaba entonces con 40 años. Su historia es realmente impresionante. Tuvo que superar muchas barreras para estudiar en una escuela pública y para poder acceder a la universidad. Allí estudió y se diplomó en magisterio. Sólo su afán de superación, junto con el apoyo de su familia y profesores, le permitieron graduarse. Su voluntad le dio fuerzas para seguir estudiando psicopedagogía. Trabaja desde el año 2010 en la Fundación Adecco e imparte conferencias en empresas para favorecer la integración en el mundo laboral de otras personas con minusvalías. Ha publicado dos libros, *El Reto de Aprender*[52] y *Niños con Capacidades Especiales: Manual para Padres*.[53] Colabora con distintas cadenas de televisión. La motivación y la voluntad de adquirir nuevos conocimientos pueden suplir en gran medida la falta de aptitudes para lograrlo. Por esta razón la voluntad es un rasgo tan característico y diferenciador del ser humano, una cualidad que nos ha permitido progresar y desarrollarnos a lo largo de la historia, un valor que hoy más que nunca debemos cultivar y potenciar.

El esfuerzo es necesario a la hora de aprender y desarrollarnos completamente como individuos. Por conveniencia y pragmatismo, la mayoría de los seres vivos tienen tendencia a rehuir el trabajo duro. Normalmente buscamos la comodidad y satisfacer nuestras necesidades con el mínimo esfuerzo. Por otro lado, la experiencia nos enseña, a veces con un coste muy elevado, que sin esfuerzo dejamos de valorar lo que conseguimos y nos convertimos en personas caprichosas, débiles, decadentes y finalmente insatisfechas. Es un dilema vital inherente a nuestra naturaleza humana.

Quizás equivocadamente, para transmitir la importancia del esfuerzo a la hora de aprender se decía hace años *"la letra con sangre entra"*. Las metas inalcanzables o la frustración por malas experiencias a la hora de adquirir el conocimiento de ciertas materias pueden provocar un rechazo en el alumno. Es una variante de lo que en psicología se denomina "indefensión aprendida". Pero este problema se genera por un mal método de enseñanza, no por la necesidad de esforzarse para aprender. El conocimiento no se adquiere espontáneamente por muchas emociones positivas que tratemos de generar en los alumnos, requiere aptitud, motivación, esfuerzo y dedicación. En este sentido, es importante generar un hábito de lectura entre los estudiantes. Leer es a la inteligencia y al conocimiento lo que el ejercicio físico es al cuerpo y a la mente. No estar dispuesto a trabajar duro por aprender nos llevará al fracaso, especialmente si tenemos responsabilidades de liderazgo.

Según el psiquiatra español Enrique Rojas *"los jóvenes necesitan disciplina, diálogo y cariño, pero sobre todo hacer atractiva la exigencia"*.[54] Lo conseguido sin esfuerzo no lo valoramos igual que lo que nos cuesta trabajo. El esfuerzo por conseguir nuestras metas les da sentido y nos reafirma en alcanzarlas. Forja nuestra voluntad y nos obliga a elegir responsablemente. Voluntad, responsabilidad y esfuerzo van casi siempre de la mano. Marcan la diferencia entre la infancia y la madurez, entre vivir con libertad y responsabilidad o vivir atrapado en el "valle de las excusas".[1] La recompensa de lo conseguido con esfuerzo es mayor y la valoramos más. En este sentido conviene recordar las palabras de la madre Teresa de Calcuta: *"la mayor satisfacción de un ser humano es la del deber cumplido"*.

La arrogancia y la soberbia no son infrecuentes entre personas cultas e inteligentes. Cuando me encuentro con este tipo de individuos me suele venir a la cabeza la magnífica historia de Fausto, escrita por el alemán Johann Wolfgang von Goethe. Fausto era un hombre culto y ejemplar, pero no era feliz al constatar que era imposible adquirir todos los conocimientos del universo a través de las ciencias y la razón. Frustrado y ensoberbecido llega a un pacto con el diablo, Mefistófeles, para mantenerse joven hasta su muerte... La historia de Fausto pone en evidencia, entre otras muchas cosas, la importante relación entre sabiduría y humildad.

La Academia de Platón. Mosaico del siglo I hallado en Pompeya.
Museo Arqueológico Nacional de Nápoles.
Fuente: Wikipedia. Dominio Público.

El esfuerzo para aprender está íntimamente ligado a la humildad y a la responsabilidad. Recuerdo la maravillosa película *El Discurso del Rey* –*"The King Speech"*–, estrenada en 2010 y dirigida por Tom Hooper. La película cuenta la emotiva historia de la llegada al trono de Inglaterra del Rey Jorge VI. De un día para otro y en unos momentos críticos para el país, en 1936 —tres años antes del inicio de la II Guerra Mundial—, Jorge VI se vio obligado a asumir el trono de Inglaterra tras el fallecimiento de su padre Jorge V y la renuncia de su hermano Eduardo VIII. Jorge VI tuvo que afrontar un importante reto personal ya que tenía una dificultad tremenda para hablar en público. Consciente de que este impedimento le restaba credibilidad ante su pueblo a la hora de asumir el liderazgo del país, contrató los servicios del logopeda australiano Lionel Logue. La película muestra, entre otros, el tremendo esfuerzo de Jorge VI por aprender, su sentido de la responsabilidad a la hora de afrontar ese enorme desafío personal y la necesidad de aceptar sus limitaciones con humildad.

Una de las características más apreciadas de un líder es la humildad. Decía el filósofo americano Will Durant que el principio de la sabiduría no es la respuesta, sino la duda y la crítica.[55] El filósofo español José Ortega y Gasset coincide con Durant en la importancia de la duda a lo largo del proceso de aprendizaje.[56, 57] Ortega alertó hace más de 90 años del peligro que para la sociedad occidental supone la presencia cada vez más numerosa de los "hombres masa".[58] Unos individuos egoístas y arrogantes a los que solo les preocupa vivir bien y sin responsabilidades. Sentimentales, caprichosos, inmaduros, carentes del más mínimo espíritu crítico hacia ellos mismos y por tanto fácilmente manipulables. Han renunciado al esfuerzo por aprender, pero pretenden saber, opinar y juzgarlo todo. Rápidamente se solidarizan con las causas de moda y al mismo tiempo son radicalmente ingratos con todo lo que ha facilitado su actual bienestar. Solo tienen derechos y carecen de obligaciones... En una línea parecida, el filósofo alemán Alexander Grau critica al ciudadano europeo del s. XXI por su soberbia, victimismo, hipocresía y narcisismo.[59] Falto de madurez, renuncia a la verdad de la razón y cae en el sentimentalismo. Identifica la moralidad con causas como la paz en el mundo, la diversidad, el ecologismo, el cambio climático, la inmigración, el animalismo, los derechos humanos, etc. Con ello elude sus obligaciones morales personales, las que exigen compromiso y responsabilidad.

Nunca dejamos de aprender, por eso la humildad es tan importante en el desarrollo personal y la madurez del individuo. A medida que avanzamos en el conocimiento, más conscientes deberíamos ser de lo limitado de nuestro saber y por tanto más abiertos a la duda deberíamos estar. John Stuart Mill, filósofo británico, apuntó que la búsqueda de la verdad requiere de un proceso de "competencia" entre diferentes visiones. Por ello la diversidad de ideas y la libertad de expresión permiten el dinamismo en las sociedades más fuertes y tolerantes.[60] La complacencia y la decadencia comienzan cuando falta la humildad y no existen la duda, la tolerancia y la apertura a diferentes ideas. Creo que Stuart Mill sentiría una profunda tristeza al saber que en el s. XXI hay gobiernos europeos que promulgan leyes sobre la memoria.

Compartir con el lector una última reflexión. Se atribuye al filósofo griego Sócrates la frase *"solo sé que no se nada"*. Me viene a la cabeza con frecuencia, no tanto para justificar el escepticismo sobre la realidad que defendían los sofistas como para reafirmar que ser mejor persona requiere ser humilde, flexible y firme en tus convicciones, aceptar otros puntos de vista y al mismo tiempo mantener siempre viva una incansable inquietud por aprender.

Segunda Parte

EL LIDERAZGO BASAL

CAPÍTULO 4.
EL MODELO DE LIDERAZGO BASAL

"El mejor líder es aquel que nadie sabe que es el líder"
Lao Tsé (s.VI a.C), filósofo chino.

■ *La búsqueda de la piedra filosofal*

El liderazgo es una ciencia y es un arte. Para ejercerlo con maestría se necesitan tanto conocimientos como capacidades y habilidades. Pero sobre todo se requieren esfuerzo, determinación, generosidad, humildad y vocación de servicio. El líder nace y se hace. El liderazgo se ejerce. Es por tanto una labor eminentemente práctica. Hay personas que no rehúyen la responsabilidad de liderar y asumen con ilusión el reto. Parece que han nacido con un don y cuando surge la oportunidad no rehúsan ponerse al frente de un grupo. Otras personas prefieren aportar valor con su trabajo, pero huyen del compromiso que significa estar al frente de un equipo. El buen líder debe ejercer con maestría un buen número de habilidades personales. Además, debe ser flexible y ejemplar a la hora de aplicarlas, encontrando en cada momento la forma de proceder más justa y adecuada a las personas y circunstancias. La ética está siempre presente en la labor del líder. Liderar es un trabajo tremendamente complejo y exigente. Además de voluntad y habilidades innatas, un líder debe tener unos conocimientos que le permitan tanto decidir con libertad como perfeccionar sus capacidades y adquirir otras nuevas. Hoy en día, la gran mayoría de individuos que asumen responsabilidades de liderazgo necesitan referencias, tienen dudas y son conscientes de la necesidad de formarse y practicar. El proceso de aprendizaje no termina nunca. No hay nada más difícil y exigente que el tomar decisiones que afectan a otras personas.

La idea del Liderazgo Basal nace hace unos años al tratar de identificar las características esenciales que debe poseer un líder de una organización del s. XXI para tener éxito en su labor. E intenta hacerlo bajo dos perspectivas, considerando las necesidades de los diferentes grupos de interés que se relacionan con una organización y teniendo en cuenta tanto las causas del éxito como las del fracaso.

La búsqueda de unas características esenciales para que un líder triunfe podría parecer pretenciosa. Si realmente existieran unas pocas cualidades personales que aseguraran el éxito profesional en posiciones de máximo nivel, el descubrimiento sería equivalente al de encontrar la famosa piedra filosofal. Los griegos fueron los primeros que teorizaron sobre su existencia. Una materia prima que, como apuntaba

Platón, era la fuente de los cuatro elementos básicos en la naturaleza: agua, tierra, aire y fuego. Los alquimistas creyeron durante siglos que la piedra filosofal era capaz de convertir los metales en oro. El mito de su existencia se asoció también a la búsqueda de la perfección, la iluminación y la sabiduría.

El alquimista en busca de la piedra filosofal de Joseph Wright of Derby (1771). Derby Museum and Art Gallery, England. Fuente: Wikipedia. Dominio Público.

Pero la piedra filosofal no existe, al menos la que convierte los metales en oro. Y unas cualidades personales esenciales que garanticen el éxito profesional por sí solas tampoco, dejémoslo claro desde el principio. En el éxito de un profesional intervienen multitud de factores, muchos de ellos fuera de su propio control. Pero lo que sí puede tener sentido es tratar de identificar unas características esenciales y básicas, el menor número posible, sin las cuales sería muy difícil que un líder alcanzara el éxito. De ahí el nombre Liderazgo Basal, tanto por estar situado en la base como por la similitud con el concepto científico del metabolismo basal, que hace referencia a la energía consumida en las reacciones bioquímicas estrictamente necesarias para mantener con vida a un ser vivo.

Vicente del Bosque fue el seleccionador nacional al frente del equipo español de fútbol que ganó el Campeonato del Mundo del año 2010 en Sudáfrica. También consiguió la Eurocopa del año 2012 que se jugó en Polonia y Ucrania. Del Bosque fue galardonado como el mejor entrenador del mundo en el año 2012. Previamente había sido nombrado mejor seleccionador nacional del planeta en los años 2009, 2010, 2012 y 2013. El propio Rey de España, Juan Carlos I, le otorgó un título nobiliario −Marqués de Del Bosque− en el año 2011. Anteriormente, en su última etapa de cuatro años como entrenador del Real Madrid −entre los años 1999 y 2003−, consiguió dos ligas de España en los años 2001 y 2003, una supercopa española, una copa iberoamericana, una supercopa europea, una copa intercontinental y dos ligas de campeones, una en París en el 2000 y la segunda en Glasgow en el 2002. En el 2000 fue reconocido como el mejor entrenador de Europa y en el 2002 como el mejor entrenador de clubes del mundo y entrenador del año en Europa. Del Bosque fue también futbolista profesional y su palmarés fue impresionante. Pues bien, Vicente del Bosque fue despedido inesperadamente por el Real Madrid en el mes de junio del año 2003, un día después de haber dirigido al equipo que consiguió el campeonato nacional de liga. Nunca se expresaron claramente las razones del despido. Se adujo la necesidad de un cambio de estilo en el equipo y en el propio entrenador y pronto se puso en evidencia una mala relación personal entre Del Bosque y el director general del club en aquellos momentos, el argentino Jorge Valdano.[61, 62]

Si Del Bosque no hubiera conseguido títulos, no hubiera disfrutado de la confianza de los jugadores o hubiera estado cuestionado por la afición, se podría comenzar a entender la decisión. Pero no era el caso. Y aquel despido inesperado pasó factura tanto al Real Madrid como al propio Del Bosque. Tras un breve paso por Turquía y Cádiz, tuvo que esperar hasta el año 2008 en el que sucedió a Luis Aragonés al frente de la selección nacional. Entonces volvió a obtener grandes resultados, recuperó el prestigio y acabó ganando el Campeonato del Mundo en 2010. Por otro lado, el Real Madrid se vio inmerso en una espiral de cambios en el banquillo y una escasez de títulos que duró diez años. Hasta la llegada del italiano Carlo Ancelotti, en 2013, el Real Madrid no volvió a ganar una liga de campeones. Estuvieron al frente del equipo Carlos Queiroz, José Antonio Camacho, Mariano García Remón, Vanderlei Luxemburgo, Juan Ramón López Caro, Fabio Capello, Bernd Schuster, Juande Ramos, Manuel Pellegrini y José Mourinho.

¿Por qué se prescinde de un profesional que está consiguiendo magníficos resultados y que disfruta del reconocimiento de una gran parte de los profesionales, la prensa y los aficionados? Pues porque las personas y las relaciones humanas son tremendamente complejas. Y porque satisfacer las expectativas de todos los grupos de interés que interactúan con una gran organización es tremendamente complicado. A lo largo de mi vida profesional he sido testigo de situaciones similares. Magníficos profesionales que dejan repentinamente una organización, sin causas aparentes. Y organizaciones que prescinden de magníficos directivos de un día para otro sin que muchos lo entiendan. En la mayoría de estos casos, dejando aparte los comportamientos poco éticos y acontecimientos como reorganizaciones, adquisiciones, decisiones políticas, cambios drásticos en los mercados y otras situaciones similares que pudieran justificarlos, son las relaciones y motivaciones personales, más o menos racionales o emocionales, las que suelen estar detrás.

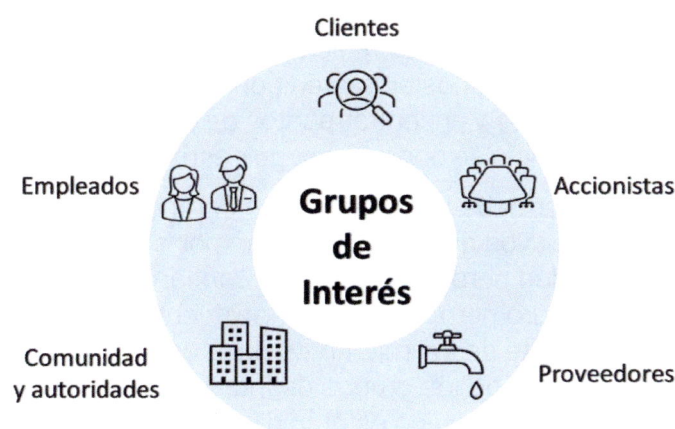

Entre las cualidades que debe reunir un líder del s. XXI para tener éxito debe estar el conjugar y dar satisfacción a los intereses, a veces contradictorios, de los distintos grupos de interés.
Gráfico de elaboración propia.

Prescindiendo por tanto de esas situaciones impredecibles ligadas a la innata complejidad de los seres humanos y de las propias organizaciones, el Liderazgo Basal trata de identificar, desde el punto de vista de los diferentes grupos de interés, los factores racionales que son necesarios, aunque no suficientes, para no fracasar y tener éxito en una gran organización del s. XXI. Además de años de observación, estudio y análisis, el reto exige realizar un ejercicio permanente de empatía para ponerse en el pellejo de accionistas, clientes, empleados, proveedores y miembros de la comunidad, tratando de identificar objetivamente lo que cada uno de ellos considera esencial en los líderes al frente de las organizaciones con las que se relaciona. En este sentido, para mí ha sido de gran valor el poder ejercer profesionalmente la mayoría de estos roles.

■ *El modelo del Liderazgo Basal*

La razón de ser de una organización en el s. XXI está muy ligada a la satisfacción de las necesidades y expectativas de los denominados grupos de interés. A la hora de buscar los fundamentos del éxito o fracaso de un líder no podemos perder de vista esta idea. Para que un líder triunfe en el complejo y exigente entorno empresarial del s. XXI, debe dar satisfacción a las necesidades de los accionistas, clientes, empleados, proveedores y comunidad. El concepto de comunidad engloba a vecinos, autoridades locales, gobierno y a otras compañías y organizaciones con las que se relaciona la empresa. Muchas veces los intereses de estos grupos entran en conflicto. El papel del líder es dar satisfacción a todos y encontrar puntos de encuentro. Solo con un claro espíritu de servicio se podrá conseguir este objetivo.

El trabajo de un líder debe permitir que los componentes de su equipo logren unos objetivos que no alcanzarían por sí solos. La jerarquía impone una autoridad pero únicamente la confianza, los resultados y construir para el futuro permiten el reconocimiento y el respeto hacia el líder. Tanto por parte de los miembros de la organización como del resto de componentes de los grupos de interés. Solo si se respeta al líder los miembros de su equipo estarán dispuestos a comprometerse y a dar lo mejor de ellos mismos para conseguir el éxito del conjunto.

El Liderazgo Basal se sustenta en tres pilares. Son las tres características esenciales que un líder debe reunir para tener éxito al frente de una organización. Si prescindimos de cualquiera de estas tres cualidades, el fracaso está asegurado. Como constataremos a lo largo de los próximos capítulos, la tercera característica es consecuencia de las otras dos. Los pilares del Liderazgo Basal son:

1. La capacidad de generar CONFIANZA en una organización.
2. La determinación para generar RESULTADOS en una organización.
3. La generosidad para asegurar el FUTURO de la organización.

Los tres pilares del Modelo de Liderazgo Basal.
La capacidad de generar CONFIANZA, la determinación para generar RESULTADOS y la generosidad para asegurar el FUTURO. Son las tres características necesarias, pero no suficientes, para el éxito de un líder.

Los pilares del Liderazgo Basal son una condición necesaria pero no suficiente para que el líder tenga éxito. Como vimos con el caso de Del Bosque, a pesar de que una persona ejerza con maestría estas tres capacidades, hay factores fuera de control como las relaciones personales; las ventas, compras y fusiones de empresas; los cambios en el accionariado; decisiones políticas; cambios drásticos en los mercados; etc., que pueden hacer que una persona se vea forzada a abandonar una corporación repentinamente y en contra de su voluntad. Pero incluso en esos casos, nadie podrá dudar del éxito en el desempeño de su misión si el líder ha ejercido sus responsabilidades éticamente y bajo el criterio de los tres pilares.

Los tres pilares forman parte de las expectativas principales de todos y cada uno de los grupos de interés. La capacidad de los líderes de generar confianza es clave para los miembros de la comunidad cuya riqueza y futuro depende en parte del éxito de la compañía; también lo es para los clientes y proveedores cuyos negocios dependen de las relaciones con la empresa; y es absolutamente imprescindible para los empleados y accionistas pues es la empresa quien les retribuye. Los buenos resultados son críticos para todos. En el caso de los accionistas porque esperan obtener un retorno justo por su inversión; en el de los componentes de la plantilla porque saben que su sueldo y su puesto de trabajo depende de que la empresa sea rentable; los proveedores se lo pensarían mucho antes de vender a una empresa en pérdidas por el riesgo de impago; los clientes no querrán poner en riesgo su negocio dependiendo de los productos y servicios de una empresa que no gana dinero; y los miembros de la comunidad recelarían de una empresa que al perder dinero pueda plantearles todo tipo de problemas sociales, económicos, medioambientales, etc. Y lo mismo puede decirse de la generosidad del líder para asegurar el futuro de la organización. Todos los grupos de interés verían peligrar sus objetivos si constataran que al frente de una organización se encuentra una persona egoísta que condiciona el futuro de esta a sus propios intereses. Garantizar el futuro de una empresa es la razón última de su propia existencia. Por tanto es la máxima responsabilidad del líder que la dirige. Para conseguirlo debe ser generoso y no anteponer sus intereses personales a los de la organización. Además debe conseguir resultados y generar confianza. La longanimidad – grandeza y constancia de ánimo en las adversidades– es la esencia del Liderazgo Basal.

En el próximo capítulo compartiremos algunas ideas relacionadas con la capacidad de generar confianza. Veremos que esta habilidad se sustenta en tres grandes cualidades personales: la competencia, el carácter y el respeto a los demás. También veremos que la confianza es fruto de las acciones y comportamientos del líder, por ello esta característica se enmarca fundamentalmente en el área de la excelencia, coherencia y ejemplaridad en la conducta.

En el capítulo seis desarrollaremos algunas de las principales ideas relacionadas con la determinación para generar resultados. Veremos que se sustenta en cuatro grandes cualidades personales: la motivación, la perseverancia, el orden y la disciplina. Constataremos que los resultados son consecuencia del trabajo en equipo, por esta razón, desde el punto de vista de los comportamientos del líder esta característica se enmarca en el área de la inteligencia emocional.

Por último, en el capítulo siete, compartiremos algunas reflexiones sobre la necesaria generosidad del líder para asegurar el futuro de la organización. Veremos que ese futuro se sustenta en la excelencia de los equipos y de las operaciones. Para lograrlas son fundamentales la generosidad y la vocación de servicio.

Los tres pilares del Modelo de Liderazgo Basal y sus principales componentes.

CAPÍTULO 5.

LA CAPACIDAD DE GENERAR CONFIANZA EN UNA ORGANIZACIÓN

"La verdad y el cumplimiento de las promesas son los fundamentos de la confianza y estima entre los hombres"

Felipe II (1527-1598), Rey de España.
En una carta a su hermanastro, Juan de Austria, cuando asumió el mando de la Flota del Mediterráneo.

Confiar es poner bajo la responsabilidad de alguien un negocio, un bien o cualquier otra cosa. Y además es hacerlo sin más garantía que la buena fe u opinión que de esta persona se tiene. La confianza es la base del liderazgo en las empresas y organizaciones. Es un bien preciado, por ello solemos dosificarla. Puedes confiar en una persona para realizar un trabajo determinado pero no para hacerle una confidencia sobre tus relaciones personales.

Pero confiar es mucho más. Según la RAE, la confianza es *"la esperanza firme que se tiene en alguien o en algo"*. También es un estado de ánimo que nos da fuerza para obtener lo que deseamos. Por ello la confianza es energía, optimismo, ilusión, alegría, autoestima... La esperanza es vida. Como dice el catedrático de la Universidad de Cantabria y sociólogo Juan Carlos Zubieta Irún, *"toda nuestra existencia –la del ser humano– gira en torno a la confianza y a la desconfianza en los otros y también en nosotros mismos"*.[63]

■ *Comportamientos básicos de confianza en los seres vivos*

En el año 1935, el botánico inglés Arthur George Tansley utilizó por primera vez el término ecosistema en un artículo titulado *"The use and abuse of vegetational concepts and terms"* publicado en la revista Ecology.[64] Los ecosistemas son la base de la vida en la tierra tal y como la conocemos actualmente. Presentan un delicado equilibrio entre el clima, el entorno geográfico y las distintas especies de seres vivos que los habitan. Ese equilibrio facilita la supervivencia de los distintos organismos y al mismo tiempo está en continua evolución. Ello favorece la aparición y desaparición de distintas especies.

Las relaciones entre los seres vivos de un ecosistema son complejas y diversas. Si nos fijamos en la alimentación, tenemos a los organismos autótrofos que se alimentan de materiales inorgánicos y a los heterótrofos que se alimentan de otros seres vivos. Prestando atención

a las interacciones, tenemos organismos que se relacionan fundamentalmente con los de su especie y otros que establecen relaciones
complejas de especialización y colaboración con los de otras especies
para incrementar sus posibilidades de supervivencia. De esta manera
hablamos de simbiosis cuando la relación es beneficiosa para ambos
y de parasitismo cuando la relación únicamente favorece a uno de los
implicados, perjudicando al otro. Las enfermedades infecciosas pueden entenderse como relaciones parasitarias entre microorganismos
y animales o plantas. Por ejemplo, una neumonía bacteriana en seres
humanos. Hay múltiples ejemplos de simbiosis en la naturaleza, especialmente si consideramos también las relaciones entre microrganis-
mos, plantas y animales. En este sentido presenta un enorme interés
para la medicina y la nutrición la relación simbiótica entre el hombre
y los distintos microorganismos que forman parte de nuestra flora in-
testinal. Otra relación simbiótica tremendamente interesante, en este
caso para la agricultura, es la establecida entre bacterias del género
Rhizobium y determinadas plantas para la asimilación del nitrógeno.

Una relación simbiótica muy impactante es la establecida entre determinados pájaros africanos que se alimentan de los parásitos y restos orgánicos presentes en la boca y orificios nasales de los hipopótamos. En
este caso el pájaro parece confiar en que el artiodáctilo no cerrará sus
fauces para engullirlo y asume el riesgo que supone introducirse en un
lugar a priori tan peligroso. La recompensa será una buena comida. Por
su parte, el hipopótamo permite el acceso del ave a esas zonas sensibles de su cuerpo a cambio de una beneficiosa limpieza. Los científicos
Jan Maxim Engelmann y Esther Herrmann, del Instituto Max Planck de
Antropología Evolutiva en Alemania, publicaron en el año 2016 un estudio en el que concluyeron que los chimpancés hacían gala de comportamientos básicos de confianza hacia miembros de su clan familiar para
poder conseguir comida a la que no tenían acceso por sí solos.

Este tipo de relaciones de colaboración entre animales, en las que parece haber comportamientos primitivos de confianza, vienen forzadas
por el instinto de supervivencia. No son propiamente relaciones de confianza, basadas en la voluntad, como las que se dan en las complejas
interacciones entre los seres humanos. Tanto desde el punto de vista
psicológico como antropológico y filosófico, hay cuatro características diferenciales del hombre respecto a los animales: la inteligencia,
la afectividad, la voluntad y la espiritualidad. Y ello a pesar de las tesis
de los grupos animalistas radicales que pretenden equiparar a bestias
y humanos incluso en estos rasgos tan distintivos de nuestra especie.

La confianza entre los hombres, además de una interacción que facilita la supervivencia, es fruto de la voluntad e inteligencia en el marco de las complicadas relaciones humanas. La voluntad de confiar o desconfiar puede beneficiarnos o perjudicarnos porque así lo decidimos las personas.

■ Todo gira alrededor de la confianza

En el año 2005, los científicos Michael Kosfeld, Markus Heinrichs, Paul J. Zak, Urs Fischbacher y Ernst Fehr, identificaron el papel de la oxitocina en la generación de confianza entre personas desconocidas.[65] Asociaron los efectos de esta molécula con la empatía, el altruismo y la moralidad. La oxitocina es una hormona que se produce en nuestro cerebro –en el hipotálamo– y es introducida en el torrente sanguíneo a través de la neurohipófisis. Tiene un efecto modulador en nuestro sistema nervioso, interviniendo en multitud de funciones de nuestro cuerpo, por ejemplo en la lactancia, el parto y las relaciones sexuales. También está relacionada con la sensación de placer, las emociones y las relaciones sociales.[66]

La confianza es fundamental en nuestro proceso de madurez y desarrollo personal. Recordemos las graves carencias emocionales de los bebés criados sin sus padres en los hospicios de Rumanía durante el gobierno del dictador Ceausescu. Unos de los rasgos más comunes cuando estos niños crecían eran la falta de autoestima y la desconfianza hacia otras personas. Los niños aprenden a andar o a montar en bicicleta porque confían en la persona que les enseña. La confianza en los padres y en los profesores es clave en cualquier proceso de aprendizaje y en el desarrollo de la personalidad de cada uno de nosotros. El psicólogo alemán y americano Erik H. Erikson identificó ocho etapas, desde la infancia hasta la edad adulta, en el desarrollo psicosocial de todas las personas.[67] En la primera etapa, hasta los 18 meses de vida, es crítico para cualquier individuo adquirir confianza en sí mismo y en las relaciones con los demás. Si un bebé no adquiere confianza en esa etapa, la inseguridad y el pesimismo estarán presentes, con mucha probabilidad, a lo largo de su vida.

La confianza es fundamental en el amor, en el verdadero amor. El amor es generosidad, es buscar el bien de los demás incluso renunciando a uno mismo. Pero el amor busca y necesita reciprocidad. Y la confianza implica reciprocidad. El amor es agradecimiento y perdón, por lo tanto es humildad. El amor es integridad y honestidad, por lo tanto es lealtad. El amor es libertad, nunca puede ser impuesto. El amor es fruto de nuestra voluntad y del respeto a la voluntad del ser amado. Y la confianza es libertad. Para amar y ser amado necesitas confiar.

La confianza es la base de las relaciones interpersonales entre los seres humanos. Confiamos en nuestros padres, en nuestra pareja, en nuestros hijos y amigos, en los compañeros de trabajo e incluso en los desconocidos. Confiamos en las empresas y organizaciones, en los gobiernos, en los estados. También confiamos en objetos. Por ejemplo, en la seguridad del avión o del coche en el que viajamos, en el buen funcionamiento del ordenador con el que trabajamos, en la resistencia de la cuerda que soporta el peso del alpinista, en la solidez de la casa en que habitamos.

Sin caer en los prejuicios, de los que hablamos anteriormente, somos más propensos a confiar en unas personas que en otras. Hay factores racionales y emocionales que nos llevan a ello de una manera más o menos consciente. Algunos de estos elementos son: el compartir un mismo idioma, la cultura, el entorno social, los rasgos físicos de la otra persona —especialmente los faciales—, la forma de vestir, la manera de expresarnos, la forma de ser, nuestro estado de ánimo, etc.

Hay técnicas para mejorar la confianza entre personas que se basan en compartir los elementos que la condicionan. En una primera etapa los individuos comparten temas no personales como hablar del tiempo, de deportes, de la actualidad social, etc. En un siguiente nivel se comparten intereses personales, aficiones, situaciones de la vida familiar... Se puede continuar avanzando en la generación de confianza si se comparten las motivaciones personales, las actitudes, las creencias y los valores personales.

La confianza es la base del comercio y de la economía. Sin confianza no se hubieran producido los primeros intercambios entre los grupos de cazadores recolectores. Esas transacciones se generalizarían a lo largo de la Revolución neolítica potenciadas por la aparición de la agricultura, la generación de excedentes, el comienzo de la vida en las ciudades, la aparición de la escritura y de los primeros códigos de leyes. Por eso la confianza es la base del progreso, del bienestar y de la riqueza en nuestro mundo. El neurocientífico y economista austriaco Ernst Fehr, al que hemos citado anteriormente, confirmó las bases neurológicas de la confianza. También identificó el importante papel que junto con la transparencia juega en el funcionamiento de los mercados, las transacciones económicas, el éxito en las empresas y la eficacia en el liderazgo de los directivos.[68, 69]

Monedas del s. VI a.C. acuñadas en la región de Lidia, al oeste de la Península de Anatolia. Las primeras monedas del mundo se acuñaron en esta región de Asia. En el s. XXI el valor que soporta el dinero es una cuestión de confianza.
Fuente: Wikipedia CC BY-SA 3.0

El principal instrumento creado por el hombre para facilitar las transacciones económicas fue el dinero. En sus orígenes el dinero eran conchas, metales preciosos, cereales, panes, tejidos de materiales como la seda, etc. Con el tiempo se generalizó el uso de monedas de metal que tenían un valor intrínseco y eran fáciles de estandarizar. Según el historiador y geógrafo griego Heródoto, las monedas fueron acuñadas por primera vez en Anatolia, concretamente en la región de Lidia, en el s. VI a.C. Rápidamente su uso se extendió en Grecia. Con el tiempo las monedas se convirtieron en papel. Fue el emperador mongol Kublai Kan, nieto de Gengis Kan, quien impuso el uso exclusivo de papel moneda en su imperio, sin valor intrínseco, bajo amenaza de muerte a quien no lo hiciera. En esos términos la confianza era una mera entelequia, pero en siglos posteriores el uso del papel moneda se generalizó. El valor que soporta el dinero es una cuestión de confianza. El dólar o el euro son aceptados como moneda en las transacciones globales de bienes y servicios por la seguridad que transmiten los bancos emisores a la hora de respaldar su valor. Hoy en día han surgido con fuerza el bitcoin y las criptomonedas. Es dinero virtual, usado en transacciones electrónicas, que pretende sustituir a las monedas tradicionales. La gran barrera para el uso generalizado de las criptomonedas es precisamente la desconfianza que generan sus emisores a la hora de respaldar su valor. De hecho, la mayor parte de las transacciones realizadas hasta ahora con estos instrumentos son compraventa de las propias criptomonedas, especulando con el valor de cambio respecto a las monedas tradicionales.

En el s. XXI, la confianza sigue siendo tan importante en el comercio que establecemos índices que la miden. Son utilizados para predecir la fortaleza y la evolución de la economía en los distintos países. En España es el caso de los indicadores de confianza industrial o de confianza de los consumidores. Estos índices son la base para realizar proyecciones sobre factores de oferta y demanda, inversiones, consumo y comportamiento general de la economía. Se elaboran mensualmente y son una referencia importante para políticos, economistas, inversores y empresarios. También hay índices de confianza de los ciudadanos en los gobiernos e instituciones.

Autores como el politólogo japonés Francis Fukuyama defienden que la confianza de los ciudadanos en el Estado está directamente relacionada con la prosperidad y la creación de riqueza.[70] Para Fukuyama esa confianza explica las diferencias que existen entre la riqueza de las distintas naciones.

El filósofo británico Ernest Gellner constató la importancia de la confianza de los ciudadanos en el Estado para mantener la cohesión social, la paz y el orden.[71] Los sociólogos hablan con frecuencia de la importancia del "capital social de las naciones" como un componente clave en la colaboración ciudadana, la paz y el progreso.[72] Es un concepto amplio, análogo al de capital social de una empresa, que en este caso incluye las leyes y normas no escritas, las redes y formas de participación civil, las instituciones y especialmente la confianza de los ciudadanos. El papel de la confianza es clave en el capital social de los estados, como dice el profesor Kenneth Newton de la Universidad de Southampton: *"la confianza es probablemente el principal componente del capital social, y el capital social es la condición necesaria para la integración social, la eficacia de la economía y la estabilidad democrática".*[73] El sociólogo sueco Bo Rothstein escribió junto con el profesor emérito de la Universidad de Maryland Eric Uslaner: *"las personas que piensan que se puede confiar en la mayoría de sus conciudadanos son más favorables a tener una imagen positiva de las instituciones democráticas, a participar más en política y a ser más activos en organizaciones civiles".*[74]

La confianza hace que la vida social sea predecible, crea un sentido de comunidad y facilita que las personas trabajen juntas. La confianza es fundamental en las empresas, por eso es tan importante que los máximos responsables de las corporaciones transmitan confianza. Y lo mismo ocurre con los gobernantes, la confianza es crítica para que los estados funcionen. El gran error de los populismos es que fomentando el enfrentamiento y la división de la sociedad favorecen la desconfianza, al menos en una gran parte de la población. Los populismos son un cáncer para la convivencia y el progreso, su triunfo solo conduce a la dictadura.

La confianza es por tanto el motor de la cooperación, reduce la complejidad de las relaciones humanas y favorece el progreso de la sociedad.

■ *La confianza en el mundo de los negocios*

Existen gran cantidad de libros, revistas, artículos, blogs, etc., que hablan de la confianza y especialmente de su importancia en diversas ramas de la psicología, los negocios y el liderazgo. Son realmente interesantes los libros del escritor americano Stephen M. R. Covey, especialmente el más reciente "*Trust and Inspire*", publicado en 2022.[75, 76, 77] En este libro Covey, hijo del famoso e influente S. Covey fallecido en 2012,[78] plantea la necesidad de un cambio en el estilo de liderar las organizaciones de acuerdo con los cambios sociales del s. XXI. El autor propone pasar de un estilo basado en la dirección y el control a un liderazgo basado en la confianza y la inspiración de las personas.

El doctor en economía y neurocientífico americano Paul J. Zak, al que ya hemos citado en este mismo capítulo, acuñó el término "*neuromanagement*". Zak asocia sus investigaciones neurológicas con la creación de una cultura de alto rendimiento y compromiso basada en la confianza.[79] En el año 2017, publicó un artículo en la revista Harvard Business Review.[80] En él resumía sus hallazgos tras analizar el papel de la confianza en las relaciones y decisiones de los empleados de diferentes empresas americanas. Según Zak, las personas que trabajan en empresas donde la confianza es alta tienen, entre otras, las siguientes ventajas: sufren un 74% menos de estrés, tienen un 106% más de energía en el trabajo, su productividad es un 50% mayor, tienen un 13% menos de días de baja por enfermedad, expresan un 76% más de compromiso, y un 29% más satisfacción con sus vidas. Un 40% tiene menos síntomas de agotamiento, y en media reciben un mayor salario.

El papel fundamental de la confianza en las empresas con mayor éxito es también la conclusión de la investigación realizada por Frances Frei y Anne Morriss en el año 2020.[81, 82] La confianza en las relaciones entre empleados hace que las compañías ganen más dinero.

Los autores David H. Maister, Charles H. Green, Robert M. Galford definieron en el año 2000 la "Ecuación de la Confianza" en su libro *El Asesor de Confianza*.[83, 84] Por su interés y practicidad creo que merece la pena hacer una breve referencia a la misma. Lo que nos dicen estos autores es que la confianza que transmite una persona a los demás es consecuencia de cuatro factores.

- La credibilidad. Tiene que ver con los conocimientos, experiencia y solvencia de una persona. También incluye la eficacia para comunicar los conocimientos.

- La fiabilidad. Es consistencia y regularidad en la forma de actuar de un individuo, lo que hace que otras personas sepan perfectamente lo que se puede esperar de él.

- La discreción. Se refiere a la seguridad y tranquilidad con la que alguien es capaz de relacionarse con otra persona, pues nunca la avergonzará ni la pondrá en evidencia.

- El egoísmo. Es constatar que hay determinadas personas que pondrán por encima de todo su propio interés. El egoísmo está en el denominador de la ecuación, ya que, en general, reduce la confianza.

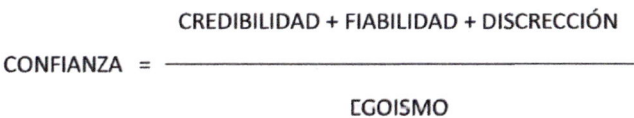

$$\text{CONFIANZA} = \frac{\text{CREDIBILIDAD} + \text{FIABILIDAD} + \text{DISCRECCIÓN}}{\text{EGOISMO}}$$

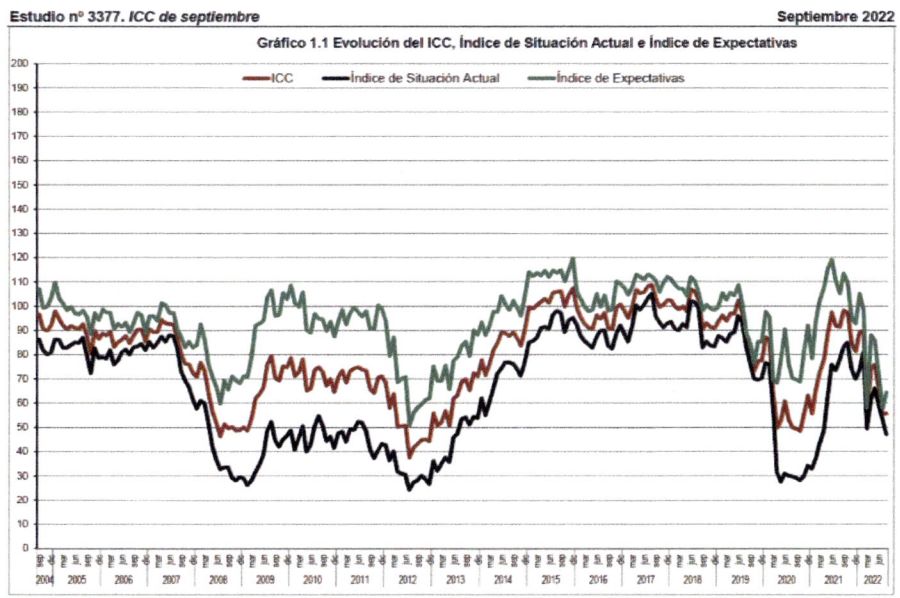

Índice de Confianza del Consumidor. España. Se puede apreciar la caída del índice coincidiendo con las crisis económicas de los años 2008, 2012, 2020 y 2022.
Fuente: Centro de Investigaciones Sociológicas. Estudio nº 3377, septiembre 2022.

■ *Las bases de la confianza: competencia, carácter y respeto a los demás*

La capacidad de generar confianza es una de las características esenciales de un líder. Como hemos visto la confianza está presente prácticamente en la totalidad de las interacciones humanas. Sin embargo la confianza es algo difícil de conseguir, máxime cuando se trata de convencer a varios individuos de diferentes grupos con diversas expectativas. En general somos desconfiados, quizás por prevención y miedo a sufrir daño. Ganarse la confianza de una organización y de sus grupos de interés es algo tremendamente complicado. Además, es una tarea ingrata y sin final. Es muy difícil ganarse la confianza de alguien, pero es muy fácil perderla. Por ello los malos líderes quedan pronto en evidencia.

Jack Zenger y Joseph Folkman publicaron en febrero del año 2019 un artículo en la revista Harvard Business Review en el que identificaban los que para ellos eran los tres elementos fundamentales de la confianza en un líder: mantener unas relaciones positivas con otras personas y grupos; tener un buen juicio y experiencia; y ser coherente.[85, 86, 87] El modelo de Liderazgo Basal, publicado por primera vez en el año 2019, destaca entre las cualidades personales que debe reunir el líder para ganarse la confianza de una empresa y de sus grupos de interés las siguientes: competencia, carácter y respeto a los demás.

■ *Competencia*

La competencia, según la RAE, es la *"pericia, aptitud o idoneidad para hacer algo o intervenir en un asunto determinado"*. Es decir, es una combinación de conocimientos, habilidades, experiencia y actitudes que nos permiten realizar un trabajo con garantías de éxito. La competencia es fundamental para que un líder se gane la confianza de su equipo y de los grupos de interés.

La competencia de una persona está directamente relacionada con su nivel de conocimientos y con su experiencia. Esta última se traduce en logros y resultados. Se trata de tener conocimientos teóricos y prácticos, los dos son necesarios. Por ello la competencia no se adquiere de un día para otro, requiere años de trabajo y esfuerzo.

La competencia influye en nuestra credibilidad. Hemos de preocuparnos por nuestra credibilidad a lo largo de nuestra carrera profesional.

Ello tiene que ver con cómo comunicamos a los demás nuestros conocimientos, experiencias, logros y resultados. En este proceso es importante preocuparse por conocer las opiniones de los demás, mantener al día las referencias, los informes de expertos sobre nuestras capacidades, los éxitos alcanzados, etc. Debemos tener a mano nuestros títulos académicos, cursos de formación, asistencia a seminarios, etc. Un análisis crítico de nuestros conocimientos y experiencia nos ayudará a detectar carencias y necesidades de desarrollo. Este ejercicio nos ayudará a mejorar y progresar personal y profesionalmente.

Un buen profesional debe tener siempre presente que los títulos y logros pasados no aseguran el éxito en el futuro. Conocimientos y experiencia son absolutamente necesarios, pero también lo es mantener una actitud permanente de curiosidad y superación. Nunca podemos dejar de aprender y esforzarnos. El cambio es continuo y cada vez más rápido en nuestro mundo. Cambian las tecnologías, los mercados, los requerimientos de los clientes, las leyes, etc. Ello nos obliga a mantener siempre vivo el espíritu por aprender y trabajar, es la única manera de mantenerse actualizado y seguir siendo competente. Por ello la competencia de una persona en el s. XXI requiere, además de esos conocimientos y experiencia, de una actitud permanente de superación. Y las actitudes también se aprenden y cultivan. Humildad, esfuerzo, inquietud, trabajo en equipo... Nuestra reputación y credibilidad depende en buena parte de estas actitudes que nos permiten mantenernos informados y actualizados. Hay que formarse continuamente. Las fórmulas del éxito pasado pueden ser las semillas de la decadencia.

La competencia está también relacionada con el concepto de fiabilidad. Esta capacidad tiene que ver sobre todo con nuestras acciones y se basa en la consistencia, coherencia y predictibilidad de los resultados de nuestro trabajo. Un profesional competente debe estar seguro de que el resultado de su trabajo es el esperado, de que los compañeros no van a encontrarse con sorpresas desagradables por nuestra culpa. La competencia implica que los demás saben qué pueden esperar de nosotros, se pueden fiar. La competencia es, en este sentido, consecuencia de nuestra madurez personal y coherencia.

■ *Carácter HIH*

El carácter de una persona lo conforman un conjunto de cualidades que manifiesta con claridad y le distingue de otros individuos. Por tanto, para que un líder pueda generar confianza debe poseer y manifestar claramente cualidades relacionadas con ella. En el modelo de Liderazgo Basal se incluyen la humildad, la integridad y la honestidad. Por ello la denominación "Carácter HIH".

La humildad es conocer las propias limitaciones y debilidades, para obrar de acuerdo con este conocimiento. Deriva de una de las cuatro virtudes cardinales, la templanza. Como vimos en un capítulo anterior, la templanza formaba parte de las virtudes que conducían a los griegos a la excelencia personal –areté– que junto con la tranquilidad –ataraxia– posibilitaban la búsqueda de la felicidad –eudaimonia–. La importancia de la virtud en la búsqueda de la excelencia tuvo una gran influencia en el pensamiento cristiano a lo largo de la Edad Media. Hoy en día creo que es valioso recuperar estos conceptos. El control de las emociones y el predominio de la razón, junto con la búsqueda de la excelencia personal, son la mejor receta contra el hedonismo, el egocentrismo, el sentimentalismo, la ignorancia, la irresponsabilidad, la demanda incansable de derechos y la falta de esfuerzo que predominan hoy en día.

La humildad es estar alerta para evitar la soberbia, no creerte mejor que nadie ni pensar que ya lo sabes todo. La humildad es pedir perdón y dar las gracias con frecuencia. En este sentido siempre recuerdo una anécdota en mi primer viaje a Japón con mi familia. Sucedió cuando nos encontramos en la recepción del hotel con nuestra guía y nos quiso enseñar dos palabras para movernos por Japón: "arigato" –gracias– y "sumimasen" –disculpe–.

Con frecuencia confundimos humildad con sumisión, servilismo, indecisión o vergüenza. Es un error. La humildad puede estar acompañada de convicción, determinación, sana ambición, valentía y defensa de las propias ideas. Sin caer nunca en la soberbia ni en la arrogancia, un líder debe demostrar coraje y valentía y al mismo tiempo humildad. La arrogancia llama la atención pero la humildad es la que realmente consigue resultados en una organización.[88]

La humildad es también admitir la responsabilidad sobre los propios errores. Un líder también se equivoca. Nadie en la organización debería esperar que el líder fuera infalible y supiera de todo. Pretender no equivocarse y señalar a otro por los errores propios es tóxico para la confianza. Actuando de esta manera conviertes un error de competencia en un error de integridad y eso es mucho más grave para la credibilidad del directivo. Profundizando un poco más en esta idea, el psicólogo americano Edgar Schein insiste en que los grandes líderes no tienen respuesta para todo. Los grandes líderes escuchan y hacen buenas preguntas para conseguir las mejores ideas de sus equipos.[89] Schein distingue tres tipos de humildad: la que demostramos ante nuestros mayores y autoridades, la que manifestamos con personas de éxito que han conseguido logros importantes, y la que es la clave del éxito de los grandes líderes y por tanto muy escasa, la humildad de aceptar tu dependencia de otras personas para conseguir los resultados.

La honestidad es la coherencia con tus valores, pensamientos, palabras y actos. Ya desarrollamos estas ideas en el tercer capítulo del libro, pero debemos constatar la importancia de la honestidad a la hora de generar confianza en una organización. Es muy difícil confiar en alguien cuyas acciones no son coherentes con sus palabras. Esta es, quizás, una de las principales causas de desconfianza en los dirigentes políticos en el s. XXI. Son capaces de decir una cosa y la contraria, de un día para otro, y de hacer finalmente algo totalmente distinto. La ambición por el poder y el tratar de obtener votos como sea, conduce a los políticos a sacrificar su honestidad constantemente. Un directivo debe hacer honor a sus promesas y compromisos, por ello es muy importante prometer solo aquello que sepas que puedes cumplir. Nada es más negativo y tóxico en una organización que un jefe que dice lo contrario de lo que hace.

La integridad es hacer siempre lo correcto, independientemente de las circunstancias. El fin nunca justifica los medios, hablaremos de ello en el siguiente capítulo cuando abordemos la importancia de los resultados en el éxito del líder. Un error frecuente en ciertos directivos es la indiscreción y manipulación de la información para conseguir sus intereses, manipulando a las personas. Estos individuos utilizan información sensible o confidencial, a la que tienen acceso por su posición. Esos comportamientos, además de sancionables legalmente, suelen dinamitar la confianza en una corporación. La discusión ética siempre debe estar presente en el trabajo del directivo. Para actuar con integridad ante situaciones complejas, es necesario establecer con frecuencia un debate sobre los dilemas éticos con los miembros de tu equipo y personas de confianza.

■ *Respeto a los demás*

Un líder debe mantener una buena relación con diferentes personas y grupos. La base de una buena relación con otros individuos es el respeto. Respetar a los demás es la esencia de la libertad humana. Para respetar la libertad de los demás debes renunciar a parte de tu libertad. Ello significa renunciar al egoísmo. Para respetar a los demás debes ser justo, generoso, tolerante, paciente, aceptar la diversidad y la ingratitud. La empatía tiene mucho de generosidad, hay que invertir tiempo y esfuerzo en identificar las motivaciones y preocupaciones de los demás, en mantenerte accesible y sensible con las expectativas y necesidades de las personas que te rodean.

Un comportamiento esencial para demostrar respeto a los demás es practicar la escucha reiteradamente. Además de aprender y evitar errores propios, la escucha activa es un acto de respeto que obviamos con frecuencia. La comunicación efectiva y sincera es fundamental para generar confianza en las relaciones con las diferentes personas y grupos que interactúan con el líder. Además de escuchar y tener en cuenta las ideas y opiniones de los demás, el directivo también debe expresar su opinión sin temor a equivocarse. Este es también un factor clave para generar confianza.

Un líder debe ser transparente y cercano, debe fomentar el diálogo, la excelencia, la diversidad y la libre expresión de las ideas. Con frecuencia cometemos el error de rodearnos de personas que piensan como uno mismo y tienen gustos similares. En principio esto puede parecer más fácil y que suaviza ciertos conflictos. Pero a la larga limita tu visión de la realidad y evita considerar las diferentes opciones y puntos de vista. Hay que fomentar los equipos competentes, diversos y equilibrados. Sin caer en la demagogia, las cuotas y el folclore. Hay que fomentar la igualdad de oportunidades y la meritocracia en la organización. Lo contrario dinamita la confianza.

Respetar a los demás no significa renunciar a tu responsabilidad. Con frecuencia debemos juzgar, tomar decisiones difíciles que afectan a otras personas o que las desagradan. No se puede actuar tratando de quedar bien con todo el mundo. Pero otra cosa es actuar de manera insensible llevándote por delante a cualquiera que se cruce en tú camino. Siempre hay que tener en cuenta los principios de la ética, hay que hacer el bien y tratar a los demás tal y como como quieres que ellos te traen a ti.

Un líder debe reconocer los éxitos de su equipo y agradecer el esfuerzo. La falta de reconocimiento es una de las demandas más frecuentes en los empleados de muchas organizaciones. De la misma manera que se deben reconocer los méritos, también se deben sancionar los errores. Hay que ser justos y equilibrados en las sanciones. Debemos recordar que los errores de ejecución, como incumplir un procedimiento o una orden claramente definida, son mucho más graves que los errores de criterio.

Uno de los principales signos de madurez psicológica es saber adaptarse a las diferentes personas, respetándolas, aprendiendo de ellas, pero sin tener que renunciar a tus valores y creencias esenciales. La capacidad de generar confianza está relacionada con la excelencia en los comportamientos del líder, que viene determinada fundamentalmente por su coherencia y ejemplaridad.

Liderazgo Basal. Capacidad para generar confianza. Componentes.

CAPÍTULO 6

LA DETERMINACIÓN PARA LOGRAR RESULTADOS EN UNA ORGANIZACIÓN

"La perseverancia es el secreto de todos los triunfos"
Víctor Hugo (1802-1885), escritor y poeta francés.

■ Los buenos resultados aseguran el futuro de las empresas

El profesor y escritor norteamericano John Paul Kotter sostiene que liderazgo y gestión son dos sistemas de acción diferentes y complementarios.[90] Los dos son necesarios para tener éxito en un entorno empresarial cada vez más complejo y cambiante. Según Kotter, la gestión debe hacer frente a la complejidad y el liderazgo debe hacer frente al cambio. La buena gestión evita el caos, aporta orden y coherencia al trabajo del día a día y permite alcanzar los resultados. El cambio requiere liderazgo que permita a las personas de una organización adaptarse, conseguir resultados y sobrevivir en un entorno cada vez más complejo y competitivo. Los líderes delegan, tienen capacidad de motivar y entusiasmar a las personas. Los líderes toleran el caos y la incertidumbre, perseveran con determinación incansable en la búsqueda de resultados. Unas personas tienen más aptitudes para la gestión y otras para el liderazgo. El reto para una empresa consiste en promover y educar individuos que combinen unas capacidades de gestión y liderazgo sólidas, consiguiendo que ambas aptitudes se equilibren entre sí.[91]

Los resultados son el efecto y la consecuencia del proceso de planificación estratégica de una compañía y del esfuerzo colectivo de todos sus empleados. Para conseguir los resultados se requieren por tanto liderazgo y gestión. El proceso de planificación y ejecución estratégica es uno de los más sensibles en cualquier organización. Para que sea un éxito necesita de un gran esfuerzo de análisis, coordinación y comunicación. El proceso de planificación y ejecución estratégica permite alinear los objetivos de cada uno de los empleados de la empresa, y su remuneración variable, con los resultados.

El primer paso es la definición del plan estratégico que se fundamenta en la misión, visión y valores de la compañía. Todos los empleados deben estar alineados con esos principios que soportan la cultura de la organización. El plan estratégico de la compañía no puede ser la excepción. Brevemente, sin entrar en detalle sobre los conceptos pues no es el objetivo de este libro, un plan estratégico tiene tres partes principales. Una primera parte de análisis del entorno en que se desarrolla la actividad de la empresa. Tanto entorno externo, tratando de identificar las oportunidades y amenazas para la compañía en los próximos años. Como el entorno interno, intentando definir las fortalezas y debilidades de la propia organización. A partir de ese análisis, en la segunda parte del plan se definen una serie de objetivos, empezando por la identificación de un número reducido de objetivos estratégicos, generales, a partir de los cuales se van estructurando planes de acción más detallados y concretos que permitan hacer realidad los objetivos estratégicos. Los planes de acción deben ser claramente definidos, lo que incluye una correcta identificación y cuantificación de estos, así como las personas responsables y los tiempos de ejecución. También es necesario definir los recursos necesarios para materializarlos. Consecuencia de la ejecución exitosa de los planes de acción tendremos los resultados, financieros y no financieros, que espera alcanzar la compañía. El plan estratégico se completa con una tercera parte en la que se definen unas proyecciones de los estados financieros de la compañía para el periodo de vigencia del plan. En estas proyecciones se deben confirmar los resultados esperados.

Proceso de Planificación y Ejecución Estratégica

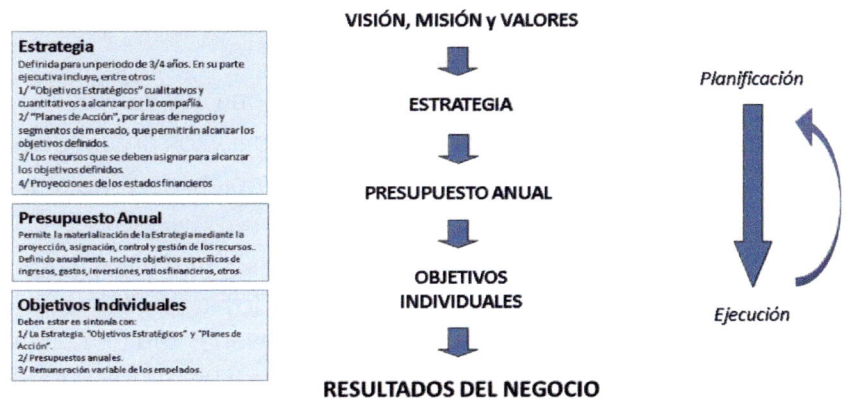

El proceso de planificación y ejecución estratégica permite alinear los objetivos de cada uno de los empleados y su remuneración variable con los resultados del negocio.
Gráfico de elaboración propia.

Una vez definido el plan estratégico, lo más importante es ejecutarlo, llevarlo a cabo con éxito. Para ello es crítico comunicarlo a toda la organización. Cada empleado debe conocer como le afecta la estrategia y cuáles son los objetivos generales de la compañía. También debe establecerse un procedimiento de seguimiento y revisión periódica de los avances en la ejecución de la estrategia y los resultados logrados. Durante los años de vigencia del plan estratégico, y en sintonía con el mismo, se actualizarán periódicamente los estados financieros. Ello permitirá hacer seguimiento de los resultados esperados por la corporación.

Los objetivos individuales de cada uno de los empleados deben estar alineados y ser coherentes tanto con la cultura de la compañía como con el plan estratégico y las proyecciones de los estados financieros. De esta manera, los objetivos individuales de los empleados permiten la consecución de los resultados de la entidad. Una de las disfunciones más frecuentes entre los equipos de alto rendimiento de una corporación es la falta de orientación al resultado de sus componentes.[92, 93]

Alinear la visión con los objetivos individuales y los resultados a través del plan estratégico y los presupuestos, resulta motivador y coherente para la mayoría de los empleados. Es una de las mejores herramientas de comunicación para los líderes de una organización. El mensaje contiene la visión, el PORQUÉ, un propósito inspirador que da sentido. Utiliza también los valores, el CÓMO actuar para hacer realidad los planes. Y hace referencia al QUÉ, los objetivos individuales y el resultado esperado. Cumple con la excelencia en el discurso que los griegos definieron como el balance entre:

- El PATHOS –la emoción–, ligado a la visión y los valores.
- El LOGOS –la lógica–, ligado a la estrategia y los presupuestos.
- El ETHOS –la credibilidad–, ligado a los objetivos y los resultados.

Los buenos resultados financieros son imprescindibles para la supervivencia de una empresa. Por ello son uno de los tres pilares fundamentales del concepto de sostenibilidad empresarial, tan de moda en nuestros días y que trataremos en profundidad en próximos capítulos de este libro. Por esa relación inequívoca con el futuro de la organización, los máximos responsables al frente de la misma deben demostrar continuamente una determinación inquebrantable para hacerlos realidad.

Los resultados financieros de una corporación deben estar en línea con los de otras empresas de su mercado y con las expectativas de sus accionistas. Las necesidades de inversión, las ventas, los costes, los márgenes y la rentabilidad final de las compañías difieren entre los distintos negocios y sectores productivos. En cualquier caso, una vez realizadas las inversiones de puesta en marcha de un negocio, la rentabilidad de una empresa debe permitir la remuneración de sus accionistas, la financiación de sus operaciones y por tanto asegurar su futuro. Si una compañía no es rentable y no puede autofinanciarse solo caben tres opciones: o se endeuda, o los inversores aportan más capital, o la empresa quiebra. Incrementar la deuda es algo muy peligroso. La deuda hay que devolverla al cabo de un tiempo. Para ello debemos incrementar la rentabilidad del negocio, tanto para conseguir la autofinanciación que originó la deuda como para devolverla junto con los intereses. Complicado. Por eso incrementar la deuda es y seguirá siendo en el futuro uno de los mayores riesgos para cualquier organización, incluidos los estados. Por otro lado, los accionistas no pueden estar aportando dinero continuamente para compensar la falta de rentabilidad. Si no obtienen un beneficio razonable para su inversión, acabarán llevándose su dinero a otro sitio. Por estas razones las empresas deben ser rentables y generar suficientes recursos para financiar sus operaciones, remunerar a los accionistas y asegurar su futuro. Esta idea tan básica parece que no es compartida por muchos políticos que demagógicamente critican los beneficios de las empresas. Si las empresas no ganan dinero no habrá empleo, ni impuestos, ni sanidad, ni educación, ni progreso... La sociedad será cada vez más pobre y miserable. Sólo hay que fijarse en los países comunistas y los resultados catastróficos de la economía planificada.

■ *Cómo se miden los resultados*

Recientemente volví a ver la película *Rompiendo las Reglas*, cuyo título original es *Moneyball*. Se estrenó en el año 2011, fue distribuida por Columbia Pictures y fue protagonizada por Brad Pitt, Jonah Hill y Philip Seymour Hoffman. Está basada en unos hechos reales que dieron lugar a un interesante libro, *Moneyball: The Art of Winning an Unfair Game*, escrito por Michael Lewis.[94] En el año 2002, el inicio de la temporada de beisbol para los Oakland Athletics no presagiaba nada bueno. Tras tener el presupuesto más alto del campeonato en el año 1991, el equipo californiano había perdido a todas sus estrellas pues no fue capaz de igualar las ofertas económicas de otros clubes más poderosos. El presupuesto disponible en 2002 para reemplazarlas era muy limitado. Desde el año 1997 se encontraba al frente del equipo Billy Beane, un antiguo jugador que acabó su carrera con los Oakland tras jugar en los New York Mets, Minnesota Twins y Detroit

Tigers.[95] Forzado por la situación, Beane se cuestionó los métodos que utilizaban hasta ese momento los ojeadores del club para fichar a los jugadores. Él mismo había realizado ese trabajo anteriormente. Contactó con Bill James y Jonah Hill quienes aplicaron métodos estadísticos para seleccionar a los jugadores. Pero lo realmente revolucionario no fueron las técnicas informáticas utilizadas para procesar los datos, sino el cambiar los criterios de selección utilizados hasta el momento. En lugar de utilizar únicamente indicadores como la media de bateos por partido, carreras completadas, la fuerza en los lanzamientos, etc., se pasaron a valorar parámetros relacionados con la regularidad en el rendimiento de los jugadores. Este trabajo les permitió identificar jugadores que se encontraban infravalorados y conformar un equipo ganador con poco dinero. Los resultados fueron espectaculares.

La gran lección detrás de esta historia radica en la gran importancia que tiene, para alcanzar buenos resultados, la utilización de los indicadores adecuados. Lo que medimos condiciona el resultado. Si una compañía mide los volúmenes de venta y centra sus objetivos en este parámetro, sus empleados se esforzarán en conseguir nuevos clientes sin hacer mucha incidencia en los márgenes de las operaciones, los costes o las garantías de cobro, con lo que el beneficio financiero podrá verse afectado. Durante años, el criterio de valoración de muchas compañías americanas fueron los dividendos por acción.[96] Pero si las compañías se centran en este indicador para incrementar su valor, pueden sacrificar su solidez financiera y tener problemas de viabilidad en el futuro. Justo el efecto contrario que buscaban.[97]

Con carácter general, lo más importante a la hora de elegir los indicadores a monitorizar en un negocio es su relación directa con el resultado buscado. Y no hablamos únicamente de indicadores financieros. Si una entidad bancaria busca la rentabilidad en términos de beneficio y todos los estudios muestran que la fidelización de los clientes está directamente relacionada con el objetivo, la fidelización debería ser uno de los parámetros importantes a controlar por sus directivos regularmente. De manera similar, si en una aerolínea la rentabilidad está directamente relacionada con índices como la puntualidad o la seguridad, la evolución de estos indicadores debería ser objeto de especial atención por sus gestores. Estos indicadores clave, directamente relacionados con los resultados, deberían formar parte de los objetivos de los empleados y estar ligados a algún sistema de remuneración variable.

■ *La seguridad laboral como termómetro de la salud empresarial*

Hoy en día se utilizan multitud de indicadores no financieros para monitorizar planes de acción relacionados con la sostenibilidad y responsabilidad social de las compañías. Ello es consecuencia del entorno legal y de la propia iniciativa empresarial para dar satisfacción a las demandas de la sociedad. Satisfacción y compromiso de los empleados, satisfacción de los clientes, inversiones sostenibles, iniciativas relacionadas con la economía circular, proyectos de colaboración con fundaciones y organizaciones no gubernamentales, programas de cumplimiento penal, etc. Entre todas estas mediciones me gustaría detenerme brevemente en las relacionadas con la gestión de la seguridad laboral.

La robotización y la digitalización, junto con otros cambios tecnológicos y sociales están cambiando radicalmente el entorno de trabajo. Mano robótica de Shadow Robot Company.
Fuente: Wikipedia. CC BY–SA 3.0.

Según la consultora McKinsey, los buenos resultados en seguridad laboral están relacionados con una mejora en los resultados financieros y operativos de las empresas.[98, 99] La consultora llegó a esta conclusión tras el desarrollo de un "Índice de Seguridad Organizativa" con la participación de diferentes empresas en varios países.[100] Una aproximación similar es la de la consultora dss+, basándose en la famosa "Curva de Bradley".[TM] Además de ayudar a las empresas a mejorar su cultura de seguridad, desde el año 1999 sus estudios constatan que una cultura de la seguridad excelente mejora la productividad y los beneficios.[101] Estas conclusiones son similares a las de un estudio realizado por investigadores brasileños y americanos, publicado en el *International Journal of Workplace* Health Management en mayo de 2021. En este último estudio también se resalta que las empresas que invierten más en seguridad laboral obtienen mejores resultados financieros.[102]

En la actualidad, se suceden los cambios tecnológicos y demográficos que afectan a las empresas. Por ejemplo, el aumento de la esperanza de vida, las mejoras en la salud, el abandono del medio rural, la automatización de tareas penosas y tóxicas, etc. En los países de la UE y en EE. UU. se observa también un incremento del autoempleo y del trabajo temporal, una cada vez mayor automatización de los procesos industriales con el uso de robots y un importante desarrollo de la inteligencia artificial. Todo ello está cambiando radicalmente el entorno de trabajo. Pero a pesar de todos estos cambios, según datos de la Organización Mundial de la Salud (OMS) y de la Organización Internacional del Trabajo (OIT), en el mundo todavía se producen unos 2,78 millones de fallecimientos anuales por causa del trabajo.[103] De esas muertes, más de 380.000 son debidas a accidentes fatales y 2,4 millones son provocadas por enfermedades profesionales, incluido el cáncer. En España, en el año 2021 hubo más de 600.000 accidentes laborales, de los que 611 fueron mortales.[104] La construcción se encuentra a la cabeza de los índices de siniestralidad. Los accidentes con tractores son una de las principales causas de fallecimiento.[105] Son más frecuentes que los accidentes en turismos, en términos relativos, 6,87 fallecimientos/100.000 tractores frente a 2,61 fallecimientos/100.000 turismos. Más de dos tercios de estas muertes en tractores son debidas al vuelco del vehículo.

Independientemente de los estudios que muestran la relación directa entre los índices de seguridad y los resultados financieros, los accidentes laborales tienen un coste tremendo para la sociedad en términos de vidas humanas, enfermedades, absentismo laboral, pérdidas de productividad y sanciones administrativas a las empresas. Todos los accidentes son evitables. Establecer una verdadera cultura de seguridad en las empresas exige trabajo, recursos, disciplina y determinación por parte de todos.

La gestión de la seguridad laboral es un trabajo que nunca tiene fin. Si el cambio es continuo, tanto en la vida como en los negocios, en todo lo relacionado con la seguridad laboral el reto es permanente. En una empresa cambian con frecuencia las condiciones de trabajo, las personas, los procedimientos, la maquinaria, los proyectos, las inversiones, los proveedores, las contratas de servicios, las regulaciones aplicables, etc. Ello requiere de una continua monitorización, valoración de riesgos, formación, comunicación, establecimiento de controles, cambio de protocolos, etc. Por ello la gestión de la seguridad laboral es tan exigente para los responsables de una compañía. Y por esa misma razón, la buena gestión de la seguridad laboral y el establecimiento de una verdadera cultura de seguridad en una compañía suele ser reflejo de un compromiso de sus líderes con la excelencia que repercute sin duda en los resultados financieros y operativos.

■ La importancia de la ética en la consecución de los resultados

Lance Armstrong fue un famoso y exitoso ciclista estadounidense. Obtuvo el Premio Príncipe de Asturias de los Deportes en el año 2000. Conquistó el Tour de Francia, la carrera ciclista más famosa del mundo, en siete ocasiones consecutivas −entre los años 1999 y 2005−. También ganó un campeonato del mundo de ciclismo en ruta en el año 1993 y otras muchas competiciones. Desde pequeño demostró unas extraordinarias aptitudes físicas y mentales para el deporte. Comenzó compitiendo con éxito en la natación, continuó haciéndolo en el triatlón y acabó apostando por el ciclismo profesional. En octubre del año 1996 se le detectó un cáncer en los testículos con metástasis en el cerebro y los pulmones. Los médicos le dieron un 40% de probabilidades de superarlo. En dos años regresó al ciclismo profesional y un año después comenzó su reinado en el Tour de Francia.[106]

Recuerdo una de las grandes gestas de Armstrong. Fue en el Tour del año 2001, en la décima etapa. Era una jornada alpina durísima, con 4 puertos de montaña y 209 km, entre Aix-les Bains y L'Alpe D'Huez.[107]

Tres de los puertos a subir eran de categoría especial. A mitad de la carrera –km 114– se iniciaba la parte más dura de la etapa, quedaban 95 km por delante y la ascensión de los tres colosos de categoría especial. Al comenzar la subida del Col de la Madeleine, Armstrong fingió tener problemas físicos y se quedó retrasado. Al ver al texano renqueante, los hombres del Telekom tomaron la iniciativa y aceleraron la carrera tratando de dejarle atrás. El Telekom era el equipo del alemán Jan Ullrich, el gran rival del americano junto con el español Joseba Beloki. Siguieron desgastándose con el mismo objetivo durante toda la subida del Col du Glandon. Armstrong permanecía al acecho en la cola del pelotón. A 16 km de la meta comenzaba la ascensión de L'Alpe D'Huez, en cuya cima finalizaba la carrera. En las primeras rampas Armstrong lanzó su ataque con la ayuda del español Chechu Rubiera.[108] Con una fuerza portentosa dejó atrás a todos sus rivales. Armstrong ganó la etapa. Ullrich y Beloki, segundo y tercero, entraron a dos minutos del americano.

En el año 2004 aparecieron las primeras acusaciones de dopaje contra Armstrong. En el año 2005 el ciclista anunció su retirada. Las denuncias continuaron y aunque el americano regresó al circuito internacional en 2009, no pudo evitar que en 2012 la Agencia Antidopaje de EE. UU. (USADA) le declarara culpable de dopaje continuado desde el año 1998. La Unión Ciclista Internacional (UCI) le desposeyó de todos sus títulos desde esa fecha, también fue suspendido *sine die*. Armstrong admitió en 2013 haber recibido transfusiones de sangre y haber consumido sustancias prohibidas como EPO y testosterona. El Comité Olímpico Internacional le obligó a devolver la medalla de bronce que ganó en el año 2000. Posteriormente salieron a la luz varios casos de utilización de sustancias prohibidas por ciclistas. También se difundió que esas prácticas eran generalizadas y habituales mucho antes de la llegada del americano. En cualquier caso, ningún escándalo tan grave como el suyo fue denunciado nunca. La imagen del ciclismo se vio gravemente deteriorada.[109] ¿Qué pasó por la cabeza de Armstrong y sus colaboradores, una vez superado con éxito un cáncer que le llevó a las puertas del infierno, para acabar utilizando sustancias prohibidas en su reincorporación al ciclismo profesional?

Todos los seres humanos nos equivocamos. En La Biblia se recogen unas sabias palabras de Jesucristo que conviene tener siempre presentes: *"el que esté libre de pecado que tire la primera piedra"*. La historia de Lance Armstrong, y otras similares, debe servirnos de ejemplo para tratar de evitar los errores que pone en evidencia. El fin nunca justifica los medios. Hay que ganar sin hacer trampas. A lo largo de nuestra vida, profesional y personal, tendremos que afrontar multitud de situaciones en las que deberemos reflexionar si lo que vamos a decidir está bien o mal. Y muchas veces la respuesta no será blanca o negra. Por ello es tan importante para cualquier persona, y especialmente para aquellas que ocupan posiciones de responsabilidad, la búsqueda permanentemente del conocimiento, la virtud y la excelencia personal —areté—. Ello requiere de humildad, esfuerzo e inquietud por aprender. El hedonismo y el culto al yo que imperan hoy en día son obstáculos importantes. El conformismo, la mediocridad, la ignorancia, la autocomplacencia nos llevan a buscar atajos y a justificarlos. Por ello es tan importante recuperar la cultura del esfuerzo y de la superación. Hay que tratar de hacer las cosas siempre bien.

La ética es la mejor compañera de viaje del directivo. Los buenos resultados de una empresa hay que conseguirlos haciendo las cosas bien. En algunas ocasiones me he encontrado con trabajadores que, sin que nadie se lo pidiera, se saltaban las normas porque creían estar haciendo algo bueno para la compañía. En una empresa de éxito, nadie entre los grupos de interés debería esperar que los trabajadores se salten las normas para conseguir los resultados. Los líderes de una organización deben repetir frecuentemente este mensaje. Un buen comportamiento ético es un buen negocio.

■ *La determinación para conseguir resultados. Motivación, perseverancia, disciplina y orden*

Los resultados en una organización casi nunca son consecuencia del trabajo de una persona. Vienen derivados del trabajo en equipo. El reto para el líder está precisamente ahí, en movilizar a las personas de su equipo para alcanzar los resultados. Como decían Kouzes y Posner, la principal responsabilidad de un líder es *"hacer realidad las cosas"*.[110]

Las cualidades personales que conforman la determinación para lograr resultados están muy ligadas al concepto de inteligencia emocional. Tanto a los conceptos de autocontrol y autogestión como a los conceptos de empatía y habilidad social. El autocontrol se consigue conociéndose a uno mismo, identificando los puntos fuertes y débiles, las inquietudes y necesidades. Está muy relacionado con la motivación y la perseverancia. La autogestión consiste en el control de las emociones, la tranquilidad —ataraxia— que buscaban los griegos en el camino hacia la felicidad. Está muy relacionada con la disciplina y el orden.

■ *Motivación*

La motivación, tanto en el mundo de los negocios como en la vida personal, requiere conocer claramente los objetivos perseguidos y estar comprometido para alcanzarlos. La causa y el efecto de alcanzar un objetivo es el resultado. La primera gran responsabilidad de un líder al frente de un equipo es definir claramente los objetivos. Todos los miembros del equipo deben conocer los objetivos comunes e individuales. Al conocerlos, comenzarán a estar alineados para conseguirlos. Conocer los objetivos requiere compartir información. Hacerlo tiene un gran poder de motivación, cada uno conoce su papel y el de los demás, lo que se espera que cada uno aporte. Hay que informar de forma periódica y continua hasta alcanzar el objetivo. Es necesario para compartir avances, corregir desviaciones, ser eficiente evitando esfuerzos inútiles y confusiones, etc. En ese proceso un líder debe delegar, escuchar y dar retorno a cada persona. También debe proporcionar los recursos que sean necesarios. Hay que medir los avances y dar reconocimiento. Si los miembros del equipo están alineados, surgen la iniciativa, el autocontrol, la ejemplaridad y la automotivación.

La motivación requiere actitud y aptitud. Es fuerza interior pero también conocimiento, técnica y práctica. Como enseñó el mítico entrenador de baloncesto en la Universidad de California John Wooden a muchas generaciones de grandes jugadores, la victoria es resultado del esfuerzo.[111] Cada jugador debe buscar la excelencia en lo que hace y esforzarse al máximo de acuerdo con sus capacidades. A partir de ese gran principio, para Wooden el gran secreto de su labor como entrenador estaba en la planificación, la preparación, la práctica y el rendimiento.

La motivación es ilusión, esperanza, sana ambición. Es el combustible que te permite luchar para acercarte a las metas establecidas. La motivación te mueve a la acción y la acción requiere esfuerzo y desgaste. Si estás motivado querrás pagar ese precio. La motivación es también propósito, lo que da sentido a la lucha por alcanzar los objetivos. Te obliga a dar algo de ti, a arriesgarte e implicarte. La motivación te mueve a elegir, a ejercer tu libertad para aceptar el reto. El riesgo produce ilusión que es fuente de satisfacción y alegría. Hay que encontrar y transmitir esa ilusión a los compañeros de viaje.

■ *Perseverancia*

Perseverar es mantenerte constante en la búsqueda de alguien o algo, sin caer en el desaliento. Seguir intentándolo, sacar fuerzas de flaqueza, mantener la ilusión. Orden y disciplina ayudan a perseverar. Y perseverar es necesario para mantener viva la motivación, especialmente cuando la motivación flaquea por las dificultades con las que nos encontramos.

La perseverancia se aprende desde pequeño. Es importante adquirir este hábito con la repetición de actos en donde uno vence, pierde, lucha, cae, se levanta y vuelve a empezar. La voluntad se conquista en un trabajo de aciertos y errores sucesivos. A lo largo de ese proceso de aprendizaje gradual, se acaban consiguiendo hábitos que ayudan a perseverar. Tener personas referentes a tu alrededor ayuda.

Según Enrique Rojas, psiquiatra español anteriormente mencionado, *"el hombre constante mira hacia adelante, con la ilusión de alcanzar la cima deseada y por eso se mantiene firme e inalterable"*.[54] Uno de los signos de madurez de la personalidad es la visión de futuro. *"Cuando más se siente uno lleno de fuerza es cuando se vencen las adversidades y se mantienen constantes los objetivos para llegar hasta donde uno se ha propuesto"*. La perseverancia se retroalimenta, cuando más avanzas con constancia hacia el objetivo, cuantos más obstáculos vences más satisfacción experimentas y la motivación se refuerza.

La constancia en los objetivos es la razón del éxito de muchos grandes deportistas. El gran tenista español Rafel Nadal reivindica con frecuencia el valor de la humildad y la perseverancia en sus apariciones públicas.[112] Nadie mejor que él para dar testimonio de esta virtudes, ya que ha hecho gala de ellas repetidamente a lo largo de su carrera deportiva.

Perseverar exige renunciar a cosas pequeñas, no distraerse. No ser caprichoso, ni complaciente. Renunciar al camino más fácil y elegir lo que uno realmente quiere, buscando lo mejor. También ayuda ser austero, sobrio, huir de los caprichos, los lujos y las sofisticaciones.

■ Disciplina

La disciplina implica orden y perseverancia en el cumplimiento de unas reglas o normas para conseguir un objetivo. Con frecuencia las normas incluyen una jerarquía, lo que requiere subordinación a las personas. La autodisciplina es cuando esas reglas o normas las define uno mismo.

La disciplina es uno de los valores más necesarios y valorados en una organización. Sin disciplina es imposible coordinar el trabajo de un grupo numeroso de personas para conseguir un resultado. Decía la madre Teresa de Calcuta *"la disciplina es el puente entre las metas y los logros"*. La disciplina exige humildad y respeto a los demás, que como vimos anteriormente obliga con frecuencia a renunciar a parte de tu libertad. Requiere también empatía y saber renunciar al ego. No debe confundirse la disciplina con la falta de iniciativa o de carácter. El cumplimiento de las normas establecidas es síntoma de madurez y de educación. Hacen falta carácter e iniciativa para ser disciplinado. La rebeldía puede ser con frecuencia síntoma de inmadurez, de egocentrismo y de falta de personalidad.

La disciplina exige esfuerzo y compromiso, por parte de todos. El mayor enemigo de la disciplina es la condescendencia con el mal ejemplo. Que algún miembro del equipo no cumpla y se le permita. Por ello el liderazgo requiere de coherencia y ejemplaridad. Hay que reconocer con frecuencia los éxitos de las personas pero también hay que gestionar correctamente los errores, sin dejarlos pasar. Debemos actuar con ejemplaridad en todo momento, si no lo hacemos perderemos credibilidad.

■ Orden

Orden es la disposición adecuada de las acciones. Lo que da armonía al conjunto y permite priorizar establecer relaciones y encontrar sentido a las cosas.

Los griegos buscaron la belleza en el orden, la armonía y la simetría del cosmos. Lo opuesto era el caos, la falta de lógica y razón. Pitágoras, considerado el padre de las matemáticas, es uno de los primeros que divulgaron este tipo de pensamientos. El hinduismo y el budismo apelan también al orden del cosmos que regula y coordina el funcionamiento del universo. Esas reglas conforman el dharma. En el caso de los individuos, ese orden cósmico se manifiesta en el karma. Una energía que se genera a partir de los actos de las personas y que se manifiesta en las sucesivas reencarnaciones hasta alcanzar la perfección.

Estos conceptos filosóficos ponen en evidencia la importancia del orden. Y no es para menos. La termodinámica es una rama de la física que estudia las relaciones entre el calor y otras formas de energía. Pues bien, un concepto fundamental de la termodinámica es el de la entropía. Surgió en el s. XIX al medir la parte de energía que no se transformaba en trabajo en una máquina de vapor. La energía perdida, desaprovechada, es la entropía. En un sentido más amplio, la entropía mide el grado de desorden de un sistema. La entropía crece constantemente en el universo y a la postre será la causa de su enfriamiento y muerte. Por si alguien pensaba lo contario, queda claro que el desorden es malo. Al menos termodinámicamente...

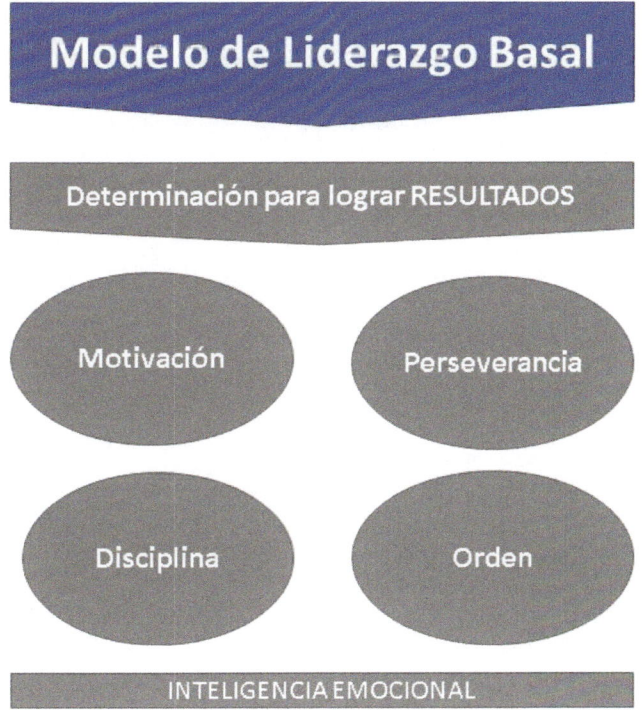

Liderazgo Basal. Determinación para lograr resultados. Componentes.

El orden afecta a muchas facetas de la actividad diaria de las personas y de las empresas. En esencia, el orden facilita la armonía y el sentido de todas nuestras actividades. El orden es fundamental a la hora de obtener resultados en una organización. El proceso de planificación y ejecución estratégica define un orden, una metodología para establecer los objetivos. La ejecución de los distintos planes de acción que permiten alcanzar, o no, los objetivos, debe realizarse ordenadamente, en diferentes fases o etapas que deben estar perfectamente ordenadas y definidas. Todas las acciones que se realizan a diario en cualquier organización responden a unas políticas, procedimientos y normas establecidas que sólo buscan el orden...

CAPÍTULO 7.
LA GENEROSIDAD PARA ASEGURAR EL FUTURO DE LA ORGANIZACIÓN

"Si tus acciones inspiran a los demás a soñar, aprender y hacer más, eres un líder"

John Quincy Adams (1767-1848), abogado y diplomático. Presidente de los EE. UU.

■ La importancia de los líderes

Escuchamos con frecuencia que en la vida nadie es indispensable. Es una idea que conviene tener siempre presente para evitar la soberbia. También porque supone un baño de realidad sobre la temporalidad de nuestra existencia. No obstante, cualquier persona que se encuentra al frente de una organización ejerce una enorme influencia sobre la misma. Nadie es imprescindible, pero los actos de los máximos directivos tienen una gran trascendencia. Por esta razón, el nombramiento del responsable de un equipo es una decisión muy importante. Si un director general al frente de una empresa no fuera la persona adecuada, el daño para la corporación podría ser muy importante. Lo mismo podría ocurrir con un mal presidente al frente de un país, con un capitán inepto al frente de un barco o con un cirujano mediocre al frente del equipo de un quirófano. Nadie es indispensable en la vida, pero una persona inadecuada liderando un equipo pueden producir un daño irreparable.

En los capítulos anteriores hemos profundizado sobre dos de los pilares del Liderazgo Basal: la determinación para lograr resultados y la capacidad de generar confianza. El tercer pilar es la generosidad del líder para asegurar el futuro de la organización. Los tres pilares son condiciones necesarias, aunque no suficientes, para asegurar el éxito al frente de una organización. Además los tres pilares se retroalimentan y responden a las expectativas de todos los grupos de interés alrededor de la empresa.

¿Por qué son tan importantes los resultados en un líder? Pues porque unos buenos resultados garantizan el futuro de la organización, especialmente los resultados financieros. Ya vimos en un capítulo anterior que si la compañía no genera una rentabilidad mínima, acorde a los estándares del sector, suficiente para financiar las operaciones diarias y ofrecer una mínima rentabilidad a los accionistas, la entidad no tendrá futuro y acabará cerrando sus puertas. Por ello, el Liderazgo Basal identifica la determinación para lograr resultados como uno de los pilares esenciales para cualquier líder del s. XXI. Porque ese es el requisito más básico e ineludible para asegurar el futuro de la propia compañía y por tanto es la única manera de satisfacer las diferentes expectativas de los diferentes grupos de interés.

Si nos centramos ahora en la generación de confianza en la organización, el segundo gran pilar del Liderazgo Basal, podremos constatar que ese requisito también es imprescindible para asegurar el futuro de la organización. La confianza es ánimo y aliento para obrar y correr riesgos. Con desconfianza el futuro sería más negro, surgirían dudas insalvables sobre las capacidades de la propia organización para cumplir con su misión y sobrevivir en el futuro. La capacidad de generar confianza vuelve a alinear las expectativas de los diferentes grupos de interés con la supervivencia de la empresa.

Profundicemos un poco más en el carácter ineludible para el éxito del líder de los tres pilares del Liderazgo Basal. Como hemos visto, la generosidad para asegurar el futuro de la corporación es a su vez causa y efecto de los otros dos pilares. Veamos como los cuatro tipos de líderes, derivados de combinar la capacidad de generar confianza y la determinación para lograr resultados, condicionan el futuro de una organización.

El primer escenario sería el del líder incapaz. Se trata de una persona que carece de la determinación suficiente para lograr resultados y, al mismo tiempo, no genera confianza. Su fracaso como responsable de un equipo está asegurado en un plazo de tiempo corto. Con una persona así al frente de la organización habría riesgos para asegurar su futuro. Por ello los grupos de interés retirarían su apoyo y tendría que renunciar o ser despedido. No es un escenario infrecuente en la vida real. A veces podemos encontrar líderes incapaces que se mantienen al frente de una compañía más de la cuenta. Esta situación se produce cuando priman intereses oscuros para mantener a hombres de paja, a pesar del daño que causan a la organización. Las expectativas creadas de un futuro cambio o culpar del fracaso a terceros pueden prolongar la situación, pero a la larga será difícilmente sostenible. También se pueden producir situaciones similares con ciertos líderes políticos autoritarios que se mantienen al frente de los países eliminando y reprimiendo a los opositores.

El segundo escenario sería el del líder apocado. Esta persona genera confianza, es bondadoso y apacible, pero no tiene determinación ni ánimo suficiente para lograr buenos resultados. Este tipo de líderes pueden mantenerse al frente de una organización durante un tiempo si consiguen los suficientes apoyos. La confianza es siempre una cualidad muy apreciada entre los grupos de interés, por lo que estas personas suelen disfrutar de tiempo para demostrar si son capaces de generar resultados de una manera consistente y evolucionar hacia el líder virtuoso. Pero si no se revierte pronto la situación, el individuo debería abandonar su puesto pues la falta de resultados pondría en serio peligro el futuro de la organización. También podría buscarse una solución intermedia, incorporando a una persona que cubra las carencias de determinación del máximo responsable. Pero la generación de resultados es algo necesario e inherente a la condición de líder, como los otros dos pilares del Liderazgo Basal, por lo que esta situación enquistaría el problema y acabaría causando confusión, costes y divisiones internas.

Como condicionan el FUTURO de la organización los diferentes líderes

Los líderes virtuosos deben generar confianza y lograr resultados al mismo tiempo

En el modelo del Liderazgo Basal, la capacidad de generar CONFIANZA y la determinación para generar RESULTADOS dan lugar a cuatro tipos de líderes. La generosidad de los líderes virtuosos permite asegurar el FUTURO de la organización. *Gráfico de elaboración propia.*

El tercer escenario es también complejo, sería el del líder furtivo. Estas personas obtienen buenos resultados pero no gozan de la confianza de algunos de los grupos de interés. Si esta situación se mantiene podría desestabilizar internamente la organización, afectando a su futuro. Los buenos resultados son una razón de peso, tanto para mantener a una persona en su puesto como para generar confianza por si solos, incluso entre los más reticentes. Esta podría ser una evolución positiva al cuarto escenario, el líder virtuoso. Pero las relaciones humanas son complejas y estas evoluciones son complicadas, recordemos el caso de Del Bosque y el Real Madrid que comentamos en un capítulo anterior. A pesar de los buenos resultados y del reconocimiento de la prensa y la afición, parece que la directiva no confiaba en él. Y la confianza es crítica y necesaria para tener la condición de líder, como los otros dos pilares del Liderazgo Basal.

Una variante en este escenario del líder furtivo es cuando la causa de la desconfianza se debe a una discusión ética. El máximo responsable consigue buenos resultados pero tomando decisiones que son consideradas poco éticas por alguno de los grupos de interés o que suponen el quebranto de ciertas normas. También podría darse el caso de que el líder fuera forzado por alguno de los grupos de interés a tomar decisiones en contra de sus principios morales o de las reglas establecidas. Cualquiera de las dos situaciones puede generar un conflicto interno importante ya que las discusiones éticas presentan frecuentemente zonas grises que requieren de discusión y análisis entre los diferentes implicados. En cualquier caso, el fin nunca justifica los medios. Jamás se podrá aprobar una mala conducta excusándose en la consecución de unos buenos resultados.

El cuarto escenario es el único que garantiza un futuro saludable para la organización, es el del líder virtuoso. Se trata de una persona que al mismo tiempo genera confianza y tiene la determinación necesaria para conseguir buenos resultados consistentemente. No es fácil contar con un líder virtuoso al frente de una organización, por ello cuando nos encontramos con uno hay que tratar de apoyarle y favorecer su continuidad. Siempre podrá haber altibajos en las valoraciones de su labor, ya que el entorno actual en el mundo de los negocios es de una exigencia y volatilidad extremas, pero los líderes virtuosos suelen ser consistentes y ágiles ante las dificultades.

Algo que pondría en peligro el futuro de la organización, en este escenario del líder virtuoso, es que este individuo antepusiera sus propios intereses frente a los de la corporación. No es algo infrecuente. Es una situación que se repite con individuos ambiciosos y celosos de su trabajo. La ambición y el celo no son por si solas malas cualidades, el problema puede venir cuando son excesivas. En este caso las personas tratan de perpetuarse en el cargo y de hacerse imprescindibles. Pueden hacerlo acaparando poder, ocultando información, provocando enfrentamientos internos, rodeándose de personas mediocres, cerrando las puertas a posibles sucesores, etc. Este tipo de situaciones, tarde o temprano acaban deteriorando la confianza en alguno de los grupos de interés y derivan al escenario anterior de líderes furtivos. Y es que la generosidad del líder para asegurar el futuro de la organización vuelve a ser un requisito necesario e inherente a la condición de líder, como los otros dos pilares del Liderazgo Basal.

■ *El peligro de los líderes*

El psicoanalista y profesor de Harvard Abraham Zaleznik denunció en su día la obsesión en las empresas norteamericanas por limitar los poderes y la autonomía de sus líderes.[113] Argumentaba Zaleznik que ese culto hacia el procedimiento, los controles y la limitación de responsabilidades favorecía una especie de liderazgo colectivo que generaba directivos con una actitud pasiva hacia la obtención de resultados. Directivos más enfocados a conciliar intereses y llegar a acuerdos para resolver problemas frente a líderes que se centran en las interacciones humanas, crean nuevos enfoques y propician soluciones diferentes. Líderes que comunican una visión y se centran en identificar las motivaciones de las personas para favorecer un compromiso con el cambio que les permita alcanzar los resultados. Para Zaleznik un verdadero líder adopta una actitud personal y activa frente a los objetivos de la corporación. Por tanto es importante encontrar el equilibrio entre el necesario control en las organizaciones y la libertad de acción de sus líderes.

Y ahí está el gran reto, encontrar el equilibrio entre los controles y la libertad de acción, especialmente en los máximos responsables de las organizaciones. Y es que cada vez son más importantes y numerosos los controles a los que se ven sometidos los directivos. Desde que Zaleznik publicó estas ideas en el año 1977 ha llovido mucho. Escándalos como los de Barings Bank en 1995, Enron en 2001, Lehman Brothers en 2008 y otros similares, pusieron en evidencia la necesidad de establecer controles y limitar las responsabilidades de los líderes para no poner en riesgo el futuro de las organizaciones. Tanto las propias organizaciones, como los legisladores y la sociedad en general, incrementaron las demandas de buen gobierno y responsabilidad social hacia las corporaciones.

Estos acontecimientos han cambiado radicalmente la legislación que afecta a las empresas en el s. XXI. Muchos de estos cambios legislativos son totalmente necesarios, dada la complejidad del entorno en que se desarrolla actualmente la actividad económica, los avances tecnológicos, el incremento del riesgo y de la cuantía de las transacciones, las demandas sociales, los cambios demográficos, el impacto de la actividad humana sobre el planeta, etc. Otros cambios legislativos son, por el contrario, reflejo de una actitud cada vez más intervencionista y autocrática por parte de los líderes políticos, especialmente en la UE.

Montesquieu, padre de la separación de poderes.
Retrato de Montesquieu. Anónimo. Colección del Palacio de Versalles.
Fuente: Wikipedia. Dominio público.

Independientemente de los controles legales, las propias compañías establecen sus normas de gobernanza tratando de controlar las decisiones de los máximos responsables. También tratan, al mismo tiempo, de no menoscabar la agilidad e iniciativa necesarias para responder a las demandas de los clientes en un ambiente económico extremadamente volátil y cambiante. En un entorno cada vez más global, las grandes compañías definen organizaciones trasnacionales y ello afecta al trabajo y a las responsabilidades de sus líderes. Las decisiones son cada vez más colegiadas; los límites de actuación y poderes están claramente delimitados; para determinadas decisiones deben solicitarse poderes especiales; los consejeros y ejecutivos están cada vez más controlados y deben reportar con mayor frecuencia; las incompatibilidades en puestos de responsabilidad han aumentado; las responsabilidades penales se han endurecido... Esta nueva realidad condiciona tanto las aptitudes como las actitudes que deben poseer los directivos para tener éxito en su trabajo. Y ello requiere nuevas habilidades personales como la generosidad y la vocación de servicio, además de los conocimientos técnicos y habilidades clásicas de liderazgo.

En el fondo no se trata de una discusión nueva. Como decía el filósofo francés Charles de Montesquieu, la acumulación de poder da como resultado *"una experiencia eterna que hace que cualquier persona investida de autoridad abuse de ella"*.[114] Esta realidad hace que muchos líderes antepongan con frecuencia sus intereses a los intereses de la propia organización. El resultado suele ser catastrófico. Normalmente el damnificado será el líder que caiga en esta trampa, pero en ocasiones lo puede ser la propia organización que encabeza. Lo cierto es que como constató Montesquieu hace trescientos años, tarde o temprano cualquier líder se verá expuesto a este conflicto de intereses.

■ *La generosidad del líder para asegurar el futuro de la organización*

El tercer pilar del Liderazgo Basal se fundamenta en la generosidad del líder que antepone los intereses de la organización a los suyos propios. Esta actitud es el punto de partida que permite asegurar el futuro de las corporaciones. Ese futuro nunca debería verse comprometido por las ambiciones personales de sus líderes. Trabajar para asegurar el futuro de una corporación es mucho más exigente e ingrato que trabajar para conseguir objetivos en el corto plazo. Como se dice coloquialmente *"el que venga detrás que arree"*.

Los fundamentos para asegurar el futuro de una compañía son, entre otros, crear y mantener:

- Una cultura sana y una buena estrategia.

- Una buena salud financiera. Es decir, que la empresa genere beneficios y dividendos adecuados de manera consistente y que no esté hipotecada con una deuda excesiva.
- Unos estados financieros que reflejen fielmente la realidad del negocio.
- Unos stocks de productos e ingredientes disponibles y en uso.
- Una organización operativa y eficaz.
- Un equipo comprometido de empleados.
- Una saneada cartera de clientes satisfechos.
- Una competitiva cartera de productos y servicios.
- Unas buenas tecnologías y capacidades de innovación.
- Unos activos modernos, operativos y bien mantenidos.
- Unos buenos y fiables proveedores.
- Una ausencia de litigios pendientes de resolución.
- Una buena reputación e imagen en el mercado.
- Unas buenas y fluidas relaciones con todos los grupos de interés.

Todos estos fundamentos se podrían agrupar en dos características de los líderes que tratan de asegurar el futuro de la organización para la que trabajan: la búsqueda permanente de la excelencia en las personas y en las operaciones –incluyendo en ellas todas las áreas del negocio–.

■ La excelencia en las operaciones

Un líder debe tener la sana obsesión de buscar la excelencia en las operaciones de su organización. Entendemos por operaciones todo el conjunto de actividades desarrolladas. En el caso de una empresa, el concepto incluiría las áreas de dirección general y corporativa, industrial, compras, logística, financiera, informática, comercial, marketing, calidad, recursos humanos, etc. Sólo una búsqueda continua de la excelencia en todas las actividades de estas áreas permite asegurar el futuro de la compañía. No insistiremos en conceptos básicos de excelencia operacional alrededor de estos departamentos, pues no es el objetivo del libro. Tampoco haremos referencia a la responsabilidad social, las políticas de cumplimiento penal y la sostenibilidad, dado que lo haremos en próximos capítulos. Para dar una idea de los retos que se afrontan asociados a la búsqueda de la excelencia en las operaciones, vamos a exponer brevemente la problemática en tres áreas de gran sensibilidad y con gran impacto en el futuro de las corporaciones.

La primera está relacionada con la necesidad de cuidar y proteger el conocimiento y la propiedad intelectual, dos de los activos más importantes de una compañía. Es un área especialmente delicada hoy en día debido a las frecuentes auditorías, inspecciones y requerimientos de información por parte de autoridades y clientes. Estas exigencias pueden poner en riesgo el valioso patrimonio que conforman los conocimientos y la propiedad intelectual de las compañías. Por ello es muy importante disponer de los necesarios compromisos de confidencialidad, así como establecer las barreras necesarias, legales y de seguridad, para protegerlo. Todas las empresas tienen conocimientos, adquiridos tras muchos años de trabajo y esfuerzo, que deben proteger y valorar adecuadamente.

Un activo intangible tremendamente importante que los directivos de una empresa deben proteger es su reputación. Consolidar el prestigio de una organización suele requerir años de trabajo cumpliendo con las promesas y los compromisos. Pero una buena reputación puede venirse abajo en muy poco tiempo si no nos preocupamos de protegerla. La sensibilidad de la sociedad hacia la labor de las empresas y sus líderes hace que la comunicación corporativa se haya convertido en una de las prioridades estratégicas en prácticamente todas las compañías. Los programas de cumplimiento normativo –*compliance*–, además de ser un requisito legal, son una herramienta inmejorable para reforzar una cultura ética en toda la organización. La mejor manera de prevenir problemas reputacionales es seguir las normas y controlar su cumplimiento. Por otro lado, debemos preparar a la organización para afrontar posibles crisis reputacionales debidas a factores fuera de nuestro control. La comunicación proactiva y veraz, realizada por profesionales en la materia, es esencial hoy en día para asegurar la reputación corporativa y con ello el presente y el futuro de las organizaciones.

Queremos mencionar por último la importancia que tiene en el futuro de una organización la correcta gestión de los hipotéticos riesgos que podrían afectarla. Es este un trabajo estratégico que se debe realizar periódicamente. Se trata de valorar e identificar todos los riesgos que pueden poner en peligro la viabilidad del negocio. Estos riesgos dependerán del tipo de actividad que desarrolla la organización y de sus propias fortalezas y debilidades. Una vez establecidos los riesgos, deben valorarse en función del impacto que pueden tener en la viabilidad del negocio y la posibilidad de que sucedan. Una vez identificados y valorados, deben definirse planes de acción para minimizarlos o eliminarlos. Repitiendo el proceso con regularidad, estaremos preparados y dispondremos de recursos apropiados para afrontar con más garantías crisis futuras.

■ La excelencia en las personas

Disponer de los mejores equipos y las mejores personas en la organización es una labor de años y que nunca acaba. El reto comienza con los procesos de selección de personal. Hay que compaginar la cultura y los valores de la organización con los requisitos del puesto de trabajo, la personalidad del candidato y sus aspiraciones. El desafío continúa con la correcta definición de tareas y responsabilidades que permitan una apropiada asignación de recursos y herramientas, valoración del desempeño, remuneración, formación y promoción interna, planes de carrera, planes de sucesión, etc. Este es un proceso continuo, las necesidades de la organización pueden cambiar a lo largo del tiempo. También cambian las aspiraciones e inquietudes de las personas. Debemos compaginar las necesidades de ambos, compañía y empleados, y hacerlo con éxito no suele ser tarea fácil.

Las compañías son las personas, pero no pueden depender de individuos. Se deben establecer procedimientos de identificación de tareas y formación que permitan el intercambio de las personas en los distintos puestos de trabajo. Un individuo no debe ser el único que pueda realizar una determinada tarea en una compañía. Esto es de especial importancia en el caso de directivos. También es importante definir planes de sucesión para las personas clave. Esta tarea está relacionada con la gestión de riesgos antes mencionada. Es importante la implicación de los propios líderes en formar y hacer la transición con sus sucesores. Es algo delicado pero de suma importancia, donde realmente se demuestran la generosidad y vocación de servicio de los líderes para asegurar el futuro de la organización.

Los cambios en los modelos de negocio, las nuevas tecnologías, los cambios sociológicos, etc., no hacen sino confirmar que las compañías son las personas. Cada vez es más complicado disponer de individuos comprometidos con su trabajo y que aporten valor a las necesidades reales de las empresas. Se habla mucho del cambio generacional y de las nuevas inquietudes de los empleados en relación con su actividad profesional. Con carácter general, las personas siguen considerando el trabajo como una parte importante de sus vidas. El trabajo es necesario para generar ingresos que te permitan vivir, pero también es necesario para el equilibrio emocional y el desarrollo integral de las personas.

Rob Goffee, profesor de la London School of Economics, y Gareth Jones, profesor visitante del Instituto de Empresa (IE), llevaron a cabo una investigación en la que trataron de identificar las principales características que definen un buen ambiente de trabajo. Tras realizar y analizar cientos de encuestas y entrevistas, publicaron en el año 2013 los principales resultados del estudio en un artículo de la Harvard Business Review.[115] Esta publicación sigue siendo una de las más leídas en la prestigiosa web de la escuela de negocios. Posteriormente editaron un interesante libro.[116] Entre las principales conclusiones a las que llegaron, se identificaron las seis principales características del ambiente de trabajo ideal: 1) favorece que las personas sean ellas mismas; 2) facilita el acceso a la información que necesita cada empleado; 3) permite obtener lo mejor de las personas; 4) prioriza la creación de valor para los accionistas y otros objetivos distintos; 5) facilita entender el sentido del trabajo diario; 6) establece reglas en las que la gente puede confiar.

Liderazgo Basal. Generosidad para asegurar el futuro. Componentes.

Tercera Parte

DIRIGIR UNA EMPRESA EN EL S. XXI

CAPÍTULO 8.
ÉTICA Y LIDERAZGO EN EL S. XXI

Un buen comportamiento ético es un buen negocio.

No se puede entender el liderazgo sin tener en cuenta la ética. Tampoco se puede entender la ética sin considerar las religiones, el derecho o el humanismo. El objetivo de este capítulo es desarrollar unas ideas básicas que puedan ser interesantes y útiles al lector para poner en evidencia la necesidad y la importancia de la discusión ética en el trabajo del líder, especialmente ante las exigencias y retos que plantea la sociedad a los líderes de las organizaciones del s. XXI.

■ *El origen de la ética*

Los seres humanos somos capaces de realizar maravillosas hazañas y también de cometer grandes atrocidades. La historia de la humanidad no es sino una sucesión interminable de catástrofes, miserias y guerras por un lado y de hechos maravillosos e increíbles por otro. El bien y el mal están presentes en nuestra realidad desde el inicio de los tiempos. La ética, desde un punto de vista filosófico, trata de analizar los actos de los seres humanos con el objetivo de identificar el bien y el mal, así como los fundamentos que los soportan.

El filósofo alemán Immanuel Kant defendió que no hay seres humanos carentes de moral.[117, 118] Únicamente las personas enfermas –psicópatas– manifiestan comportamientos totalmente amorales. Un individuo sano puede ser considerado más o menos moral de acuerdo con determinados códigos o normas, pero nadie es amoral al cien por cien. Todos los seres humanos tenemos unos valores que condicionan nuestros comportamientos, aunque en la práctica nuestros actos podrán ser consecuentes o no con esos principios. Esta idea –*factum de moralidad*– concluye que la discusión ética sobre la coherencia entre valores y comportamientos es parte esencial en la búsqueda del sentido de nuestra existencia. Yendo más allá del plano personal, la coherencia y ejemplaridad son absolutamente críticas en el ejercicio del liderazgo.

Moral y ética se confunden con frecuencia y no son exactamente lo mismo. La moral hace referencia al uso o costumbre que lleva a un individuo, y sobre todo a un colectivo de personas, a aceptar como buenas o malas determinadas acciones. La ética es algo más, es "la filosofía de la moral". Analiza y cuestiona los comportamientos morales y sus orígenes. Es por tanto una ciencia práctica, no es un conocimiento en sí mismo. Trata de proporcionar a las personas apoyo en sus decisiones morales. La ética tiene en nuestros días una orientación eminentemente pragmática que se expresa en diferentes ramas vinculadas: ética biomédica, ética biológica, ética de los negocios, ética del medioambiente, ética política, ética de la enseñanza, ética de la comunicación, etc.

¿Cuándo y cómo surge la ética? Según el primatólogo holandés Frans de Waal, los orígenes de la ética no hay que buscarlos exclusivamente en los seres humanos. En uno de sus libros, *El Bonobo y los Diez Mandamientos*, De Waal afirma que las semillas de la ética humana están en nuestro pasado primate.[119] Tras muchos años investigando el comportamiento de clanes de chimpancés, bonobos y otros simios, llegó a la conclusión de que estos animales exhiben emociones y sentimientos parecidos a la compasión, empatía, solidaridad y angustia ante las desgracias de sus semejantes. También argumenta que en las manadas de elefantes, delfines, ballenas y otras muchas especies animales, se replican situaciones similares en las que actitudes parecidas a la cooperación y la empatía también están presentes. Para el holandés esos sentimientos y emociones son el origen de la ética humana. Quizás la teoría no sorprenda al lector, ya que esta idea parte del origen de las emociones que abordamos en un capítulo anterior y en cierta manera fue apuntada por Darwin como también señalamos. También hemos comentado la existencia de indicios básicos de confianza en los comportamientos de ciertos animales.

Frans de Waal no quiere decir que entre los simios exista la ética, ya que no tienen la capacidad de los seres humanos para el razonamiento abstracto que es la base de esta ciencia. Los primates tampoco tienen aptitudes para elaborar un conjunto de principios morales, esencial en cualquier sistema moral. Pero su comportamiento si demuestra, por ejemplo, la existencia de un primitivo sentido de la justicia ante el reparto de comida. O un comportamiento altruista de compasión ante los mayores que necesitan ayuda para alimentarse.[120]

Muchos animales viven en grupos en los que cooperan y muestran una especialización del trabajo, pero lo hacen únicamente para sobrevivir. No parecen tener una conciencia ética que los lleve a actuar voluntariamente buscando el bienestar del grupo, otro aspecto fundamental de la ética humana. En los clanes animales existe una rígida jerarquía que condiciona los aspectos fundamentales de su supervivencia –alimentación, reproducción y bienestar–. Esa jerarquía define las relaciones del día a día. Todos los miembros del grupo se vigilan unos a otros y la armonía de la comunidad está supeditada a ese orden en las relaciones. Las reglas de convivencia establecidas no son fruto de un comportamiento ético, se establecen tras violentos combates que garantizan el poder sólo a los individuos más fuertes. De esta manera los poderosos transmitirán sus genes y ello reforzará las probabilidades de supervivencia de su especie. Además, al contrario que en los humanos, los sentimientos similares a la cooperación y empatía se limitan a las relaciones entre los miembros del mismo grupo. Entre miembros de estirpes familiares distintas no se dan. Muy al contrario, entre los individuos de clanes diferentes priman la desconfianza, rivalidad, agresividad y violencia.

■ *Ética y religión*

Según el diccionario de la RAE, religión es el *"conjunto de creencias o dogmas acerca de la divinidad, de sentimientos de veneración y temor hacia ella, de normas morales para la conducta individual y social y de prácticas rituales, principalmente la oración y el sacrificio para darle culto"*. Es decir, en toda religión hay unas creencias, unos ritos, unos sentimientos y unas normas morales que sustentan los comportamientos de los creyentes. Por tanto, no podremos eludir el análisis de las religiones, especialmente de sus normas morales, a la hora de hablar de la ética.

Religión y ética suelen relacionarse bien, ambas buscan dar sentido a la vida de los seres humanos. Aunque personajes como el filósofo alemán Ludwig Andreas Feuerbach, padre del ateísmo antropológico, creyera que *"la verdadera religión es la ética"*.[121] El filósofo español Manuel Fraijó, catedrático de Filosofía de la Religión en la UNED, afirma que *"el 83% de los seres humanos vincula su quehacer ético con su pertenencia a alguna de las 10.000 religiones existentes en nuestro planeta"*. [122]

Las prácticas religiosas se remontan al origen de la humanidad. El análisis arqueológico de muchos de los restos de nuestros antepasados más lejanos es reflejo de ello. Las pinturas, esculturas, tumbas, santuarios, objetos de culto, etc., son en la mayoría de las ocasiones reflejo de creencias y prácticas relacionadas con la religión y la magia. Nuestros ancestros recurrían a los dioses para explicar los fenómenos de la naturaleza que no podían entender. En otras ocasiones intentaban dominar esas manifestaciones mediante supersticiones, hechizos, conjuros y encantamientos. Ambas prácticas requerían de sacerdotes o chamanes para intermediar con los dioses. Estas figuras adquirieron un poder importante en las sociedades primitivas, tanto en los grupos de cazadores recolectores como en los asentamientos estables que surgieron tras la Revolución neolítica. La generalización de la vida en las ciudades trajo consigo unas relaciones sociales mucho más complejas. Ello tuvo un impacto importante en las prácticas religiosas y en la legitimación del poder de reyes y gobernantes. En el Creciente Fértil, hace más de cinco mil años, se dieron dos situaciones: mientras que en Egipto los monarcas pasaron a ser dioses, en Sumer los sacerdotes y profetas limitaban y legitimaban en última instancia el poder de los soberanos. Sea como fuere, esa íntima y sinérgica relación entre religión y poder se ha prolongado a lo largo de los siglos en todas las culturas y ha sido el germen de numerosas y cruentas guerras.

Moisés rompiendo las tablas de la ley. Rembrandt Harmenszoon van Rijn.
Museos Estatales, Berlín.
Fuente: Wikipedia. Dominio Público.

Una mayoría de teólogos concluye que las religiones que fueron surgiendo en la antigüedad, tanto las politeístas como las monoteístas, recurrieron finalmente a la existencia de un Dios creador, trascendente e inmanente, que definía un código moral. Ese Dios cuidaba del mundo y de las necesidades básicas de los hombres –alimento, procreación y bienestar– a través de la Providencia. En otras palabras, la Providencia es el bien concreto y universal otorgado por el Dios creador que permite a los seres humanos fomentar y conservar la vida. Otro papel esencial de las religiones es que dieron sentido a la vida del hombre tras su muerte. De esta manera, los teólogos concluyen que la religión ha permitido en última instancia que individuos de diferentes grupos convivan y se relacionen ordenadamente en la sociedad. Ese importante papel conciliador de la religión está íntimamente ligado con la ética.

Un enfoque más provocador de la relación entre ética y religión, que puede resultar de gran interés, es el proporcionado por el judío Yuval Noah Harari en su libro *Sapiens. De Animales a Dioses*.[123] Según Harari, la razón de que los hombres dominen el mundo es la creencia en mitos comunes como la religión o las ideologías. *"Algunas religiones, como el cristianismo o el islam, basan la obediencia de las normas y las leyes en una creencia en dioses. Pero otras religiones, como el marxismo, el capitalismo o el liberalismo, se basan en leyes naturales que solo existen en nuestra imaginación"*. Además de considerar como religiones a ideologías políticas y doctrinas económicas, el punto de vista de Noah Harari pone en cuestión el concepto de derecho natural. Se refiere Harari a la doctrina ética y jurídica que apela a la existencia de derechos fundamentales, inmutables y universales, inherentes a la condición humana, que prevalecen sobre el derecho positivo mediante la razón. Es decir, el derecho natural acepta la existencia de ciertos principios morales universales –en relación con el bien o el mal y basados en la costumbre–, que actúan invariablemente como marco supralegal. Para Harari el derecho natural no deja de ser un mito creado por los hombres. Y ello a pesar de que la Declaración Universal de los Derechos Humanos sea una de las máximas expresiones del derecho natural...

La religión y la fe tienen y han tenido un gran protagonismo a lo largo de la historia de la humanidad. No podemos entender la cultura, el arte, la historia, la realidad del mundo en el s. XXI y nuestra esencia como seres humanos sin tener en cuenta la religión. Por ello es importante conocer las principales religiones del mundo y los principios en que se basan sus doctrinas. Los ateos no creen o niegan la existencia de Dios.

Los agnósticos defienden que el entendimiento humano no puede demostrar racionalmente la existencia o inexistencia de Dios. Hoy en día muchos intelectuales anticipan la desaparición de las religiones, otros las critican duramente como algo irracional y perjudicial en última instancia para los seres humanos. La realidad es que una gran mayoría de la población mundial es religiosa. Son de gran interés los trabajos del neurocientífico norteamericano Melvin Konner, recogiendo diferentes teorías cognitivas e identificando diversas redes neuronales y procesos bioquímicos de nuestro cerebro relacionados con las prácticas y pensamientos religiosos.[124] Según este autor, las funciones cerebrales asociadas al ejercicio de la religión surgen de una compleja interacción entre las capacidades cognitivas, emocionales y sociales de los seres humanos. Esas funciones se plasman en unos procesos bioquímicos y unos circuitos cerebrales específicos, transmitidos por nuestros antepasados a través de nuestros genes, que se refuerzan con el ejercicio individual de la religión. Los sentimientos y prácticas religiosas están por tanto íntimamente ligados a nuestra condición humana. Además, Melvin Konner asegura que hay evidencias científicas de que las personas religiosas disfrutan de una mejor salud y son más felices, generosas y solidarias que ateos y agnósticos.

■ *Ética y derecho*

El periodista, poeta y escritor británico Rudyard Kipling nació en Bombay y llegó a ser conocido en su país como "el escritor del Imperio". Fue el primer inglés que recibió el Premio Nobel de Literatura en el año 1907. En 1892 había escrito la maravillosa novela, *El Libro de la Selva*, que fue llevada por primera vez al cine en el año 1967.[125] Producida por Walt Disney, la película fue un éxito mundial. Recibió un Oscar a la mejor canción y recaudó cerca de 150 millones de dólares. La obra narra la historia de *Mowgli*, un bebé humano perdido por sus padres cuando el poblado en que vivían fue atacado por el tigre *Shere Khan*. El recién nacido fue encontrado por una pareja de lobos que decidieron protegerlo e integrarlo en la manada. Al no ser de su misma especie, las reglas del clan exigían disponer del aval de dos animales de la selva para aceptarlo. En este caso los padrinos fueron el oso *Baloo* y la pantera *Bagheera*. Como el resto de los lobeznos, *Mowgli* fue instruido en la ley de la manada y creció feliz en ese entorno, recibiendo el cariño de sus padres adoptivos *Raksha* y *Akela*. Pero al crecer y llegar a la adolescencia las rigurosas normas del grupo exigían que *Mowgli* lo abandonara... ¿Por qué la familia tenía esas leyes?, ¿cuándo surgieron?, ¿por qué todos las obedecían?

Alrededor del año 2.500 a.C. se desarrollaron en Sumer los primeros códigos de leyes. El Código de Hammurabi (1776 a.C.) es considerado el primer conjunto de leyes en la historia de la humanidad.[126] En aquellos momentos Babilonia era la ciudad más grande del mundo y su poder se extendía desde Siria hasta Irán. El código recoge trescientas leyes que fueron entregadas por los dioses Marduk, Anu y Enlil al rey Hammurabi, con el objetivo de posibilitar el bienestar de sus súbditos e impedir que los fuertes oprimieran a los débiles. Con la aplicación del código se consolidó un sistema de clases sociales −superior, plebeyos y esclavos−, de sexos −mujeres y hombres− y de jerarquía en las familias. Se establecieron los derechos y obligaciones para cada uno de ellos. También se dio soporte legal a las penas por delitos y crímenes, basadas en la Ley de Talión; a los precios, salarios y responsabilidades profesionales en diversos ámbitos de la actividad económica; a los procedimientos judiciales, incluidas las apelaciones; etc.

El Juicio de Salomón. Pedro Pablo Rubens. Museo de Arte de Copenhague, Dinamarca.
Fuente: Wikipedia CC BY-SA 3.0.

Tras el Código de Hammurabi se han desarrollado innumerables códigos de leyes para regular las relaciones entre las personas. Actualmente se habla de Derecho como la ciencia que estudia *"el conjunto de principios y normas, expresivos de una idea de justicia y de orden, que regulan las relaciones humanas en toda sociedad y cuya observancia puede ser impuesta de manera coactiva"* (RAE). El conjunto de principios y normas jurídicas de un Estado constituye su ordenamiento jurídico. La base del ordenamiento jurídico son las normas jurídicas. Establecidas por una autoridad −el incumplimiento acarrea sanciones− pretenden regular el comportamiento de las personas imponiendo deberes y estableciendo derechos. Las normas jurídicas están condicionadas por la historia, la economía, la política, las relaciones sociales y la moral. Al mismo tiempo, las normas establecidas por los legisladores desarrollan y afianzan los condicionantes que las originan. La búsqueda de la justicia en las relaciones humanas debe estar en la esencia de toda norma jurídica. Por ello, la discusión ética es tan importante para el legislador en el desarrollo normativo, debiendo prevalecer el bien común sobre intereses particulares, ideológicos e identitarios.

Iniciada la II Guerra Mundial, Desmond Doss se alistó en el ejército como otros muchos jóvenes americanos.[127] Contaba 23 años y quería ayudar a su país. Su hermano Harold también se enroló, en su caso en la marina, y prestó servicio en el destructor USS Lindsey. Tras alistarse, Desmond fue enviado a Fort Jackson en Carolina del Sur para recibir su entrenamiento. Allí se negó a llevar armas pues sus fuertes convicciones religiosas −era adventista del séptimo día− le impedían matar a otros hombres. Esta negativa le causó serios problemas con sus compañeros y superiores, pero gracias a su determinación fue entrenado como paramédico y enviado al frente del Pacífico. Tras participar en la batalla de Guam y el desembarco en Filipinas, recibió una "Estrella de Bronce". Durante la trascendental batalla de Okinawa, en el acantilado de Maeda, logró rescatar de la línea de fuego a 75 soldados heridos. Él mismo fue herido cuatro veces en esta batalla hasta que fue evacuado. Recibió un "Corazón Púrpura", una "Medalla de Victoria" y la "Medalla de Honor del Congreso". Esta última se la impuso el mismísimo presidente Harry S. Truman. Desmond falleció en el año 2006 a la edad de 87 años. En el año 2016 su historia fue llevada al cine en la película *Hacksaw Ridge* −estrenada en España como *Hasta el Último Hombre*−, dirigida por Mel Gibson y protagonizada por Andrew Garfield y Sam Worthington.

La historia de Desmond Doss nos recuerda los dilemas éticos relacionados con la objeción de conciencia. Una persona se niega a cumplir con la ley o las normas establecidas porque entran en conflicto con sus convicciones morales o religiosas. La discusión ética alrededor de este tipo de situaciones es de enorme interés. Hoy en día, las normas legales tratan de evitar este tipo de conflictos garantizando la libertad religiosa y moral de las personas en la mayoría de las situaciones que puedan surgir. No obstante, se siguen produciendo numerosos conflictos entre ley y moral en los que la discusión ética adquiere una importancia determinante a la hora de preservar la vida en común y la individualidad de las personas.

■ La ética aplicada

Decía el filósofo y ensayista español José Ortega y Gasset *"siempre que enseñes, enseña a la vez a dudar de lo que enseñas"*. El primer principio de la moral es *"hacer el bien y evitar hacer el mal"*. También existe una máxima universal comúnmente aceptada –regla de oro– que sintetiza el comportamiento moral: *"todo cuanto queráis que os hagan los hombres, así también haced vosotros con ellos, porque esta es la ley y los profetas"* (Mateo 7:12).

Desde un punto de vista filosófico, las dos principales razones a las que normalmente se recurre para justificar por qué las personas tratan de mantener un comportamiento moral son: porque hacerlo da sentido a nuestra vida y además facilita la convivencia. El primer motivo vincula la moral a la religión y a la búsqueda de la felicidad. El segundo la une a la política y a la justicia. En coherencia con esos dos grandes argumentos, la ética, entendida como el esfuerzo racional para distinguir entre el bien y el mal, debe asegurar en última instancia tanto el progreso personal como el de la sociedad.

Para facilitar la existencia de personas y sociedades libres, respetuosas y cada vez mejores, la ética debe adaptarse a los cambios y aportar soluciones a los numerosos desafíos y oportunidades que afronta la humanidad actualmente. En esencia, la ética del s. XXI debe facilitarnos argumentos y razonamientos que sirvan para resolver los retos actuales, tanto desde un punto de vista moral, como técnico, jurídico, político, social y científico. Por ello, los filósofos hablan hoy en día de la "ética aplicada" o "ética de las profesiones" como la ética del s. XXI.

La Justicia. Bernard d'Agesci. Museo de Niort, Francia. Fuente: Wikipedia. Dominio Público.
En el libro se puede leer la máxima universal: "Trata a los demás como te gustaría que te traten a ti".

Los conflictos éticos se producen cuando entran en lucha varios valores. Para solucionarlos, la discusión ética debe analizar la cuestión desde diferentes puntos de vista. En este proceso la metodología es importante. La propuesta de trabajo de los filósofos ante un conflicto ético consiste en valorar en tres pasos, tres grandes áreas de discusión muy vinculadas a la propia historia de la filosofía ética:[128]

1. Analizar y considerar los principios morales aplicables al conflicto. Deben incluirse leyes, normas, códigos de deberes profesionales, prácticas morales, religiosas y culturales, etc. Esta primera fase responde a considerar el área del deber, fundamento de la ética deontológica de Kant.

2. Analizar y prever las consecuencias de las soluciones planteadas al conflicto. Deben establecerse las implicaciones en distintos escenarios, hay que anticipar y valorar el efecto que tendrán las decisiones que queremos adoptar. Esta segunda fase cubriría el área del bien, pilar de la ética teleológica de los utilitaristas.

3. Buscar siempre la excelencia en las soluciones planteadas al conflicto. No buscar atajos ni parches temporales que generen injusticias o nuevos problemas. Las soluciones propuestas deben dar respuesta a los conflictos planteados en forma y tiempo. Sin prisas y urgencias que eviten hacer lo correcto. El fin no justifica los medios. Los problemas complejos requieren soluciones justas y excelentes. Esta última fase conforma el área de la virtud de la ética aristotélica.

Considerar las tres fases y las tres áreas de discusión ética es imprescindible a la hora de encontrar soluciones que den una respuesta adecuada a los complejos conflictos del s. XXI. Si en el análisis sólo considerásemos los principios morales, podríamos incurrir fácilmente en el dogmatismo y la inflexibilidad, lo que es malo. Si sólo nos fijáramos en las consecuencias de la solución planteada sería muy fácil deformar los principios morales, o cuestionar los fundamentos democráticos y del estado de derecho, lo que tampoco es correcto –la eterna lucha entre el fin y los medios–. Por último, la búsqueda de la excelencia en la solución es también ineludible. Implica no buscar atajos ni plegarse a soluciones parciales, rápidas e interesadas. Debemos evitar la generación de nuevos conflictos con las soluciones planteadas –hoy se maquillan planteamientos deliberadamente injustos bajo argumentos como la "discriminación positiva" o las "urgencias históricas"–.

En resumen, ante los conflictos éticos del mundo actual, la ética aplicada busca soluciones considerando: 1) los principios morales aplicables, 2) las consecuencias de las decisiones planteadas y 3) la búsqueda de las mejores decisiones en cada caso. Esta metodología es aplicable a las discusiones que surjan en diferentes ámbitos de la sociedad actual: empresas, escuelas, partidos políticos, hospitales, asociaciones, etc. Este proceso excede el ámbito individual y requiere del concurso de profesionales virtuosos, solventes y con buenos comportamientos. Profesionales con una moral personal sólida, generosos y humildes que busquen la excelencia y la ejemplaridad en el desempeño de su trabajo. Será necesario establecer el debate entre diversos especialistas, ya que la cantidad de conocimientos necesarios hoy en día para dominar este tipo de dilemas supera con mucho las capacidades de un solo hombre. Los líderes de las distintas organizaciones juegan un papel crucial en este tipo de discusiones.

CAPÍTULO 9.
ÉTICA EMPRESARIAL Y RESPONSABILIDAD SOCIAL

"Toda nuestra dignidad estriba en el pensamiento. Esforcémonos, pues, en pensar bien: este es el principio de la ética"

Henry More (1614-1687), filósofo británico.

■ Evolución histórica de las exigencias de responsabilidad social hacia las empresas

Las empresas y la actividad económica son fundamentales para el progreso de la humanidad. Tienen una importancia decisiva en nuestro bienestar y calidad vida. La ética empresarial es una parte de la ética aplicada que trata de dar respuesta a los conflictos morales planteados hoy en día en las organizaciones dedicadas a actividades industriales, mercantiles o de prestación de servicios con fines lucrativos. En otras palabras, la ética empresarial trata de identificar y aplicar los principios que rigen la conducta apropiada en la dirección de personas y organizaciones. La complejidad del entorno en que se desarrollan las actividades económicas en el s. XXI hace de este debate ético un ejercicio apasionante en el que participan los trabajadores, los dirigentes de empresas y estados, así como el conjunto de los ciudadanos.[129, 130, 131]

A la hora de conocer el origen y la evolución de las exigencias de responsabilidad social hacia las empresas es importante considerar las relaciones de las compañías con los estados. Desde que en el Neolítico se producen los primeros asentamientos humanos en ciudades, el desarrollo económico y el poder del Estado han ido evolucionando de la mano. De hecho, la mayoría de las guerras a lo largo de la historia han tenido su origen en conflictos relacionados con la defensa de intereses económicos, políticos y político-religiosos. El marco de actuación de las compañías, a la hora de conseguir sus objetivos económicos, siempre ha estado supeditado en última instancia al poder de los gobernantes. Y, como hemos visto, ese marco se ha definido desde hace miles de años a través de leyes. La regulación legal de las actividades mercantiles y de las obligaciones financieras, fiscales, laborales, medioambientales, etc., constituye un primer nivel de exigencia en el ámbito de actuación de las empresas, que es el germen de la responsabilidad social. Hay un segundo nivel de expectativas hacia la actuación de las corporaciones muy ligado también al origen de la actividad económica. Es el derivado del deseo y la necesidad de hacer las cosas bien –éticamente–, al que se unen las posibles motivaciones altruistas de los empresarios y accionistas. Estos dos niveles de exigencia, unidos a las recientes demandas de la sociedad hacia las compañías, especialmente tras la Revolución industrial, dan forma al concepto actual de responsabilidad social empresarial o corporativa (RSE o RSC).[132]

La Comisión Europea definió en el año 2006 el concepto de responsabilidad social de la empresa como el conjunto de iniciativas voluntarias de las compañías, más allá de sus obligaciones legales y económico financieras, para lograr objetivos sociales y ambientales en su actividad cotidiana.[133] Pero veamos a través de algunos antecedentes históricos que este concepto no es nuevo ni exclusivo del s. XXI.

Recordemos por ejemplo la postura de la Iglesia europea durante la Edad Media en relación con el cobro de intereses por parte de los prestamistas. Los porcentajes aplicados eran elevadísimos y la Iglesia cristiana consideraba usura esa práctica, castigando con la excomunión a los que la ejercían. Esto llevó a que la actividad bancaria en esa época fuera prácticamente monopolizada por los judíos. A medida que bajaron los tipos, la postura se fue suavizando y finalmente la Iglesia reconoció el derecho del prestamista a recibir un interés justo por prestar su dinero. Posteriormente, la propia Iglesia entró en el negocio bancario. En España lo hizo a partir del año 1431 a través de las Arcas de Misericordia de los franciscanos, germen de los Montes de Piedad que se instauraron a partir del s. XVI.

Hace más de quinientos años el catedrático, economista y filósofo español Francisco de Vitoria trató de dar respuesta a los conflictos éticos de su tiempo que surgieron con la creación de los estados modernos y la primera globalización de la historia. Las universidades españolas estaban a la vanguardia del pensamiento y conocimiento de la época. De Vitoria y su equipo formaron junto con otros ilustres pensadores la denominada Escuela de Salamanca.[134] Sus vanguardistas ideas sentaron las bases del derecho internacional moderno, el comercio justo y los derechos humanos. Defendieron, entre otros, la libertad individual, la propiedad privada, la igualdad de los seres humanos ante la ley, la soberanía del pueblo y la necesidad de mantener un gobierno controlado y limitado. Muchos de los principios de sus libros se consideran universales y permanecen vigentes en multitud de normas y leyes. A de Vitoria le acompañaron pensadores como el filósofo Martín de Azpilicueta, quien formuló por primera vez la Teoría cuantitativa del dinero, asociando la abundancia de moneda al aumento de los precios de los bienes. O Domingo de Soto, quien desarrolló la teoría de formación de los precios de mercado en función de la oferta y la demanda. Según el economista austriaco Friedrich August Hayek, los principios teóricos de la economía de mercado y los elementos básicos del liberalismo económico se encuentran en los autores de la Escuela de Salamanca.

El economista y filósofo escocés Adam Smith introdujo en sus obras *Teoría de los Sentimientos Morales* y *La Riqueza de las Naciones* conceptos como el del bien común, derivado de la iniciativa individual en la búsqueda del beneficio en las actividades económicas, o la necesidad de destinar parte de los beneficios de la actividad mercantil a la educación de las personas.[48,135]

Francisco de Vitoria, economista y filósofo español que lideró la Escuela e Salamanca en el s. XVI, cuna del derecho internacional, de los derechos humanos y del comercio justo, así como de los principios teóricos de la economía de mercado y del liberalismo.
Pintura de Daniel Vázquez Díaz. Museo de Arte Smithoniano americano.
https://www.si.edu/object/francisco-de-vitoria%3Asaam_1960.4.1

Tras la Revolución industrial, las demandas de responsabilidad social hacia las empresas adquieren un protagonismo creciente que se extiende hasta nuestros días. El Manifiesto Comunista de Karl Marx y Friedrich Engels, publicado en Londres en el año 1848, fundamenta gran parte de sus argumentos en la desigualdad derivada de las durísimas condiciones de trabajo de los obreros y el enriquecimiento de los inversores, consecuencia de los nuevos sistemas de producción en masa del s. XIX.[136] El manifiesto evolucionó hacia los postulados de la economía marxista, recogidos en El Capital, en contra del sistema económico capitalista.[137]

A finales del s. XIX las exigencias de responsabilidad social hacia las empresas estaban relacionadas fundamentalmente con las condiciones de trabajo y los derechos de los empleados. En Gran Bretaña, los trabajadores más cualificados crearon asociaciones sectoriales -*Trade Unions*- para negociar con los patronos. Pero esta iniciativa solo afectó en sus orígenes a un reducido número de empresas.[138] Recordemos que el asociacionismo obrero estuvo prohibido hasta principios del s. XX y que únicamente en Alemania y Reino Unido había, en esos momentos, un movimiento sindical importante. Fueron los propios empresarios, concretamente el galés Robert Owen y el francés Daniel Legrand quienes ya en el s. XIX potenciaron la creación de una organización internacional que coordinara los derechos de los trabajadores.[139] Sin duda ya intuyeron entonces la dimensión mundial de la economía y la necesidad de coordinar las condiciones de trabajo entre los distintos países que compiten en los mercados. Hay que destacar en el caso de Owen su sincera preocupación por el bienestar de los trabajadores, lo que le llevó a invertir en la construcción de escuelas para educar a los hijos de sus empleados y casas para sus familias. Ese interés fue también compartido por los políticos, como el canciller alemán Otto von Bismarck, que estableció entre 1883 y 1889 un seguro de enfermedad, un programa de indemnización y un seguro de jubilación para todos los trabajadores alemanes.[140, 141] Tampoco debemos olvidar el papel del ingeniero norteamericano Frederick Winslow Taylor, impulsor de la organización científica del trabajo –también denominada "taylorismo"–. Sus métodos incluían, entre otras muchas iniciativas, la de dotar a los trabajadores con los medios técnicos más apropiados para realizar con seguridad y eficiencia sus tareas, la selección de los obreros de acuerdo con sus capacidades, la formación adecuada a su responsabilidad, la remuneración en función de la productividad, la promoción según los méritos y logros, etc. También debemos mencionar al economista y empresario británico Oliver Sheldon, quien defendió la responsabilidad hacia la sociedad de las empresas y sus gerentes. Sheldon estableció la necesidad de desarrollar técnicas de gestión que permitieran profesionalizar el trabajo de los directivos. Por último, mencionar al economista norteamericano Howard Bowen, considerado por algunos el padre de la responsabilidad social al incluir el beneficio de la comunidad entre los objetivos estratégicos de las corporaciones.[142]

Con la Revolución industrial, además de la necesidad de mejorar las condiciones y derechos de los trabajadores, se puso en evidencia la necesidad de controlar el impacto cada vez mayor de la actividad humana en la naturaleza. El británico Thomas Robert Malthus publicó en 1798 su *Ensayo sobre el Principio de la Población*.[143] El libro ponía encima de la mesa la teoría de que el número de habitantes de la tierra tiende a crecer en progresión geométrica, mientras que la producción de alimentos sólo aumenta en progresión aritmética. Como consecuencia, de no existir grandes guerras o epidemias la tierra no sería capaz de producir alimentos suficientes y la muerte y la miseria se extenderían irremediablemente.

Las teorías maltusianas fueron retomadas con fuerza por las universidades americanas a finales del s. XX. En 1968 se publicó el libro *The Population Bomb*, escrito por el profesor Paul R. Ehrlich y la investigadora Anne Howland Ehrlich, ambos de la Universidad de Standford.[144] En 1972 se editó *Los Límites del Crecimiento*, un estudio del Instituto Tecnológico de Massachusetts realizado a petición del Club de Roma.[145] En la investigación que originó el informe, basado en simulaciones informáticas, participaron 17 personas lideradas por la norteamericana Donella Meadows, doctora en Biofísica por la Universidad de Harvard. La conclusión a que llegaron es que si los ritmos de crecimiento de la población mundial, industrialización, contaminación, producción de alimentos y explotación de los recursos naturales que había en aquellos momentos se mantuvieran sin variación, la Tierra colapsaría en cien años. Tanto las teorías maltusianas como las de Ehrlich y Meadows han sido revisadas y rebatidas en repetidas ocasiones. Sus apocalípticas predicciones nunca se han cumplido.

En este sentido es bueno recordar también el manifiesto malthusiano de 1992 de la Unión de Científicos Preocupados (*Union of Concerned Scientists*, UCS).[146] Fue firmado, según los propios promotores, por más de 1.700 científicos, entre ellos 99 premios nobel vivos en aquel momento. Pues bien, sus dantescas previsiones tampoco se han cumplido. La población mundial ha crecido desde los 5.200 millones del año 1992 a los 8.000 millones del año 2022. Según el Banco Mundial, la pobreza extrema ha pasado de afectar a más del 37% de la población de la Tierra en el año 1992 a menos del 10% en el año 2022, tras un ligero repunte en 2020 a causa de la pandemia Covid-19.[147, 148] Ello supone que más de 1.000 millones de personas han abandonado la pobreza extrema en nuestro planeta a lo largo de los últimos 30 años. Sorprende que a pesar de los reiterados fracasos de las predicciones malthusianas, todavía hoy en día sea frecuente que los movimientos ecologistas radicales recurran a estas teorías para justificar sus ideas y argumentos. Y ello a pesar del daño que estas tesis han causado en ciertos países cuyos dirigentes las tomaron en serio.

El auge de las hipótesis malthusianas en el pasado siglo propició la imposición de unos escalofriantes programas de control de natalidad en La India y China. Los gobernantes indios iniciaron, a mediados de los años setenta, unas campañas de esterilización masiva de la población. Empezaron promoviendo las vasectomías, pero ello generó protestas y disturbios sociales. Entonces los políticos pasaron a centrar las campañas en las mujeres. Sólo entre los años 2011 y 2012, 4,6 millones de féminas fueron sometidas a tratamientos de infecundidad irreversibles.[149] Las autoridades promovían las esterilizaciones con regalos como televisores, motocicletas y otros premios. En Chhattisgarh, en el año 2011, el gobierno pagaba a cada mujer 1400 rupias – unos 23 dólares americanos– por la operación. Se estima que a finales de 2014 un 37% de las mujeres casadas habían sido esterilizadas. Las frecuentes muertes y secuelas tras las intervenciones provocaron un gran escándalo internacional que forzó al gobierno indio a retirar la campaña en 2016.[150]

En China las políticas de control de la natalidad se iniciaron tras el triunfo de la revolución en 1949 y la realización de los primeros censos de la población en 1953. A partir del año 1979, durante más de 46 años, las autoridades impusieron la "política del hijo único". Las familias con un hijo eran forzadas a abortar si la mujer quedaba embarazada nuevamente. En caso de no hacerlo los cónyuges eran duramente castigados con multas, pérdida de empleo y postergación social. En una cultura centrada en los hombres esta política propició un gran desequilibrio de sexos en amplias zonas del país. Las familias abandonaban a las niñas recién nacidas para poder tener niños. Los pavorosos testimonios de algunos protagonistas fueron recogidos en un gran documental del año 2019, *One Child Nation*, dirigido por Nanfu Wang y Jialing Zhang.[151] Al contrario que en La India, la política y el crecimiento económico de China han hecho descender las tasas de natalidad fuertemente. En 2016 los políticos chinos se vieron forzados a rectificar y pusieron en marcha iniciativas de promoción de los nacimientos.[152]

Con un enfoque más moderado, en 1987 y a raíz del Informe Brundtland de la ONU, surgió el concepto de sostenibilidad –satisfacer las necesidades de la actual generación sin condicionar a las generaciones futuras–.[153] La sostenibilidad está íntimamente relacionada con el debate ético en las empresas del s. XXI. Por la importancia que tiene para los directivos hoy en día, en los siguientes capítulos profundizaremos en diversos conceptos del liderazgo sostenible.

Y para finalizar con esta reflexión sobre la evolución histórica del concepto de responsabilidad social, llega el momento de hablar del filósofo y teólogo de origen alemán Arthur Fridolin Utz.[154, 155] Utz defendió con fuerza a lo largo de su vida la idea de que el objetivo de la economía y de la actividad empresarial es *"satisfacer las necesidades individuales y colectivas de toda la sociedad para lograr el desarrollo humano, es decir el bien común"*. Las transacciones económicas se fundamentan en última instancia en un principio de confianza entre quienes las desarrollan. Para este autor los conceptos de ética y actividad económica se encuentran irremediablemente unidos, ya que cualquier decisión empresarial tiene siempre dos componentes: uno económico y otro social. En este sentido, al hablar de ética empresarial no podemos restringirnos únicamente al estricto cumplimiento de las leyes en la consecución de los objetivos económicos de las corporaciones, hay que referirse también a la actuación de las personas y de las propias organizaciones. Utz planteó que, dada su dimensión social, el estudio de la economía debe realizarse sin perder nunca de vista la discusión ética. La doctrina de Utz, y de otros filósofos y economistas que defienden los mismos principios, está de plena actualidad. Estas ideas son el fundamento de las exigencias de responsabilidad social a las empresas en el s. XXI.

■ *Los organismos internacionales y la responsabilidad social de las empresas del s. XXI*

La creación en Basilea, en el año 1901, de la Asociación Internacional para la Protección Legal de los Trabajadores, así como de otras asociaciones en diferentes países, dio lugar al nacimiento de la Organización Internacional del Trabajo (OIT) en 1919.[156] Fue tras la Primera Guerra Mundial y en el marco del Tratado de Versalles. La organización está formada por trabajadores, empresarios y representantes políticos. En el preámbulo del acuerdo de constitución se especifican las principales razones para la creación de este organismo: "... *sentimientos de justicia y humanidad, así como por el deseo de asegurar la paz permanente en el mundo...*". Tras los millones de muertos en la Gran Guerra, existía el convencimiento entre los dirigentes mundiales de que la paz sólo podría garantizarse en el futuro al alcanzar un adecuado grado de desarrollo económico en todos los países. En el preámbulo se identificaban algunos objetivos concretos de mejora en las condiciones laborales, plenamente vigentes hoy en día:

- *Reglamentación de las horas de trabajo, incluyendo la duración máxima de la jornada laboral y las horas de trabajo a lo largo de la semana.*
- *Reglamentación de la contratación de mano de obra, la prevención del desempleo y el pago de un salario digno.*
- *Protección del trabajador contra enfermedades o accidentes como consecuencia de su trabajo.*
- *Protección de niños, jóvenes y mujeres en el trabajo.*
- *Pensión de vejez e invalidez, así como la protección de los intereses de los trabajadores desplazados en el extranjero.*
- *Reconocimiento del principio de igualdad y de retribución en igualdad de condiciones.*
- *Reconocimiento del principio de libertad sindical.*
- *Organización de la enseñanza profesional, técnica y otras medidas similares de formación.*

En 2019 la OIT cumplió cien años. Los retos actuales son múltiples, asociados a los cambios tecnológicos, la evolución de los mercados y las demandas de la sociedad. Por ejemplo: la seguridad y salud laboral, las nuevas enfermedades laborales, los cambios demográficos, el respeto al medioambiente, la digitalización, la mecanización y automatización de tareas, las nuevas formas de trabajo y la flexibilidad en la jornada laboral, etc. Todos estos retos tienen un gran protagonismo en las exigencias de responsabilidad social a las empresas del s. XXI.[157]

En 1961 diversas naciones con altos índices de desarrollo se unieron en la Organización para la Cooperación y el Desarrollo Económico (OCDE) con el objetivo de coordinar sus políticas económicas y sociales.[158] Hoy en día la OCDE está compuesta por 38 países y sus recomendaciones tienen una gran importancia en las exigencias de responsabilidad social a las empresas en todas las naciones.

En el año 1969 la Organización Internacional del Trabajo (OIT) recibió el Premio Nobel de la Paz.
En la fotografía podemos ver al entonces director general, David Morse, en su discurso ante los miembros de la Academia sueca.
https://www.ilo.org/global/about-the-ilo/newsroom/news/WCMS_651764/lang--es/index.htm

La Organización de Naciones Unidas (ONU) estableció en 1999 el denominado "Pacto Mundial".[159] La iniciativa pretendía extender voluntariamente la responsabilidad social en las empresas de todo el mundo. Hoy en día la iniciativa sigue plenamente vigente. Es un código de conducta que incluye diez principios generales, agrupados en cuatro grandes áreas, a los que las corporaciones de todo el planeta se pueden adherir libremente si lo solicitan.

Principios del Pacto Mundial de Naciones Unidas	
DERECHOS HUMANOS 1. Apoyar y respetar la protección de los derechos humanos. 2. Evitar cualquier violación de los derechos humanos.	**ANTICORRUPCIÓN** 3. Combatir la corrupción en todas sus formas, incluidos el soborno y la extorsión.
ÁMBITO LABORAL 4. Defender la libertad de asociación y el derecho a la negociación colectiva. 5. Eliminar toda forma de trabajo forzoso. 6. Abolir el trabajo infantil. 7. Erradicar la discriminación en el empleo.	**MEDIOAMBIENTE** 8. Mantener un enfoque preventivo en favor de la protección medioambiental. 9. Fomentar la responsabilidad medioambiental. 10. Difundir las tecnologías respetuosas con el medioambiente.

La propia ONU definió en el año 2000 los "Objetivos del Milenio" (ODM).[160] Se establecieron ocho grandes retos a alcanzar en el año 2015 que conformaron la denominada "Agenda Social". Cada objetivo tenía una serie de metas –24 en total– e indicadores cuantificables –48 en total–. Con ello se pretendía avanzar en la solución de los grandes desafíos de la humanidad. A pesar de las muchas críticas y dificultades de todo tipo para alcanzarlos, los ODM propiciaron avances significativos en la lucha contra el hambre, la pobreza, el acceso al agua, la mortalidad infantil, la educación, etc. Los objetivos eran:

1. Erradicar la pobreza extrema y el hambre.
2. Lograr la enseñanza primaria universal.
3. Promover la igualdad entre sexos y la autonomía de la mujer.
4. Reducir la mortalidad infantil.
5. Mejorar la salud de las madres.
6. Combatir el SIDA, el paludismo, la malaria y otras enfermedades.
7. Garantizar la sostenibilidad del medioambiente.
8. Fomentar una asociación mundial para el desarrollo.

En el año 2015 los ODM tuvieron continuidad con los "Objetivos de Desarrollo Sostenible" (ODS).[161] Son 17 retos para alcanzar en el año 2030, también estructurados en metas –169 en total– e indicadores cuantificables –230 en total–. Son objetivos sociales, culturales, económicos y medioambientales que conforman la denominada "Agenda 2030". Se cuestionó con fuerza el sesgo político introducido durante el proceso de definición. La iniciativa es mucho más compleja, ambiciosa y política que la anterior. Por ello ha recibido muchas más críticas que la Agenda Social.[162, 163] Especialmente por pretender imponer unas iniciativas globalistas –un gobierno mundial, no democrático, dirigido por "élites intelectuales"– y propuestas cargadas de ideología, con metas muy poco consensuadas que han pasado a formar parte de la lucha política en muchos países.

Los ODS pretenden involucrar voluntariamente a las empresas y ciudadanos de cada nación en su ejecución. En este sentido, los ODS trasladan exigencias de responsabilidad social a las corporaciones que son una referencia tanto para las compañías que deciden voluntariamente adherirse a la iniciativa como para las que no lo hacen formalmente. Los ODS son:

1. Fin de la pobreza.

2. Hambre cero.

3. Salud y bienestar.

4. Educación y calidad.

5. Igualdad de género.

6. Agua limpia y saneamiento.

7. Energía asequible y no contaminante.

8. Trabajo decente y crecimiento económico.

9. Industria, innovación e infraestructuras.

10. Reducción de las desigualdades.

11. Ciudades y comunidades sostenibles.

12. Producción y consumo responsable.

13. Asociación por el clima.

14. Vida sostenible.

15. Vida de ecosistemas terrestres.

16. Paz, justicia e instituciones sólidas.

17. Alianzas para lograr los objetivos.

Debate en la ONU durante la "Crisis de los Mísiles en Cuba", año 1961.
Fuente: Wikipedia. Dominio Público.

Los Objetivos del Milenio (ODM) y los Objetivos de Desarrollo Sostenible (ODS) acordados en la ONU son, aunque con múltiples matices, un marco de referencia para las exigencias en responsabilidad social hacia las empresas del s. XXI.

■ *Nuevas exigencias legales asociadas a la responsabilidad social de las empresas*

Reflexionemos un poco más sobre las exigencias legales en torno a la responsabilidad social de las compañías del s. XXI. Como ya hemos comentado, ante el elevado número de diferentes y complejos problemas que es necesario afrontar, no podemos pretender que únicamente la ley o los códigos sean la respuesta. De hecho, en muchos casos las nuevas normas jurídicas se basan en la autorregulación. Es el caso de la directiva europea sobre cumplimiento penal en las empresas –*compliance*– y las diferentes leyes derivadas de su transposición en los diferentes países.[164]

En España, una reforma del Código Penal del año 2010 estableció la responsabilidad penal de las personas jurídicas. Hasta ese momento, uno de los principios básicos del derecho mercantil, nacional e internacional era la limitación de responsabilidad de las empresas durante el desempeño de su actividad. En una nueva reforma del 2015, se establecieron los requisitos que permiten limitar la responsabilidad de las compañías, y por tanto de sus máximos responsables, siempre y cuando se hayan establecido una serie de controles y medios para evitar la comisión de delitos. Es decir, cuando la organización tenga en marcha un programa de cumplimiento y prevención de riesgos penales eficaz. En cualquier caso, esa exoneración de la empresa no afecta al quebranto culposo de la ley en que pudieran incurrir las personas físicas que trabajan en la misma. La última reforma legal en España que afecta a los programas de cumplimiento normativo en las empresas fue en el año 2019. La normativa española es una de las más exigentes de la Unión Europea, junto con la de Italia.

Para un líder comprometido inequívocamente con la responsabilidad social de su organización, el establecer un programa de cumplimiento y prevención de delitos penales eficaz no tendrá nunca como único objetivo el evitar una posible responsabilidad penal, sino que también le permitirá disponer de una herramienta inmejorable para promover una verdadera cultura ética a todos los niveles de su corporación.

Desde un punto de vista eminentemente práctico, la estructura básica de un programa de prevención y control de delitos que cubra estas exigencias en una empresa española debe organizarse alrededor de cinco grandes áreas:

1. La Política de Cumplimiento. Es una declaración de principios, criterios y pautas de actuación que afectan a toda la organización. Es definida por el máximo responsable de la compañía. Debe favorecer la excelencia e integridad en el trabajo de los profesionales que forman parte de la empresa.

2. El Modelo de Cumplimiento. Es la parte esencial del programa. Es un conjunto de responsables, documentos, procedimientos, herramientas, etc., que facilitan el funcionamiento y la eficacia del programa. Orientativamente, debería incluir:

   − Los riesgos penales concretos que afectan a cada uno de los distintos departamentos de la empresa. Estos riesgos deben ser identificados tras una rigurosa evaluación y verificados periódicamente. Debe considerarse tanto el marco legislativo aplicable como la organización y actividad de la empresa.

   − Los controles generales y las políticas corporativas con los que cuenta la organización para prevenir la comisión de delitos. Estos controles internos y políticas deben propiciar que la gestión diaria de las operaciones asegure, en primera instancia, el éxito del programa de cumplimiento.

   − El sistema de gestión y control de los recursos financieros.

   − Las funciones y responsabilidades atribuidas al Órgano de Control, así como a otros órganos o personas implicadas en el sistema de prevención y control de riegos (Consejo de Administración, Comisiones del consejo, Comités, etc.).

   − El funcionamiento eficaz del Canal de Denuncias de la compañía.

   − La aplicación de los procedimientos disciplinarios.

   − La formación y comunicación del programa a todos los empleados y colaboradores. Las acciones de comunicación para fomentar una cultura de cumplimiento en la organización.

   − El diseño y estructura de un modelo de supervisión, seguimiento y verificación periódica del programa, especialmente cuando se pongan de manifiesto infracciones relevantes o cuando se produzcan cambios en la organización y el marco legislativo.

3. El Órgano de Control. Encargado de monitorizar, supervisar, gestionar y difundir el programa. Sus componentes deberán actuar bajo los más estrictos estándares de autonomía, independencia, profesionalidad, dedicación y honradez. Además,

deberán garantizar la máxima confidencialidad y secreto sobre los datos e información a la que accedan en el ejercicio de sus atribuciones. Orientativamente, las funciones deberían ser:

— Promover una cultura preventiva basada en el principio de rechazo absoluto hacia la comisión de actos ilícitos por parte de los profesionales que trabajen en la compañía, con independencia de su nivel jerárquico y del lugar en el que trabajen.

— Garantizar, promocionar y supervisar las iniciativas destinadas a la difusión, conocimiento y comprensión del Modelo de Cumplimiento.

— Supervisar el correcto funcionamiento del Modelo de Cumplimiento, así como del resto de procedimientos y normativas internas de actuación de la compañía.

— Asesorar en la resolución de las dudas que surjan en la aplicación del Modelo de Cumplimiento.

— Gestionar las denuncias de empleados o colaboradores recibidas a través del Canal de Denuncias establecido para tal fin o por cualquier otro medio.

— Promover en su caso el cumplimiento y la aplicación del régimen sancionador establecido de acuerdo con las leyes y normas en vigor aplicables en la compañía.

4. El Canal de Denuncias. Debe permitir a toda persona que tenga conocimiento de cualquier acción ilícita o irregular en la compañía, denunciarla de forma anónima y sin temor a represalias. Las denuncias serán gestionadas diligentemente por el Órgano de Control, garantizando el anonimato del denunciante y la ausencia de represalias. Las nuevas normas europeas, aprobadas recientemente, incrementan el nivel de exigencia hacia las compañías y sus líderes en relación con el conocimiento, acceso y correcto funcionamiento del Canal de Denuncias.

5. El Código de Conducta. Es una guía de comportamiento para cualquier persona que desarrolle su trabajo en la compañía, tanto empleados como proveedores, clientes, comisionistas, etc. El Código de Conducta recoge un conjunto de principios y normas de actuación cuyo cumplimiento asegura un comportamiento profesional, ético y legal en el desempeño del trabajo. El Código de Conducta no incluye todas las situaciones a las que un trabajador de la compañía puede verse expuesto, pero si las más

habituales. También incluye unos principios generales de actuación ante cualquier tipo de situación inusual que pudiera surgir.

En resumen, hoy en día la solución de muchos conflictos éticos y las exigencias de responsabilidad social requieren del autocontrol y la autorregulación de las personas y organizaciones implicadas. Ello acrecienta la necesidad de contar con líderes virtuosos en las organizaciones. Actualmente, el debate ético subyace en la mayoría de las decisiones de los directivos. La preocupación por la ética es una necesidad ineludible para los líderes del s. XXI.[165]

El Prestamista y su Esposa. Marinus Claesz van Reymerswaele (1539). Museo del Prado, Madrid.
Fuente: Wikipedia. Dominio Público.

■ *La cada vez más acusada brecha ética entre los políticos y la sociedad civil*

Frente a las crecientes exigencias de comportamiento ético hacia las empresas, sus directivos y empleados, podemos constatar una cada vez más laxa y opaca manera de actuar en la clase política al frente de nuestros estados. Cualquier empresa, asociación, organización no gubernamental, fundación, etc., está obligada en la Europa del s. XXI a cumplir con multitud de controles, inspecciones y auditorías en relación con su financiación, gastos y actividad. En España, estas organizaciones privadas deben hacer públicas sus cuentas anuales y otros informes no financieros, como memorias de sostenibilidad, etc. Todos estos requisitos de información y control a que vienen obligadas las entidades privadas, no tienen nada que ver con las obligaciones que afectan a los partidos y organizaciones políticas que son el pilar fundamental de nuestro sistema democrático. Por si fuera poco, España es líder entre los países occidentales en relación con el número de políticos aforados.[166] Desde el presidente del gobierno y los miembros de su gabinete hasta los parlamentarios nacionales, los senadores y todos los diputados regionales.

La corrupción, entendida como la utilización indebida o ilícita del poder asociado a un cargo en una organización para satisfacer intereses particulares, ha formado parte de la historia de la humanidad desde sus orígenes. Hoy en día, se extiende por todos los rincones de la sociedad y todos los países. Afecta a instituciones civiles y estatales, pero en mi opinión es especialmente grave cuando se ven implicados políticos, jueces y funcionarios del Estado. En el caso de los políticos, lo realmente decepcionante para millones de ciudadanos es constatar que la lucha política magnifica o justifica los malos comportamientos de los implicados en casos de corrupción, según sean de un partido político u otro.

En España, el más reciente paradigma de esta lamentable falta de escrúpulos por parte de los políticos se produjo durante el mes de diciembre de 2022. El ejecutivo presidido por el socialista Sr. Sánchez, había indultado unos meses antes a varios políticos nacionalistas que formaban parte de su coalición de gobierno. Estos delincuentes habían sido condenados por graves delitos contra el Estado cometidos en 2017. Fueron juzgados con todas las garantías, pudiendo ejercer todos sus derechos de defensa. Y los indultó sin que los delincuentes se arrepintieran de sus delitos, muy al contrario reiteraron que volverían a hacer lo mismo. Quizá por ello, tras el vergonzoso indulto, el mismo Sánchez propició la modificación del Código Penal en el Parlamento, por el procedimiento de urgencia, en lo relativo a los delitos de malversación de fondos públicos y de sedición. Delitos por los que habían sido condenados los políticos indultados. La descarada reforma legal no buscaba el bien común, sino beneficios para sus propios impulsores. Todo un presidente del gobierno forzando la modificación de unas leyes para beneficiar a sus socios de coalición porque necesitaba sus votos. Y para culminar la jugada, Sánchez se aseguró la mayoría en el Tribunal Constitucional con el nombramiento de jueces afines a los intereses de su partido político. Como denunció, entre otros muchos, Elisa de la Nuez, abogada del Estado y secretaria general de la Fundación Hay Derecho: *"que la solución a una situación de politización institucional extrema y de corrupción institucional generalizada sea más reparto de cuotas partidistas, más ocupación de las instituciones de contrapeso y más impunidad para los políticos corruptos es algo que los ciudadanos españoles de izquierdas, derechas o de centro sencillamente no nos merecemos".*[167]

Estos hechos tuvieron continuidad un año después, en otoño del 2023, coincidiendo con la publicación de este libro. Unos meses antes, el 23 de julio, tras una forzada convocatoria electoral y con muchos españoles de vacaciones, el Sr. Sánchez había perdido los comicios. Pero el partido ganador no logró alcanzar la mayoría que requiere el sistema parlamentario español para gobernar. Para ser investido de nuevo presidente, Sánchez tendría que reeditar su coalición de gobierno con partidos de extrema izquierda, comunistas y nacionalistas -liderados en muchos casos por antiguos terroristas, prófugos de la justicia y personas inhabilitadas para ejercer cargos públicos-. Pero en esta ocasión necesitaba, inevitablemente, los votos de los nacionalistas huidos de la justicia española a los que su indulto del año anterior no pudo ser aplicado. Para más inri, el propio Sánchez había prometido previamente hacer todo lo posible por capturar a estos delincuentes y traerlos a España para ser juzgados. Esta falta de honestidad e integridad fue justificada por el propio presidente como un "cambio de opinión", emulando los cambios de principios del famoso cómico Groucho Marx. En funciones, contradiciendo sus declaraciones y promesas electorales previas,[168] Sánchez comenzó a tramitar una polémica ley de amnistía que los partidos nacionalistas habían exigido como requisito indispensable antes de nombrarle presidente. Amnistía más que cuestionable desde un punto de vista legal que debería ser avalada por los mismos jueces que Sánchez había colocado en el Tribunal Constitucional un año antes.[169, 170]

De nuevo tenemos a un político, en esos momentos en funciones y habiendo perdido unas elecciones, forzando la promulgación de una ley para beneficiar a otros políticos prófugos de la justicia o inhabilitados, a sus secuaces y a él mismo. Extorsionando a los representantes de otros poderes del Estado -legislativo y judicial-, actuando con una débil representatividad y en contra del sentir de una gran mayoría de ciudadanos. El final de la historia y sus consecuencias los iremos conociendo en los próximos años, tras la publicación de este libro. Pero creo que la gravedad de estos hechos, suceda lo que suceda en el futuro, es suficientemente ilustrativa como para constatar claramente la profunda brecha ética que existe actualmente entre los políticos y la sociedad civil.

Esta falta de principios y de ejemplaridad en la forma de actuar por parte de todo un presidente del gobierno, adaptando la Ley a sus intereses particulares en cada momento, contrasta con las exigencias de ética y responsabilidad hacia los ciudadanos por parte del conjunto de la sociedad. Lamentablemente, a pesar de la imperiosa necesidad de tener en las instituciones democráticas a líderes virtuosos ejerciendo la política, la brecha ética entre los políticos y la sociedad civil es cada vez más acusada.[165, 171, 172, 173]

CAPÍTULO 10.
EL LIDERAZGO SOSTENIBLE

"La única realidad permanente es el cambio"

Heráclito, (540 a.C.-480 a.C.), filósofo griego.

■ *La sostenibilidad es imprescindible*

De acuerdo con las estimaciones de la ONU, a mediados de noviembre de 2022 la Tierra alcanzó los ocho mil millones de habitantes.[174] El crecimiento de la población mundial se ha acelerado en las últimas décadas. En el año 1804 se superaron los mil millones de habitantes en nuestro planeta. Esto significa que desde la aparición de los primeros ancestros del Homo Sapiens, tardamos cerca de 1 millón de años en alcanzar esa cifra. Actualmente, en menos de 12 años la población mundial ha crecido esa misma cantidad. A lo largo del s. XXI los habitantes de la Tierra seguirán aumentando. En el año 2100 se espera, también según la ONU, que superemos los diez mil millones de almas.

Según el Banco Mundial, la esperanza de vida en el mundo, al nacer, ha pasado de 53 años en el año 1960 a 73 años en 2020.[175] Aunque las diferencias entre países son importantes, es un hecho irrefutable que cada vez somos más y vivimos más tiempo. Es indiscutible el importante descenso de la mortalidad infantil a lo largo de las dos últimas décadas, en todos los países. Los incrementos de población y esperanza de vida han sido posibles gracias al desarrollo social y económico experimentado en el conjunto de la sociedad mundial. Las clases medias son ya la mitad de la población mundial.[176] Ese progreso, con todos los matices que queramos introducir, ha facilitado que hoy las personas estemos cada vez mejor alimentadas –gracias las nuevas técnicas de producción agrícola y ganadera–; tengamos una mejor y mayor disponibilidad de agua; disfrutemos de un superior acceso a los servicios médicos –gracias también a los avances científicos de la medicina–; tengamos más posibilidades de educarnos y aprender; haya cada vez menos pobreza extrema en el mundo –personas que viven con menos de 1,9 dólares al día–; se extienda en el mundo el acceso a la electricidad; descienda el trabajo infantil; etc.

El actual responsable en la ONU de las estimaciones y proyecciones de la población mundial, Patrick Gerland, afirma que La India pasará a ser el país más poblado del mundo en 2023, rebasando a China.[177] El Gigante Asiático ha sido durante más de dos mil años la nación más poblada del planeta. Sus políticas de control de la natalidad y el desarrollo económico de los últimos años han influido notablemente en la disminución de las tasas de crecimiento de su población, posibilitando el adelantamiento de La India. Entre los países en los que se espera un mayor crecimiento demográfico en los próximos años destaca Nigeria. Esta nación africana cuenta hoy con unos doscientos millones de individuos y se espera que a finales de siglo multiplique por cuatro esa cifra, superando también a China.

La población mundial aumenta rápidamente y ello afecta al equilibrio de los ecosistemas en nuestro planeta. Todos los seres vivos que habitamos la Tierra hacemos uso de sus recursos naturales y ante esta realidad se hace absolutamente necesario controlar el impacto de la actividad humana en la naturaleza. No podemos pretender volver a la Edad de Piedra ni convertir la Tierra en un santuario prohibido. El progreso de la humanidad requiere hacer un uso correcto de los recursos a nuestro alcance. Debemos ser sumamente respetuosos y cuidar el medioambiente para asegurar tanto el bienestar presente como el mejor futuro posible para todos los seres vivos que habitamos el llamado Planeta Azul.

■ *Hay que aprender de los errores del pasado*

La historia es una fuente inagotable de conocimiento. A lo largo de las últimas décadas se han producido multitud de acontecimientos que ponen de manifiesto la fragilidad de la naturaleza y de los propios seres humanos ante determinados actos de sus semejantes relacionados con la actividad económica. Veamos algunos de estos hechos, asociados en la mayoría de las ocasiones a una desordenada e incontrolada forma de actuar, no exclusiva de las empresas o de las personas, sino en muchos casos permitida y promovida por los gobiernos. Son sólo unos cuantos ejemplos que justifican por sí solos las demandas de responsabilidad social hacia los dirigentes de las naciones y organizaciones económicas así como a todos y cada uno de nosotros, habitantes del planeta Tierra.

- Londres, capital del Reino Unido, diciembre del año 1952. Los efectos tóxicos de las emisiones a la atmósfera de gases contaminantes causaron miles de muertos entre los habitantes de la metrópolis británica.[178] El desastre se produjo al combinarse una inversión térmica, originada por una ola de frío polar, con una densa niebla y los gases tóxicos de las calefacciones alimentadas fundamentalmente con carbón.[179] A raíz de esta catástrofe el Parlamento británico promulgó en el año 1956 la Ley del Aire Limpio −Clean Air Act− que impuso diferentes medidas para controlar y reducir la contaminación del aire.[180] La norma tuvo un gran impacto, tanto en el Reino Unido como en diferentes países. Esta ley fue mucho más efectiva que sus predecesoras, las Leyes de Eliminación de Molestias de Humo de 1853 y 1856 y la Ley de Salud Pública en Londres de 1891.

- En la actualidad, la excesiva contaminación del aire continúa siendo un problema sanitario en muchos países, pero es especialmente grave en numerosas ciudades chinas. Según las investigaciones realizadas por el profesor Steve Yim Hung-lam, de la Universidad China de Hong Kong ("China University of Hong Kong", CUHK), las partículas derivadas de la combustión de carbón y carburantes ($PM_{2.5}$) junto con el ozono troposférico, causan en China más de un millón de muertes al año y considerables pérdidas económicas −0,7% del PIB−.[181] Recordemos que según un estudio de Rhodium Group, publicado en mayo de 2021, China emitió en 2020 más gases de efecto invernadero (GEI) que todos los países desarrollados juntos.[182, 183] En Europa, afortunadamente, aun siendo un grave problema −más de doscientas mil muertes prematuras asociadas a la contaminación del aire en 2020−, los fallecimientos vienen disminuyendo desde hace diez años debido a las regulaciones establecidas para la reducción de emisiones en grandes ciudades y la industria.[184] El plan "Polución Cero" pretende alcanzar en el año 2050 una calidad del aire en Europa inocua para la salud y reducir las muertes prematuras en el año 2030 un 55% respecto a las producidas en 2005.[185] En 2023 se inició la revisión de la Directiva Europea de Emisiones Industriales ("Industrial Emissions Directive, IED"), con el objetivo de incorporar, entre otros, objetivos de descarbonización, efectividad, innovación y protección de los ciudadanos europeos. Mencionar por último que en el año 2023 la atmósfera de la ciudad de Jakarta -Indonesia- era la más contaminada del mundo.[186]

- Mar de Aral, entre Kazajistán y Uzbekistán.[187] Fue uno de los cuatro lagos más grandes del mundo durante más de 10.000 años. Era alimentado por las aguas de los caudalosos ríos Amu Darya y Sir Darya que recogen las aguas del deshielo de las montañas del Himalaya occidental. En el año 1960, las autoridades de Uzbekistán, Turkmenistán y Kazajistán comenzaron a expandir rápidamente sus zonas cultivables para producir masivamente algodón. Como las nuevas tierras se ubicaban en zonas desérticas, crearon masivas infraestructuras de regadío para que fueran productivas. La iniciativa formaba parte de los planes de desarrollo establecidos por el gobierno de la antigua Unión Soviética (URSS). El cultivo de algodón creció rápidamente, pero el consumo de ingentes cantidades de agua de los ríos que alimentaban este mar interior afectó irreversiblemente a todo el ecosistema. La consiguiente salinización, contaminación y desecación de los acuíferos en una vasta extensión de tierras, provocó una catástrofe ecológica sin precedentes y finalmente la desaparición de este lago endorreico.

– Recordemos algunas de las más importantes catástrofes ecológicas causadas por accidentes que provocaron vertidos incontrolados de petróleo. Como el desastre de 1969 en el Canal de Santa Bárbara –California– de la denominada *"Plataforma A"* de la empresa Union Oil, en el Campo Petrolero Marino Dos Cuadras[188]; el colapso de la plataforma *"Ixtoc One"* en la bahía de Campeche –México– en 1979[189]; el hundimiento del petrolero *"Fxxon Valdez"* en 1989 frente a las costas de Alaska[190]; el vertido provocado por el propio gobierno de Irak en el golfo Pérsico en 1991, durante la guerra con EE. UU., uno de los mayores desastres de este tipo conocidos hasta la fecha[191]; la rotura del oleoducto de Usinsk en la provincia de Komi –Rusia– en 1994[192]; el hundimiento del buque *"Prestige"* en el año 2002 frente a la costa de Galicia; o el quebranto de la plataforma *"Deepwater Horizon"* en el Golfo de México en el año 2010.[193] Muchos de estos desastres han sido llevados al cine, el último que hemos recordado se plasmó en la película *Deepwater Horizon –Marea Negra* en España–, del año 2016, dirigida por Peter Berg y protagonizada por Kurt Russell, Mark Wahlberg, Dylan O'Brien, John Malkovich y Kate Hudson.

– No deberíamos olvidar los dramas humanos provocados por escapes o vertidos tóxicos de plantas químicas que causaron cientos de envenenamientos y fallecimientos. Recordemos, por ejemplo, los vertidos al mar de mercurio en Minamata[194] –Japón, 1956– y los accidentes de Seveso[195] –Italia, 1976– y Bhopal[196] – La India, 1984– que provocaron escapes de gases tóxicos. Los hechos de Minamata y Bhopal fueron recogidos en dos películas. *"Minamata" –El Fotógrafo de Minamata* en España–, del año 2020, dirigida por Andrew Levitas y protagonizada por Johnny Depp. Y *"Bhopal: A Prayer for Rain"*, de 2014, dirigida por Ravi Kumar y protagonizada por Martin Sheen, Kal Penn y Mischa Barton.

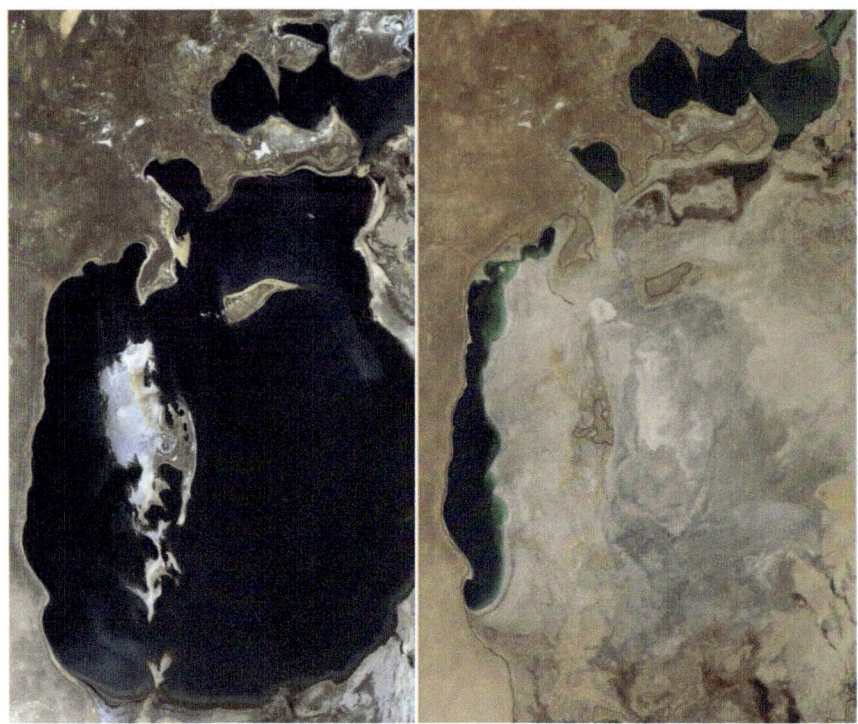

Fotografía de la NASA del mar de Aral. A la izquierda en el año 1989 y a la derecha en el año 2014.
Fuente: Wikipedia. Dominio público.

– La catástrofe derivada del accidente en un reactor nuclear de la central de Chernóbil –Unión Soviética, 1986–, que provocó un dantesco incendio y una fuga radiactiva que afectó a toda Europa.[197] Los dramáticos hechos fueron magníficamente recogidos en la serie *"Chernóbil"* producida en 2019 por las cadenas *"Sky"* y *"HBO"*.[198] El accidente fue originado, en última instancia, por una serie de errores humanos y la falta de medidas de seguridad en el diseño de las centrales nucleares de la URSS para ahorrar costes.

– La polémica protagonizada por la compañía tabaquera Brown & Williamson en EE. UU. En 1996, cuyos responsables ocultaron los informes sobre los problemas médicos y adictivos asociados a la comercialización de dispositivos para distribuir nicotina. Estos artefactos potenciaban el consumo de cigarrillos mediante la incorporación de sustancias químicas como el amoniaco y la cumarina. Los hechos fueron recogidos en la magnífica película *El Dilema –"The Insider"–*, del año 1999, interpretada por Russel Crowe, Al Pacino y Cristopher Plummer.[199]

- El reciente escándalo, que se hizo público en 2017, relacionado con la falta de controles y medias de seguridad de la industria farmacéutica en China y La India.[200] Ello propició la contaminación con antibióticos de los acuíferos en extensas regiones de estos países, afectando al agua consumida por millones de personas y provocando la consiguiente resistencia de la población a los antimicrobianos, así como la aparición de bacterias super resistentes a estos fármacos. Otra manera de favorecer la pérdida de eficacia de los antibióticos en humanos es, además del consumo sin prescripción médica, la utilización indiscriminada de estas sustancias en ganadería para favorecer el crecimiento de los animales. Este es un grave problema hoy en día en países como China, según denuncia la OMS.[201] En Europa, desde hace décadas está estrictamente prohibido el uso de antibióticos en ganadería con estos fines.

- El actual problema con el reciclaje y eliminación de plásticos usados que afecta a todos los países del mundo, pero especialmente a los países subdesarrollados.[202] Muchos de estos plásticos acaban en los cauces de los ríos y finalmente en los océanos, donde permanecen durante décadas dado su lento deterioro. De esta manera contaminan los ecosistemas de una manera lenta y progresiva, incorporando pequeñas partículas en el organismo de todos los seres vivos. El plástico es un material beneficioso e insustituible en muchos casos, como en la conservación y comercialización de alimentos, el transporte de líquidos, la fabricación de infinidad de objetos y herramientas, etc. Su reciclaje es un reto de enormes dimensiones ya que resulta muy costoso y presenta una tremenda complejidad logística. La solución se basa en los principios de la denominada economía circular, afectando tanto al diseño y producción de productos que utilicen el plástico como al uso responsable y el reciclaje. Es decir, buscar alternativas innovadoras con otros materiales menos contaminantes y tecnologías que permitan reducir su uso, potenciar la recogida masiva de los plásticos usados e incrementar las capacidades de tratamiento, reutilización y eliminación de los residuos.[203] En esta línea, en noviembre de 2022 entró en vigor en la UE una nueva directiva de reciclaje de envases −94/62/EC−.

- El reto de enorme calado que supone en la actualidad el reciclaje de prendas de vestir usadas.[204, 205] Este problema afecta sobre todo a los países desarrollados donde se acumulan enormes cantidades de ropa usada. Los materiales de los diferentes tejidos, especialmente el algodón, son difíciles de reciclar y tardan mucho tiempo en degradarse de una manera natural.[206] La solución del problema vuelve a ser un reto de grandes dimensiones y suma complejidad basado en la economía circular. Las principales acciones pasan por la reducción del consumo de ropa, la búsqueda de alternativas con materiales innovadores menos contaminantes o reciclados, incrementar la capacidad de los sistemas de recogida y potenciar la capacidad de procesado y destrucción de materiales usados.

Basten estos ejemplos –aunque hay muchos más– para justificar las necesarias acciones de responsabilidad social que limiten el impacto de la actividad humana en nuestro planeta. Como mencionábamos anteriormente, es este un reto que afecta tanto a gobernantes como a dirigentes de empresas y ciudadanos. Hay que tomar medidas eficientes para proteger nuestro planeta y al mismo tiempo asegurar la libertad y el progreso económico y social de todos los seres humanos que lo habitamos.

Fotografía de la central nuclear de Chernóbil.
Autor de la fotografía: Igor Kostin – LawNet

■ *Las emisiones de gases de efecto invernadero (GEI)*

Es este uno de los grandes dilemas que tiene la humanidad en el s. XXI y que debería afrontarse con racionalidad y pragmatismo, apoyándose en las evidencias científicas, ecológicas, sociales, económicas y éticas. Desgraciadamente la controversia se ha convertido en una causa que divide y enfrenta a la sociedad, al haber sido secuestrada por partidos políticos y un sinfín de organizaciones con intereses diversos que alimentan un discurso alarmista y apocalíptico. Por el impacto que tiene en la actividad económica, el progreso y la libertad, afecta de lleno al trabajo de los líderes empresariales. Vamos a tratar de definir los fundamentos de la controversia desde un punto de vista científico, económico y racional. Posteriormente, dada su importancia, abordaremos el asunto con más profundidad en los capítulos finales de este libro.

Como veremos, a partir de la Revolución industrial y especialmente tras la II Guerra Mundial, la actividad humana ha incrementado las emisiones a la atmósfera de los denominados gases de efecto invernadero (GEI). Estos gases se producen fundamentalmente tras la ignición de combustibles fósiles —carbón, petróleo, gas natural, etc.— utilizados para generar energía. La generación y el uso de la energía están asociadas directamente al progreso económico y social de la humanidad. De hecho, como también veremos, la riqueza y el progreso social en el mundo se han disparado precisamente a partir del s. XVIII muy de la mano del incremento en el consumo de energía.

Según los científicos, las emisiones de GEI favorecen el calentamiento de nuestro planeta y ello afecta a la continua evolución del clima. El Grupo Intergubernamental de Expertos en el Cambio Climático ("Intergovernmental Panel on Climate Change", IPCC) fue creado en el año 1998 por la Organización Meteorológica Mundial (OMM) y el Programa de las Naciones Unidas para el Medio Ambiente (PNUMA) con el fin de proporcionar una fuente objetiva de información científica sobre el cambio climático.[207] Este organismo apunta:

1. Que la actividad humana ha causado un aumento de la temperatura de 1ºC en el planeta desde el periodo preindustrial, entre los años 1850 y 1900.

2. Que en el año 2100 la temperatura subirá 4,0ºC respecto a la situación actual, si no se toman medidas para reducir las emisiones antropogénicas de GEI.

En los informes del IPCC se afirma que el calentamiento del planeta se manifiesta en incrementos de temperatura en la atmósfera y los océanos, una disminución de la superficie helada del planeta, la subida del nivel del mar y unas mayores concentraciones de GEI en la atmósfera que pueden incrementar ligeramente la acidez del agua de los océanos.

El economista estadounidense William Dawbney Nordhaus recibió el Premio Nobel de Economía en el año 2018 por sus estudios sobre los cambios en el clima y su impacto en la economía. Según Nordhaus, si en el año 2100 el clima en la Tierra se incrementara en 4ºC, al no reducirse las emisiones humanas de GEI, se produciría un impacto negativo en el PIB mundial del 3,6%.[208] Esta cifra es parecida a la obtenida por el IPCC en su informe de 2018: para un incremento de 3,6ºC en el año 2100 el PIB mundial se vería afectado en un 2,6%.[209]

Para evitar el calentamiento del planeta hay tres alternativas: 1/ tratar de adaptarse a sus efectos; 2/ reducir las emisiones para tratar de mitigar sus efectos; 3/ reducir la emisiones y adaptarse a los efectos. La elección de una u otra solución debería basarse en un estudio racional de las consecuencias y de los recursos necesarios para su ejecución, dadas las profundas implicaciones que suponen.

Los 197 países firmantes del acuerdo de París de 2015 optaron por el punto 2, es decir, reducir sus emisiones de GEI para limitar el calentamiento en el año 2100 a un máximo de 2ºC.[210] Esta es la solución más costosa y exigente para la economía mundial e inexplicablemente nadie hizo una previsión de los costes que supone. El economista y profesor sueco Bjørn Lomborg estimó entre 1 y 2 billones de dólares al año a lo largo de todo el siglo, el coste de implementar los acuerdos de París.[211, 212] Sólo en el caso de la UE el coste ascendería a 600.000 millones de euros anuales.[213] Silvia Ayuso, del diario *El País*, establece el coste actual, año 2023, de la transición energética europea en un billón de euros anuales.[214] Autores como Alexander Joseph Epstein[215] y el propio Lomborg,[216] denuncian que esta decisión es éticamente discutible al ser tremendamente injusta para los países en desarrollo, a los que hace incurrir en un tremendo gasto además de limitar las posibilidades de crecimiento de su economía. Congelar el crecimiento económico mundial podría tener peores consecuencias para la humanidad que el calentamiento del planeta por las emisiones de GEI.

Independientemente de polémicas y urgencias derivadas del alarmismo climático y sus apocalípticas consecuencias, en mi opinión este debería ser el centro del debate sobre las emisiones de GEI. Sobre todo si queremos ser realmente eficaces en su control sin interferir en el progreso social y económico de la humanidad.

Los políticos europeos iniciaron hace años una cruzada para reducir las emisiones en su territorio. Esta batalla no afecta sólo al sector energético, mayoritariamente responsable de las emisiones, sino que se extiende transversalmente a todos los sectores económicos de la UE por las presiones políticas y ecologistas. Ello tiene un coste adicional elevadísimo, tanto para para los ciudadanos y empresas como para la economía de los estados, especialmente con la actual crisis energética mundial.

Otros países han adquirido compromisos de reducción de emisiones, pero en la práctica siguen sin disminuirlas o lo hacen a un ritmo mucho menor que los europeos. En este contexto, el tremendo esfuerzo al que hemos sido obligados los ciudadanos de la UE tiene un más que dudoso impacto a la hora de frenar las emisiones globales de CO_2.

Analizaremos con más detalle esta difícil situación en los últimos capítulos del libro. Sirvan están líneas, de momento, para plantear el problema y reforzar la idea de la importancia de la sostenibilidad en las responsabilidades de los líderes empresariales del s. XXI.

■ El liderazgo sostenible como respuesta a las demandas de la sociedad civil del s. XXI

En su día el economista norteamericano Milton Friedman, premio Nobel de Economía en el año 1976, dijo, entre otras muchas cosas, que la rentabilidad para los accionistas era la razón de ser para una empresa.[217, 218] Por tanto, el objetivo de los directivos debía ser maximizar el beneficio empresarial para asegurar el futuro de las organizaciones. Eso sí, actuando éticamente, cumpliendo puntualmente con la ley, sin engañar ni causar daño a terceros y respetando a los competidores.

Aunque la rentabilidad sigue siendo imprescindible para asegurar el devenir de cualquier organización, hoy en día la razón de ser de las empresas se extiende a aportar valor a los denominados grupos de interés −stakeholders− y que son: los accionistas por supuesto, pero también los clientes, empleados, proveedores y la comunidad en la que la organización está presente. Algunos amplían el concepto de comunidad e incluyen un nuevo miembro en los grupos de interés, el planeta Tierra. Otros, en línea con las ideas del filósofo alemán Arthur F. Utz, que mencionábamos en el capítulo anterior, entienden que la razón de ser de las empresas del s. XXI se extiende no sólo a aportar valor a los grupos de interés, sino a toda la sociedad en su conjunto.

Este cambio en el *leitmotiv* empresarial, en respuesta a las exigencias de nuestra sociedad, tiene unas consecuencias de enorme calado para las compañías. Por un lado, se podría entender que está en cuestión el propio concepto de propiedad de la empresa. Ya que, bajo este nuevo enfoque, en la propiedad de la empresa participarían los distintos grupos de interés además de los accionistas. Por otro lado, no hace falta analizar mucho el nuevo paradigma para constatar que las expectativas de todos los afectados son dispares y entran frecuentemente en conflicto. Aunque la rentabilidad sigue siendo determinante para satisfacer todas las expectativas, dimensionarla y compatibilizarla con los objetivos a corto, medio y largo plazo de los distintos grupos de interés resulta un enorme reto.

Bajo el concepto de liderazgo sostenible se agrupan y consolidan las ambiciones de todos los grupos de interés que interactúan con la compañía. Ello da respuesta a las exigencias de la sociedad del s. XXI. El concepto de sostenibilidad se fundamenta en tres pilares:

1. La rentabilidad financiera.
2. El respeto al medioambiente.
3. La labor social.

Algunos incluyen un cuarto componente, el buen gobierno corporativo. Nadie puede poner en duda que el buen gobierno corporativo es un elemento clave a la hora de dirigir una organización. Si no se gestiona con buena praxis, cualquier compañía será inviable y sus directivos acabarán entre rejas. Máxime con las ya mencionadas leyes de cumplimiento normativo –*compliance*–, basadas en el autocontrol y la prevención de cualquier tipo de delitos para evitar la responsabilidad penal de los directivos. El buen gobierno siempre ha sido una exigencia ineludible para los líderes empresariales. Lo contrario es corrupción y mafia.

Ninguno de los tres pilares del liderazgo sostenible es prescindible. Si una organización no es rentable desaparece, mataremos a la gallina de los huevos de oro. No podemos olvidar nunca a Friedman. La rentabilidad de una empresa debe ser consistente a largo plazo y acorde a los estándares de su mercado. Afecta no solo a los beneficios sino también al endeudamiento, márgenes, competitividad, disponibilidad de recursos, activos, tecnología, clientes, proveedores, etc.

Por otro lado, si no respetamos el medioambiente destrozaremos nuestro planeta, no habrá vida ni recursos y por tanto no serán viables las compañías. Además, si hoy en día una corporación no respeta el medioambiente los clientes dejarán de comprar sus productos, los empleados no querrán trabajar en ella y las autoridades acabarán cerrando sus instalaciones.

Por último, si no consideramos el bienestar y compromiso de las personas que se relacionan con la empresa, así como el valor que los proyectos empresariales aportan a la comunidad, la empresa fracasará. Los tres pilares son por tanto imprescindibles para mantener erguido el edificio.

■ *La sostenibilidad en el día a día de directivos y compañías*

En línea con las demandas de sostenibilidad hacia las corporaciones, las expectativas en relación con el trabajo de los directivos se han multiplicado. Las empresas son cada vez más grandes y complejas; el cambio, la volatilidad y la incertidumbre están a la orden del día; los avances tecnológicos modifican rápidamente los modelos de ciertos negocios; la innovación es crítica para mantener la competitividad; las necesidades de inversión se multiplican; la competencia es tremenda...

En este contexto, la necesidad de comunicación y transparencia hacia la sociedad, por parte de las compañías y sus directivos, es ineludible. Dirigir una organización es una labor extremadamente compleja que requiere una gran especialización y dedicación. Hacen falta conocimientos, experiencia, recursos y valentía, pero sobre todo se requiere una actitud de servicio inquebrantable al desaliento.

La sostenibilidad debe formar parte de la cultura de la compañía. Ello implica que debe estar presente tanto en la definición de la visión, misión y valores, como en el trabajo de cada uno de los empleados. La sostenibilidad debe extenderse a procesos como la planificación estratégica, seguridad laboral, calidad, innovación, diseño de productos y servicios, inversiones, procedimientos, normas, cuadros de mando, objetivos, remuneración, etc.

Veamos como los líderes de todo un sector industrial reaccionaron ante un reto de sostenibilidad tremendamente complejo. El cacao es originario del continente americano. Se cree que las antiguas civilizaciones de Centroamérica comenzaron a cultivarlo hace más de 5.000 años. Se han encontrado restos de bebidas a base de cacao en recipientes de cerámica datados en el año 1900 a.C. Tras la llegada de los españoles en el año 1492, su cultivo se extendió por todo el mundo. Hoy en día los principales países productores son Ghana y Costa de

Marfil, en el continente africano. Fue Hernán Cortés quien lo introdujo en la corte española y de allí se extendió por toda Europa con la inestimable ayuda de las órdenes religiosas. Pronto se atribuyeron al cacao propiedades medicinales y ello incrementó su popularidad entre la población. La demanda se disparó en el viejo continente y la actividad comercial se hizo cada vez más intensa. Con la Revolución industrial evolucionó la manufactura de los alimentos y en el s. XIX surgieron alrededor del cacao potentes corporaciones familiares que aún perduran hoy en día: Hershey, Suchard, Kohler, Lindt, Nestlé, etc.

Recientemente, la industria del cacao sufrió una gran crisis reputacional tras ser acusada de favorecer indirectamente el empleo de niños para cultivar la materia prima. El problema es sumamente complejo. Empresas como Barry Calleabut, Cargill, Nestlé, etc., se pusieron a trabajar para erradicar la mano de obra infantil en la cadena de suministro del cacao. La solución no es fácil, requiere de múltiples iniciativas en diversos frentes, entre ellas: el acuerdo con los gobiernos y líderes políticos de las comunidades donde se cultiva el cacao; el control, ayuda y supervisión de los productores –grandes y pequeños–; el desarrollo de las comunidades agrícolas; la fijación de los precios en origen; la certificación de procesos y productos; el etiquetaje de los productos; la comunicación a los consumidores; la fijación de los precios de venta; etc. Tras varios años de trabajo los avances conseguidos son reseñables.

Planta del cacao.
Fuente: Wikipedia. Dominio Público.

■ La sostenibilidad y la financiación empresarial

La sostenibilidad es un requisito cada vez más importante para las compañías a la hora de obtener financiación y ayudas públicas que soporten sus actividades y crecimiento. Por otro lado, la financiación y ayudas públicas son especialmente importantes cuando los gobiernos imponen leyes que obligan a las empresas a realizar actividades sostenibles que afectan a su competitividad. En cualquier caso, gobiernos, bancos, instituciones financieras y fondos buscan identificar correctamente las inversiones socialmente responsables (ISR). Ello supone el establecimiento de unos criterios que permitan certificar a las empresas que quieran tener acceso a este tipo de financiación: criterios "Environmental, Social, Governance" (ESG). Los requisitos ESG consideran, además de la rentabilidad, el impacto de la actividad empresarial en el medioambiente y la sociedad, así como las prácticas de gestión establecidas en la organización.

Las ISR supusieron treinta y cinco mil millones de dólares en 2022, aproximadamente un 30% de los activos totales gestionados por las firmas privadas de inversión. Este enorme negocio ha propiciado críticas sobre la validez de los criterios de certificación ESG. La prestigiosa revista The Economist denunció en el verano del año 2022 que actualmente el sello ESG certifica a compañías con estrategias y resultados muy diferentes en relación con el impacto medioambiental de su actividad.[219] Esta realidad puede entenderse como un fraude en relación con las expectativas de un gran número de inversores. Por otro lado, el problema se va a incrementar ya que cada vez hay más normas y regulaciones que están condicionando totalmente la estrategia, rentabilidad y viabilidad a futuro de las empresas en los distintos sectores económicos y países. Es esta una situación compleja y que puede provocar distorsiones en el mercado, especialmente a la hora de valorar con rigor el efecto y el cumplimiento real de todas las leyes e iniciativas en marcha relacionadas con la sostenibilidad. Según Paloma Baena, profesora de Sostenibilidad en el Instituto de Empresa, el problema reside en que "los datos ESG carecen hasta ahora de una definición común y globalmente aceptada de sus principios, metodologías de cálculo y estándares de reporte".[220]

Las autoridades europeas iniciaron en 2018 un plan para financiar el desarrollo sostenible. Entre las acciones del plan estaba la denominada taxonomía –identificación y clasificación– de las actividades económicas sostenibles. Desde ese mismo año, las empresas españolas con un determinado tamaño –más de 250 empleados desde 2023– están obligadas a presentar a las autoridades, anualmente, un Estado de Información No Financiera (EINF), también denominado Memoria de Sostenibilidad. Este informe debe incluir información sobre cuestiones medioambientales, sociales, de derechos humanos, corrupción y soborno, así como de sus operaciones. En el año 2020 se promulgó el Reglamento de Taxonomía correspondiente –Reglamento UE 2020/852–. El 6 de julio de 2021 se definió el contenido, la metodología y la presentación de la información que deben incluir las empresas financieras y no financieras en su Memoria de Sostenibilidad, en relación con la proporción de actividades económicas ambientalmente sostenibles en sus negocios, inversiones o actividades de préstamo. A partir del 1 de enero de 2022, las empresas no financieras deben incluir también una serie de detalles cuantitativos y cualitativos sobre las actividades sostenibles desarrolladas. Y, a partir del 1 de enero de 2023, están obligadas a reportar un gran número de indicadores –*Key Performance Indicators* (KPI)– relacionados con las actividades sostenibles. A partir del año 2024 estas obligaciones se extenderán también a todas las entidades financieras. En estos momentos, en España, la elaboración de una Memoria de Sostenibilidad es una obligación legal que excede a la búsqueda de financiación. Su correcta realización requiere un trabajo complejo y delicado que requiere recursos específicos y afecta a muchos departamentos de la organización.[221]

■ *La sostenibilidad y las relaciones de las empresas con las distintas administraciones*

Las demandas de sostenibilidad y responsabilidad social hacia las empresas propician que el marco normativo que afecta a su actividad sea cada vez más complejo y exigente en todos los países. Además, la presión fiscal es cada vez más elevada y el papel de la empresa en el desarrollo de las comunidades es cada día más exigente. Gestionar con éxito una organización supone una gran responsabilidad para sus líderes, tanto ante los accionistas, clientes, proveedores y empleados como frente el resto de la sociedad y autoridades. En el s. XXI, las empresas y sus dirigentes están mucho más expuestos a la opinión pública que en el pasado. También se han incrementado las necesidades de comunicación entre los representantes de las compañías y las distintas administraciones, es decir, entre directivos, políticos y funcionarios.

Desde la importante crisis financiera de 2008 –conocida en los países anglosajones como el "*Credit Crunch*"– los gobiernos occidentales son cada vez más intervencionistas. Desde entonces, al férreo control de la política monetaria por parte de los bancos centrales se unieron unas exigentes demandas de solvencia y liquidez hacia las compañías del sector financiero. Las medidas se justificaron en la necesidad de proteger tanto a los ahorradores como a la propia actividad económica. Ese intervencionismo se ha ido extendiendo a otros ámbitos económicos a través de una exhaustiva legislación. Siempre ha habido sectores económicos muy cercanos al control de los estados como el sector financiero antes mencionado, la generación y distribución de energía, la construcción –vivienda, infraestructuras y obra pública–, la salud, la educación, el transporte, la industria de armamento, etc. Pero, en los últimos años, el intervencionismo de los estados ha ido ampliándose a todos los sectores productivos. La sostenibilidad y responsabilidad social son el nuevo *leitmotiv*. A ello hay que unir una creciente voracidad recaudatoria, especialmente en Europa. Acontecimientos como la pandemia Covid-19, la rivalidad entre China y EE. UU., la guerra de Ucrania, la guerra en Oriente Medio y la crisis energética, económica e inflacionaria que comenzó en 2021, han reforzado ese intervencionismo de los gobiernos que se disparó tras el "*Credit Crunch*". Personalmente creo que no deberíamos prescindir tan alegremente de los principios de ortodoxia financiera y liberalismo económico que han propiciado el gran desarrollo y progreso mundial de los últimos años. Especialmente los principios de competitividad, libertad económica, respeto a la propiedad privada, seguridad legal, control de la deuda y del déficit, etc. Sin generar riqueza y facilitar el progreso económico no es viable la sostenibilidad. En cualquier caso, el intervencionismo gubernamental y la cada vez mayor regulación de la actividad económica son realidades insoslayables en el día a día de los lideres empresariales del s. XXI.

Por otro lado, la relación de ciudadanos y empresas con las administraciones nunca ha sido fácil, pero en los últimos años es una relación cada vez más hostil. Los diferentes organismos imponen con autoritarismo sus reglas: las múltiples obligaciones de los ciudadanos y empresas; los canales, tiempos y modos de comunicación; las tasas del proceso; la documentación y datos a aportar; los tiempos en las respuestas; las posibilidades de recurso e incluso las sanciones si se comete algún error en los procesos de comunicación... Estas exigentes normas hacen cada vez más difícil que la propia empresa o el ciudadano establezcan una comunicación directa y efectiva con los funcionarios. Para poder hacerlo sin errores y con garantías de ejercer sus cada vez más limitados derechos, los contribuyentes deben acudir a expertos asesores como abogados de las distintas especialidades, economistas, arquitectos, ingenieros, etc., con el coste adicional que ello supone.

Merece especial mención la relación impuesta por las autoridades fiscales en su interacción con los ciudadanos y empresas que pagamos sus sueldos. Los inspectores de Hacienda están dotados de los mejores medios para realizar su trabajo. Son entrenados, motivados y remunerados para avasallar e intimidar al ciudadano.[222] No admiten la presunción de inocencia. Una persona debe demostrar que no es culpable ante cualquier duda o sospecha levantada por el Fisco. En España, es vergonzoso que más de la mitad de los recursos que presentan los contribuyentes denunciados los pierda el Erario.[223] Y ello a pesar de los múltiples obstáculos disuasorios que debe vencer un ciudadano a la hora de armarse de valor y presentar una reclamación ante una sanción de Hacienda. El Tribunal Supremo ha rechazado recientemente las listas públicas de morosos que los responsables del Fisco venían publicando.[224] El sheriff de Nottingham no llegaría ni a la categoría de aprendiz frente a los actuales recaudadores del Tesoro.[225, 226]

En el caso de las empresas, las relaciones con las distintas administraciones son críticas en el día a día: registro y alta de actividad; contratación y despido de empleados; cotizaciones y retenciones salariales a los empleados; licencias de obra en el caso de inversiones; estudios de impacto ambiental; licencias de apertura de nuevos establecimientos e instalaciones; registros de industria para las diferentes máquinas y líneas de producción; registros sanitarios de las instalaciones; control de residuos, emisiones y vertidos; presentación de cuentas anuales; presentación de la memoria de sostenibilidad; inspecciones de todo tipo; declaraciones de producción, ventas, exportaciones, importaciones, facturación; recaudación del IVA; pago de impuestos; normas para evitar el blanqueo de capitales; planes de igualdad; programas de cumplimiento penal, etc. La lista es interminable. Y como se dice con frecuencia, además hay que vender, cobrar y ganar dinero... El incremento de la presión fiscal y la inseguridad jurídica derivada de esta proliferación de normas favorecen el traslado de empresas españolas a otros países europeos con un entorno legal más seguro y favorable.[227, 228]

En la compleja y cada vez más importante relación de las corporaciones con las administraciones, el papel de las asociaciones profesionales se ha visto reforzado. Ello supone una responsabilidad añadida para los lideres empresariales. Esta relación es especialmente importante en los procesos de consulta y comunicación ligados al desarrollo de nuevas leyes.[229] Para que las nuevas normas sean eficaces, promuevan realmente la actividad económica, no causen problemas de competitividad y viabilidad a las empresas, etc., los legisladores deben tener en cuenta tanto las necesidades de las compañías como las de otras partes afectadas, expertos y órganos consultivos. Los informes que recogen estas necesidades son parte fundamental del proceso legislativo y no deben obviarse.

Desafortunadamente, este proceso se viene deformando a lo largo de los últimos años debido al fuerte contenido ideológico de las nuevas leyes, especialmente las relacionadas con la sostenibilidad y la propia actividad empresarial. Los intereses de supuestos expertos y asociaciones marginales se sobrevaloran con frecuencia. Sus opiniones prevalecen sobre los de asociaciones sectoriales con una amplia representatividad y expertos de reconocido prestigio. Incluso se recurre a encuestas en plataformas de Internet, muchas de ellas fácilmente manipulables, para introducir en las leyes las opiniones de consumidores y colectivos supuestamente afectados.[230] La influencia de asociaciones representativas, legalmente constituidas, transparentes e independientes debería prevalecer sobre la de organizaciones poco representativas, fuertemente subvencionadas y que defienden intereses ideológicos de partidos políticos u otros intereses espurios.

En definitiva, el intervencionismo gubernamental y la cada vez mayor regulación económica son realidades insoslayables en el día a día de los lideres empresariales del s. XXI. Entre las múltiples responsabilidades inherentes a su trabajo, la correcta gestión de las relaciones con las administraciones públicas es cada vez más importante. Es necesario mantener una comunicación permanente y efectiva con las distintas autoridades con el fin de defender los intereses del sector y de las propias compañías. Este diálogo afecta a todos los ámbitos de la actividad empresarial, pero es especialmente crítico en todo lo relacionado con la sostenibilidad.

CAPÍTULO 11.
SOSTENIBILIDAD Y LUCHA POLÍTICA

"El progreso no consiste en aniquilar hoy el ayer sino al revés, en conservar aquella esencia del ayer que tuvo la virtud de crear ese hoy mejor"

José Ortega y Gasset (1883-1955)-, filósofo y escritor español.

■ *Empresa y sociedad, el papel de los líderes empresariales en el s. XXI*

Desde su origen, las empresas han sido un factor determinante en el progreso de la humanidad. A lo largo de la historia de las civilizaciones, el desarrollo del comercio y de las actividades económicas han traído consigo riqueza y progreso social. La prosperidad económica mundial sufrió un gran avance a partir de la Revolución Industrial, coincidiendo con el auge del sistema económico capitalista basado en la propiedad privada de los medios de producción y la libertad de mercado.[231]

El propio Marx postulaba que el capitalismo generaba prosperidad en la sociedad. Sin embargo, criticaba que el beneficio de la actividad económica repercutiera más en los capitalistas que en los obreros, fomentando la desigualdad. Economistas como Juan Ramón Rallo sostienen que Marx nunca consideró en sus tesis el fuerte avance en el bienestar de las clases trabajadoras de Inglaterra durante la segunda mitad del s. XIX, precisamente cuando se publicó su obra.[232, 233] De hecho, el comunismo nunca tuvo un gran éxito en Gran Bretaña y otros países industrializados. El gran fracaso de la lucha de clases marxista es que únicamente ha triunfado con la represión y la violencia, a costa de millones de vidas, en sociedades muy pobres en las que predominaba la actividad agrícola. Con todas las salvedades que queramos poner encima de la mesa, en términos generales la sociedad del s. XXI es la más igualitaria, rica y avanzada que ha existido a lo largo de la historia de la humanidad.[176]

Sostenibilidad y desarrollo económico son inseparables hoy en día, no podría ser de otra manera. En un planeta cada vez más poblado, la actividad económica debe ser útil, rentable y especialmente respetuosa con las personas y el medioambiente.[234]

Como vimos en el capítulo anterior, en el s. XXI las relaciones entre las empresas y los gobiernos son cada vez más estrechas. Esa dependencia no es nueva, pero ha adquirido unos matices muy intensos en los últimos años. La legislación que afecta a las múltiples facetas de la actividad empresarial es cada vez más abundante y exigente. Esas regulaciones tienen una influencia decisiva en la competitividad y viabilidad de las corporaciones. El análisis del entorno político, económico, social y tecnológico (PEST), tiene cada vez más importancia a la hora de identificar amenazas y oportunidades que permitan definir la estrategia empresarial.

Tanto en el desarrollo de nuevas normas como en su posterior aplicación práctica, el diálogo efectivo entre directivos, políticos y funcionarios es imprescindible. Como ya vimos, los líderes empresariales pueden canalizar ese diálogo directamente o a través de asociaciones profesionales. Solucionar los desafíos que afrontan las empresas y la sociedad del s. XXI requiere de grandes dosis de diálogo, profesionalidad, estudio, planificación, prudencia, generosidad y comportamiento ético por parte de todos los implicados. Hoy por hoy, la lucha política por el poder en muchos países interfiere en ese diálogo entre empresas y administraciones, haciendo que un planteamiento basado principalmente en la cooperación y la profesionalidad sea tremendamente complicado…

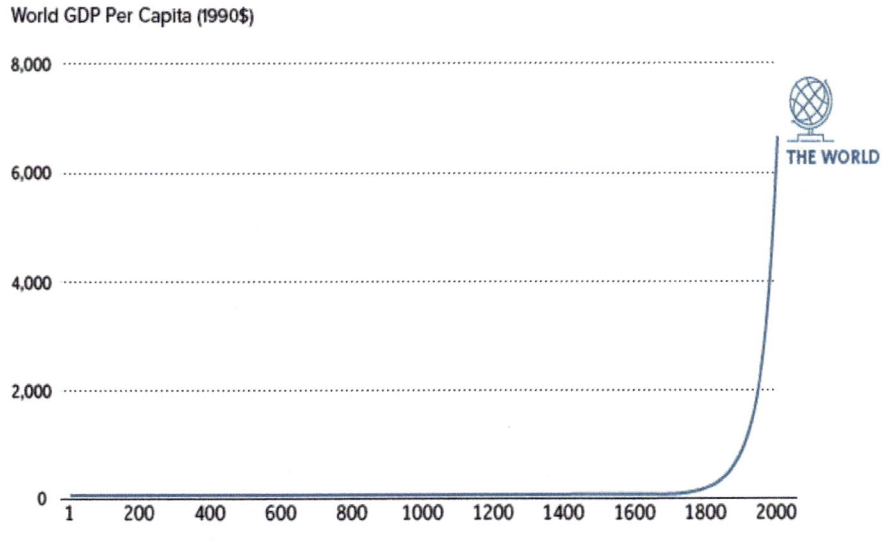

World GDP Per Capita (1990$)

SOURCE: "Statistics on World Population, GDP, and Per Capita GDP, 1-2008 AD", Angus Maddison; IMF

Evolución del PIB per-cápita mundial desde el s. I d.C.
A partir de la Primera Revolución Industrial el crecimiento económico en el mundo ha sido exponencial. Fuente: Jeff Desjardins. 2000 años de historia económica en un solo gráfico.
Fuente: El Foro Económico Mundial. 27-octubre-2017.[235]

■ *La democracia liberal amenazada por las ideologías posmarxistas y los populismos*

En Europa, a partir de la década de los sesenta del pasado siglo, se agruparon bajo el término posmodernismo a un conjunto heterogéneo de teorías sociológicas y pensamientos políticos y filosóficos surgidos fundamentalmente en Francia. Se incluye en esta escuela a personajes como Paul Michel Foucault, Jacques Derrida, Jean Paul Sartre, Jean François Lyotard, Gilles Deleuze y Jean Baudrillard entre otros. Las ideas posmodernistas son fundamentalmente una evolución del pensamiento marxista. En ellas es importante la influencia de las teorías nihilistas de Friedrich Nietzsche, del psicoanálisis de Sigmund Freud, del estructuralismo de Claude Levi Strauss, Jacques Lacan, Roland Barthes, etc., del pensamiento de algunos autores vinculados a la denominada escuela de Fráncfort como Herbert Marcuse y más recientemente de las tesis posmarxistas de Ernesto Laclau. Este conglomerado de ideas ha tenido una fuerte influencia en los partidos políticos de izquierda, y en los populismos de izquierda y derecha, tanto en EE. UU. como en Latinoamérica y Europa.

Aunque el posmodernismo es una corriente compleja trataremos de sintetizarla. Uno de sus principales postulados es la derogación del pensamiento ilustrado. Es decir, prescindir del uso de la razón en la búsqueda de la verdad.[236, 237] Es una idea más sofisticada y retorcida que la perversa utilización de la mentira como arma de la revolución. Para los posmodernistas la verdad no existe o no se puede conocer. Lo que existe son distintas narrativas –o relatos– que se generan en la sociedad a través del lenguaje, siendo todas ellas válidas a la hora de competir para ser aceptadas. En ese proceso de imposición de "mi relato" adquieren una gran importancia iniciativas como difundir todo tipo de bulos, deformar la historia, legislar sobre la memoria, renegar del pasado, hacerse el ofendido, imponer el victimismo, retorcer el lenguaje, demonizar al adversario y aislarlo, etc. La deconstrucción del entendimiento lleva a la preponderancia de las emociones y sentimientos en nuestras decisiones y relaciones sociales. Las nuevas narrativas pretenden romper con la primacía de la libertad individual, el esfuerzo y la razón en la sociedad, es decir cuestionan todas las bases del pensamiento, de la moral y de la propia cultura occidental. Como postulaba Derrida, hay que "deconstruir" el logos –la razón–.[238, 239]

Para Foucault, la auténtica revolución trasciende a la destrucción del estado y debe extenderse hegemónicamente a todas las relaciones de poder establecidas en la sociedad capitalista.[240] Y es que para Foucault todas las relaciones humanas se supeditan a la lucha por el poder. Muy crítico con la justicia y el derecho penal que castiga a los delincuentes, aceptaba el poder del conocimiento y en base a ello justificaba el importante papel de unas renovadas élites intelectuales en el nuevo proceso revolucionario.

El argentino Ernesto Laclau y la belga Chantal Mouffe, partiendo de las ideas de Marcuse, de las teorías posmodernistas y del estructuralismo, e interpretando a su conveniencia algunas ideas del filósofo italiano Antonio Gramsci, trataron de definir la mejor manera de implantar con éxito en la sociedad las ideas posmarxistas.[241] Laclau identificó como una de las claves para conseguir su objetivo la radicalización de la democracia. Es decir, dinamitar desde dentro la democracia liberal aprovechándose de sus propias reglas y garantías. Desnaturalizándola, pero sin llegar a destruirla hasta alcanzar el poder.

La mayoría de los golpes de estado en el s. XX han sido materializados por gobiernos que ganaron unas elecciones. Una vez en el poder, en nombre de la soberanía popular, los nuevos autócratas acabaron con la separación de poderes y los mecanismos de control del ejecutivo. Desacreditaron las instituciones, condicionaron a la prensa, cambiaron las reglas del juego democrático con procedimientos torticeros... Con este mismo patrón actuaron Hitler en Alemania, Erdogan en Turquía, Chávez en Venezuela, Ortega en Nicaragua, etc.[242, 243]

Siguiendo las teorías del alemán Herbert Marcuse,[244] Laclau postuló que para llegar al poder había que transformar la lucha de clases del marxismo y convertirla en una lucha de las diferentes formas de subordinación del individuo que provoca el capitalismo:[245]

- Subordinaciones o causas identitarias: nacionalismos, feminismo, identidad sexual, racismo, indigenismo, multiculturalismo, etc.
- Subordinaciones o causas de cualquier otro tipo: ecología, cambio climático, movimiento antinuclear, anarquismo, animalismo, capitalismo, liberalismo, igualdad, educación, hábitos de alimentación, etc.

Para el teórico argentino todas las causas fragmentarias deben ser articuladas transversalmente. Es decir, redefinidas, renovadas, ampliadas y coordinadas entre sí constantemente. El nuevo proceso revolucionario requiere una crítica feroz al pasado y a los valores tradicionales de la moral y cultura occidental, ya que son el origen de las diferentes formas de subordinación del individuo. Esa crítica absoluta, categórica y visceral, justifica la urgencia en los cambios. Y esa premura elimina la discusión ética, justificando la discriminación positiva, el quebranto del estado de derecho y de la democracia, la ruptura de los consensos y el bienestar alcanzados, la demonización del discrepante, el cuestionamiento de la libertad de expresión y de catedra,[246] los atentados contra el patrimonio cultural,[247] etc. En definitiva, dada la urgencia de los cambios, para los posmarxistas el fin siempre justifica los medios.

El nuevo proceso revolucionario busca un único propósito: llegar al poder y mantenerse en él a través del conflicto permanente en la sociedad, acabando en última instancia con la democracia liberal. Hay que introducir partidarios en el mayor número posible de instituciones y organizaciones, tanto oficiales como privadas, con el fin de influir en todas las relaciones de poder y el desarrollo legislativo. No se buscan consensos ni soluciones justas a los conflictos. Se trata de exacerbarlos iniciando un interminable proceso de imposición de medidas que reparen a las víctimas y castiguen a los supuestos culpables. Las causas fragmentarias catalizan la polarización de la sociedad mediante el victimismo y el sentimentalismo. Se trata de dinamitar los valores universales de la humanidad e imponer unos nuevos principios a medida que permitan un cambio definitivo en las relaciones de poder. El bien solo está en los que piensan de la misma manera. Estas son las bases de todos los movimientos populistas.

El lenguaje es crucial para los posmarxistas, especialmente en la narrativa de las subordinaciones identitarias como el feminismo, el racismo, el nacionalismo y la identidad sexual. Con ello, la libertad de expresión está siempre condicionada por una nueva inquisición de agresivos censores. Las redes sociales se han convertido en un aliado fundamental en esa deconstrucción hegemónica de las estructuras capitalistas. Hábilmente utilizadas permiten, entre otras cosas, señalar y demonizar rápida y violentamente tanto a los adversarios políticos como a cualquier individuo u organización que no comulgue con sus ideas y se atreva a manifestarlo.[248, 249]

En esencia, al igual que los posmodernistas, las ideas populistas de Laclau pretenden acaparar el poder y acabar con la democracia liberal, el sistema político más tolerante, justo, social, abierto... y el que más desarrollo económico y social ha generado a lo largo de la historia de la humanidad.[250, 251, 252] Por supuesto que la democracia liberal ni es perfecta ni es exportable a todos los países del mundo. Pero como apunta el economista y profesor estadounidense Joseph Eugene Stiglitz, Premio Nobel de Economía en el año 2001, con los necesarios ajustes es el mejor sistema posible para solucionar los numerosos retos que afrontan los países occidentales.[253] Hay que valorar, cuidar y defender la libertad y la democracia.

■ Sostenibilidad y lucha política

Los postulados posmodernistas y posmarxistas forman parte de la ideología y de la acción política en la mayoría de los partidos de izquierda presentes en las democracias occidentales del s. XXI. La izquierda se ha apropiado de las causas identitarias, al igual que hicieron con la lucha de clases, y la derecha lo ha permitido. Algunas de esas causas son justas: los derechos raciales, de los homosexuales, de las mujeres, el ecologismo sensato, etc. El problema aparece cuando se radicalizan y deforman los conflictos de identidad supeditándolos a la lucha política para conseguir el poder y dividir a la sociedad.

La democracia, el estado de derecho, los consensos y el progreso social acabarían tarde o temprano con la mayoría de las subordinaciones identitarias, especialmente si prescindiéramos de radicalismos e imposiciones y nos centráramos en encontrar soluciones y puntos de encuentro, sin vencedores ni vencidos. Pero el poder es demasiado atractivo como para renunciar a él. Y los políticos posmarxistas y populistas nunca renunciarán al conflicto, tratando de evitar un fracaso similar al que sufrieron con la lucha de clases gracias al progreso de las clases medias en las sociedades industriales de los s. XIX y XX.[254]

En mi opinión este es el grave problema que surge hoy en día, en muchos países occidentales y americanos, por la utilización con fines partidistas de los ODS de la Agenda 2030[161] de la ONU. Los partidos políticos, apoyándose en organizaciones radicales y activistas de todo tipo, fundamentalmente ecologistas, los utilizan en la lucha política para acceder al poder e imponer su ideología a todos los ciudadanos.

La lucha política del s. XXI se extiende ineludiblemente al mundo de la empresa, especialmente cuando hablamos de sostenibilidad. Los líderes empresariales no deben ser cómplices, ni rehenes, de la lucha política. Es un hecho que la mayoría de los partidos políticos, cuando ganan las elecciones y acceden al poder, tratan de trasladar sus soluciones e ideas a las diferentes leyes que intentarán sean aprobadas durante su gobierno. El problema surge cuando a través de las leyes se trata de imponer una ideología, eliminando el bien común, el diálogo, el estudio y los consensos.[255] Y el problema se acrecienta cuando esa ideología es revolucionaria y tiene como objetivo una articulación de causas fragmentarias para radicalizar la democracia y con ello perpetuarse en el poder.

Los políticos deben estar al servicio de los ciudadanos y rendirles cuentas, pero la lucha política por el poder convierte a los ciudadanos en rehenes de los políticos.
Fotografía izquierda, mitin de la Internacional comunista en Moscú en 1927.
Fotografía derecha, póster de 1896, William McKinley candidato a la presidencia de EE. UU.
Fuentes: Wikipedia. Dominio Público.

Un ejemplo del enorme perjuicio para la sociedad que supone llevar la ideología extremista a las leyes son los hechos acaecidos en España en noviembre de 2022. El gobierno de coalición entre socialistas, comunistas y nacionalistas aprobó una ley que reclasificaba ciertos delitos sexuales.[256] Fue la conocida popularmente como "ley del solo sí es sí".[257] La nueva regulación contenía una fuerte carga de ideología feminista radical, trufada con ideología posmarxista. Entre otras cosas, con el teórico fin de defender a las mujeres y castigar con mayor dureza a los agresores, la ley daba prioridad a la palabra de la mujer sobre la presunción de inocencia del hombre. El efecto inesperado tras la puesta en marcha de la nueva norma, que se aprobó por el procedimiento de urgencia sin considerar e incluso ocultando al Parlamento los informes de jueces y expertos,[258] fue la masiva solicitud de revisión de condenas de los delincuentes previamente encarcelados por los delitos que la nueva regulación pretendía endurecer.[259] La prevalencia de los nuevos criterios punitivos, más favorables para los condenados al asimilar los delitos de abuso y agresión, provocó una reducción de penas y la puesta en libertad de numerosos violadores y delincuentes con la consiguiente alarma social y daños psicológicos a las víctimas.[260]

En el ámbito empresarial la ideologización de las leyes medioambientales, laborales, fiscales, administrativas, etc., tiene un efecto inmediato en los mercados y en la propia actividad de las empresas, afectando en última instancia a su viabilidad y sostenibilidad. Es el caso, por ejemplo, de las nuevas estrategias transversales aprobadas por la Comisión Europea sobre "Biodiversidad"[261], "Uso de la Tierra"[262] y "Del Campo a la Mesa –*Feed to Fork*–,[263] en el marco del "Pacto Verde Europeo",[264] que pretenden *"devolver la naturaleza a nuestras vidas y conseguir un sistema alimentario justo, saludable y ecológico"*.

En este marco, uno de los objetivos impuestos por las nuevas directivas es que en el año 2030 un 25% de la superficie agrícola de la UE sea de agricultura ecológica.[265, 266] Para la Comisión Europea, la agricultura ecológica *"es un método de producción cuyo objetivo es obtener alimentos utilizando sustancias y procesos naturales. Por ello, la agricultura ecológica tiende a tener un impacto medioambiental limitado"*.[267] En la práctica la gran diferencia entre la agricultura ecológica y la tradicional es la restricción en el uso de fertilizantes y fitosanitarios según su origen. Esta limitación afecta notablemente a los rendimientos y calidad de muchos cultivos, cuando no los hace inviables. Las prácticas agrícolas y los objetivos de reducción de insumos como el agua, definidos por la Comisión Europea y con los que los políticos pretenden diferenciar a la agricultura ecológica, no son exclusivos de la misma y de hecho se aplican desde hace años en la agricultura tradicional. No obstante, la imposición indiscriminada de ciertas prácticas agrícolas consideradas ecológicas acrecienta los problemas de rendimientos, calidad y viabilidad de muchos cultivos, ya comentados.[268]

España es uno de los países con mayor producción ecológica del mundo actualmente.[269] Los políticos españoles adquirieron inmediatamente el compromiso de extender este tipo de producción en España para cumplir con los objetivos europeos. Y lo hicieron sin valorar el coste que supone y sin diálogo o debate con los afectados. De acuerdo con los datos del Ministerio de Agricultura, Pesca y Alimentación, en 2022 la superficie de cultivos ecológicos en España era de más de 2,6 millones de hectáreas, es decir un 10,95% de la superficie agraria útil.[270] El compromiso europeo supone más que duplicar la superficie actual de cultivos ecológicos en nuestro país. La medida tendrá un gran impacto en la actividad de todas las empresas agrarias, obligando a cambiar técnicas de cultivo, recursos, productos, labores, etc. ¿Es realista y viable el objetivo del 25% en todos los países de la UE?, ¿cómo se ha definido esa meta que tanto condiciona al sector agrícola?, ¿se han estudiado las consecuencias que tendrá en la producción de alimentos de la UE?

Debido al menor rendimiento de los cultivos ecológicos, incrementar de esta manera ese tipo de producción supondrá una menor oferta en el mercado de alimentos producidos en Europa.[271, 272] Ese déficit de oferta deberá compensarse con importaciones de terceros países para poder asegurar la demanda de los consumidores. Importar más alimentos supondrá un coste adicional, pero sobre todo una mayor dependencia de terceros para asegurar el abastecimiento. También implicará un mayor riesgo para la salud de los ciudadanos, ya que los alimentos importados serán producidos bajo otras prácticas y normas menos exigentes que las europeas. En un mundo cada vez más poblado y con recursos escasos, ¿es esta la estrategia de producción de alimentos adecuada?

La guerra de Ucrania ha puesto en evidencia la fragilidad de las cadenas de suministro de alimentos. El déficit en la oferta de fertilizantes rusos encarecerá los costes de producción de los agricultores y disminuirá los rendimientos de las cosechas en los próximos años. La dramática caída de las exportaciones de trigo, maíz, girasol, melazas de remolacha y otras materias primas básicas, que se originaban en Rusia y en Ucrania, han propiciado que los alimentos escaseen y los precios se disparen por todo el mundo, pero especialmente en Europa.[273] Con la población mundial aumentado, con un incremento global de la demanda de alimentos y con una guerra en el corazón de Europa, ¿es lógico que los ecologistas radicales impongan unos objetivos que provocarán una disminución significativa de la producción de alimentos en la UE?[274, 272]

Existen otras alternativas, como la producción agrícola integrada, mucho más eficientes e igualmente respetuosas con el medio ambiente. La producción integrada permite reducir el uso de fertilizantes y fitosanitarios de síntesis química, de acuerdo con los avances científicos. Ello supone un menor coste y mantener los niveles de productividad y eficiencia actuales en los cultivos. La agricultura europea es en estos momentos una de las más avanzadas, productivas y respetuosas con el medio ambiente del mundo. ¿Por qué tenemos que encarecerla y ponerla en riesgo? ¿Realmente se beneficia a los ciudadanos europeos con estas medidas?

Portada de The Economist, del 19 de mayo del año 2022, alertando sobre la crisis mundial en el suministro de alimentos debido a la invasión de Ucrania por Rusia.[274]

El sesgo ideológico introducido por los ecologistas radicales en estas estrategias aprobadas por la Comisión Europea sobre "Biodiversidad"[261], "Uso de la Tierra"[262] y "Del Campo a la Mesa"[263] −*Feed to Fork*−, en el marco del "Pacto Verde Europeo"[264], condiciona el discurso político poniendo en riesgo la producción de alimentos en Europa y el crecimiento económico. Afecta de lleno a los sectores agrícola, ganadero y pesquero que hoy están a la vanguardia mundial en respeto al medio ambiente y producción de alimentos saludables. En el sector ganadero, por ejemplo, el lobby animalista pretende reducir la producción y consumo de carne en la UE en un 70% en el año 2030, reemplazándola por "carnes vegetales" −a partir de proteínas de plantas procesadas− y "carne de laboratorio".[275, 276] Esta última es un cultivo de células musculares, nerviosas y adiposas sintetizadas en laboratorio.[277, 278, 279] Estas mismas organizaciones pretenden acabar también con la agricultura industrial en el viejo continente, con lo cual no entendemos de dónde saldrán las proteínas vegetales necesarias para producir estos sucedáneos de la carne, ultra procesados y cargados de aditivos. Otros proponen que nos alimentemos con microorganismos.[280]

Tampoco debemos obviar que todas las nuevas estrategias del Pacto Verde Europeo[248] potencian un complejo y carísimo sistema de subvenciones para compensar, en el corto plazo, a los agricultores y ganaderos por los mayores costes y menores rendimientos que tiene la producción ecológica. Este es el *leitmotiv* de la nueva Política Agraria Común (PAC) [281, 282] para los años 2023 a 2027 que ha generado un importante rechazo en las principales organizaciones agrícolas y ganaderas españolas.[283, 284] Las subvenciones distorsionan la iniciativa empresarial basada en sistemas de producción modernos que fomentan el uso de nuevas tecnologías y buscan el rendimiento y la rentabilidad de las explotaciones por los ingresos que generan.

El ecologismo radical es una de las causas fragmentarias que condicionan actualmente la lucha política por el poder en la UE. En el complejo entorno económico, social y político mundial, ¿debe primar el ecologismo radical frente a la producción eficiente de alimentos?, ¿no es mejor tratar de compatibilizar el crecimiento económico con los objetivos de sostenibilidad? [285, 286]

Debemos evitar el sesgo que las ideologías extremistas están introduciendo en la sociedad europea en su conjunto y en el mundo empresarial en particular. Sin progreso económico no hay futuro ni será posible proteger el medioambiente. El papel de los líderes empresariales en esta batalla es importantísimo. Ante un mundo cada vez más poblado, las nuevas tecnologías, la innovación y el valor que aportan las empresas es cada vez más importante. La actividad económica y empresarial son claves para el progreso y el desarrollo de la sociedad. Hay que hacer valer ese papel ante políticos y legisladores, aunque muchas veces ese trabajo no suponga más que insatisfacciones y problemas.

En esta línea, son de gran interés las conclusiones de una encuesta global realizada en 2022 por el *Harvard Business School's Institute for the Study of Business in Global Society* y *The Edelman Trust Institute*.[287] Los resultados de la encuesta muestran que actualmente la confianza de una mayoría de la población en los líderes empresariales y las corporaciones es mayor que en los políticos y las instituciones de gobierno. En medio de las turbulencias económicas y la incertidumbre global, las personas encuestadas recurren cada vez más a sus empleadores y líderes empresariales como fuente de verdad, en lugar de a sus políticos, instituciones y funcionarios gubernamentales. Según esta encuesta, la voz de los líderes empresariales debería escucharse más en relación con los retos sociales y medioambientales que afronta nuestra sociedad.

El comportamiento ético de los líderes empresariales en el ejercicio de su responsabilidad debe ser ejemplar. Para ello hay que estar informado y mantener una permanente actitud de aprendizaje y búsqueda de la verdad. Hay que defender tanto la sostenibilidad de la economía como la democracia y la libertad que disfrutamos en Occidente. El poeta polaco Czeslaw Milosz describió en su libro *Mentes Cautivas* el proceso de "encantamiento" de grandes masas de población a través de manipulaciones en la información esgrimidas por las ideologías totalitarias.[288] Debemos centrar el debate en parámetros racionales y huir de las emociones fomentadas por causas fragmentarias que solo sirven a los intereses de la lucha política por el poder. Además de evitar una polarización cada vez mayor en la sociedad, evitaremos situaciones como la planteada en 2022 con el suministro y el coste de la energía en Europa. Veremos con más detalle este caso en los próximos capítulos.

CAPÍTULO 12.

SOSTENIBILIDAD Y ALARMISMO CLIMÁTICO

"La fuerza no proviene de la capacidad física sino de la voluntad indomable"

Indira Gandhi (1917-1984), primera ministra de La India.

En el s. XXI ningún estado puede ser próspero sin energía abundante, segura y económica. Tampoco puede ser soberano si depende del suministro de energía de terceros países. El coste de la energía es crítico para que las empresas de un país sean viables y competitivas. El desarrollo económico y en última instancia el bienestar y el poder adquisitivo de los ciudadanos de una nación, dependen en buena medida de la política energética definida por sus gobernantes.

Como veremos en las próximas líneas, desde el año 1997 los gobernantes europeos han iniciado una cruzada contra las emisiones de gases de efecto invernadero (GEI). A diferencia de la campaña de los reyes y caballeros cristianos durante la Edad Media, no son las creencias religiosas y la conquista de Jerusalén a los islamistas las motivaciones que mueven a nuestros políticos. En el s. XXI son la ideología ecologista, en concreto el alarmismo climático, y la lucha por el poder lo que mueve a nuestros dirigentes. La batalla emprendida, con un coste económico importantísimo para los ciudadanos, tiene un impacto directo sobre la política energética de los diferentes países. Es decir, sobre la estrategia, la sostenibilidad y la competitividad de todo el tejido empresarial en los diferentes sectores económicos -agrícola, industrial y servicios-. La cruzada emprendida condiciona, y condicionará en los próximos años, el bienestar económico y social de los ciudadanos europeos. ¿Son realmente eficaces las acciones impuestas para reducir las emisiones globales de GEI? ¿Cómo afectan y afectarán estas decisiones al progreso de los ciudadanos europeos?

■ *El papel en la naturaleza de las emisiones de gases de efecto invernadero (GEI) y el alarmismo climático*

El alarmismo climático se argumenta alrededor del impacto en el clima de las emisiones humanas de los denominados gases de efecto invernadero. Los GEI son:

- Vapor de agua (H_2O).
- Dióxido de carbono (CO_2).

- Metano (CH_4).
- Óxido nitroso (N_2O).
- Ozono (O_3).
- Gases fluorados.

La radiación es la forma en la que se propagan la energía y ciertas partículas. Los GEI tienen la propiedad de generar y absorber las radiaciones de energía dentro del rango infrarrojo. Este proceso físico causa el llamado "efecto invernadero" en la atmósfera terrestre, cuya consecuencia es una elevación de la temperatura en la superficie de nuestro planeta. Gracias al efecto invernadero la Tierra es habitable. Si no existiera, las oscilaciones térmicas entre el día y la noche serían tan acusadas que harían inviable la vida tal y como la conocemos. Todos los GEI, excepto los fluorados, se generan de forma natural. También pueden liberarse por la actividad humana, principalmente por la ignición de combustibles fósiles para obtener energía.

El 70% de los rayos solares que llegan a la Tierra atraviesan la atmósfera y calientan su superficie. El otro 30% son reflejados y vuelven al espacio. Para mantener el equilibrio energético en la naturaleza, cuando la superficie de la Tierra se calienta genera una nueva radiación, fundamentalmente en la banda infrarroja. Los GEI presentes en la atmósfera la absorben en un 83% incrementando el calentamiento de nuestro planeta. El otro 17% se pierde en el espacio. Entre los GEI, el vapor de agua y las nubes representan el 90% de la capacidad de la atmósfera para retener el calor. El CO_2 representa un 7%. Los GEI juegan por tanto un papel fundamental en el balance energético de nuestro planeta.[289]

El alarmismo climático se fundamenta en que la actividad del ser humano incrementa la cantidad de GEI en la atmósfera, afectando al balance energético e incrementando la temperatura de la Tierra. Esto modifica el clima y pone en riesgo a los ecosistemas y seres vivos que los habitan. Por tanto, hay que tomar medidas urgentes para reducir las emisiones de los GEI debidas a la actividad humana.

En respuesta al alarmismo climático, los políticos europeos han generado durante las últimas décadas una profusa y compleja legislación que da soporte a un intrincado sistema de impuestos, subvenciones e intereses cruzados. Desde hace años esta legislación condiciona, entre otros, la política energética, la política fiscal y económica, el gasto público, los gastos operativos e inversiones industriales, etc., representando un elevadísimo coste para todas las empresas y ciudadanos. Otros países del mundo también están comprometidos con la reducción de emisiones, pero sus objetivos y plazos de ejecución son distintos tratando de compaginarlos con sus planes de crecimiento económico, progreso y bienestar.

La mayor parte de los rayos solares que llegan a la Tierra –70%– atraviesan la atmósfera y calientan la superficie. El proceso genera una radiación, fundamentalmente en la banda infrarroja. Aunque una porción de esta vuelve al espacio, los gases de efecto invernadero absorben la mayor parte –83%– incrementando el calentamiento. El proceso evita grandes diferencias de temperatura entre el día y la noche, haciendo posible la vida en la Tierra tal y como la conocemos.
Gráfico de elaboración propia.

Los resultados logrados hasta ahora son bastante agridulces. La UE es líder mundial en reducción de emisiones de GEI, pero en el resto de los países las emisiones continúan creciendo fuertemente. Para los políticos europeos los logros alcanzados no son suficientes y definen nuevas regulaciones cada vez más ambiciosas y restrictivas que afectan transversalmente a todos los sectores económicos. De hecho, alcanzar en Europa la neutralidad climática en las emisiones de CO_2 en el año 2050, es un objetivo jurídicamente vinculante establecido por la Ley del Clima[290] europea.

La política energética europea, errática y descoordinada, añade complejidad a la hora de afrontar las consecuencias de las nuevas regulaciones. La UE depende energéticamente de terceros y en la mayoría de los países comunitarios los combustibles fósiles siguen siendo la principal fuente de energía. Y por si fuera poco sufrimos una pandemia global, seguida de una guerra en el corazón de Europa y una profunda crisis energética y económica que afecta a muchos estados. Este es el complejo escenario al que hacen frente todos los ciudadanos europeos, entre ellos los lideres de las empresas que operan en los distintos sectores económicos.

Los acuerdos internacionales sobre el medioambiente

Veamos algunos de los principales hitos históricos que nos han conducido a la situación actual. Bajo el liderazgo de la ONU, a lo largo de los últimos años se han coordinado distintas iniciativas para reducir las emisiones de los GEI que tienen su origen en la actividad humana.[291] Estas medidas se han plasmado en diversos acuerdos internacionales.

- En 1972 tuvo lugar la "Cumbre de la Tierra de Estocolmo", en la que se plantearon problemas como la contaminación transfronteriza o la degradación ambiental.
- En 1979 se celebró la "Conferencia Global del Clima de Ginebra". Por primera vez se asumió el cambio climático como un problcma real y grave que requería una investigación a fondo.
- En 1987, en Montreal, se firmó el primer gran acuerdo medioambiental patrocinado por la ONU que permitiría la eliminación de los gases clorofluorocarbonados.
- En 1992 se firmó el "Convenio Marco de las Naciones Unidas sobre Cambio Climático" (CMNUCC). Su objetivo principal fue estabilizar las concentraciones de GEI en la atmósfera para facilitar la adaptación de los ecosistemas de la Tierra al cambio climático. Se decidió no considerar el vapor de agua en las medidas a tomar para alcanzar el objetivo. Recordemos que el vapor de agua es el gas más importante y que más influye en el efecto invernadero. El convenio entró en vigor en el año 1994. Desde entonces las partes firmantes, países con diferentes obligaciones según su grado de desarrollo, se reúnen anualmente en la denominada "Conferencia de las Partes" −COP en inglés−, con el fin de mantener vivos los esfuerzos internacionales por resolver los problemas del cambio climático.
- Tras la conferencia de las partes celebrada en Berlín en el año 1997 nació el "Protocolo de Kioto".[292] El 11 de diciembre de 1997, 47 países ratificaron en la ciudad japonesa un acuerdo para la reducción de las emisiones de los GEI. El objetivo fijado fue disminuir en los siguientes años un 5,2% las emisiones globales de CO_2 respecto a las realizadas en 1990. En el caso de los países

de la UE la meta de reducción se fijó unilateralmente en el 8%. Se acordó que el tratado sería de obligado cumplimiento cuando fuera ratificado por un mínimo de 55 países cuyas emisiones supusieran al menos el 55% de las emisiones de CO_2 de los países industrializados. De éstos, sólo se adhirieron al acuerdo la UE y Japón. China, Australia y Estados Unidos rechazaron comprometerse. El tratado no entró en vigor hasta el año 2005 cuando se unió Rusia.

Imágenes de la COP3 en la ciudad japonesa de Kyoto en el año 1997.
Fuente: ABC, 10-12-2017_AFP

– En 2008 los políticos de la UE acordaron unilateralmente reducir un 20%, con respecto al nivel de 1990, sus emisiones de GEI. El objetivo debía alcanzarse en el año 2020. Esta meta se alcanzó tres años antes de lo previsto.

– Las negociaciones para la extensión del Protocolo de Kioto comenzaron en 2012 con la conocida como "Enmienda de Doha" que fue adoptada en la COP18. Se prolongarían hasta el 2020 con una fuerte división entre los diferentes países participantes.

– En 2014 los políticos de la UE decidieron unilateralmente reducir sus emisiones de GEI en el año 2030, un 40% respecto al nivel de 1990.

- En la "Cumbre del Clima de Paris" de 2015 (COP21), se fraguó el pacto que sustituiría al Protocolo de Kioto tras su expiración en el año 2020.[210] Sus objetivos pasaron a ser: 1/ mantener los niveles de calentamiento global del planeta por debajo de los 2 grados centígrados de incremento respecto a las temperaturas medias de la época preindustrial −entre los años 1850 y 1900−; 2/ con la intención de llegar a un aumento máximo de 1,5 grados centígrados en el año 2100 y 3/ alcanzar en 2050 la neutralidad en las emisiones de CO_2 −es decir, que no se incrementen los niveles de CO_2 en la atmosfera debido a la actividad humana−. Estos objetivos se basaron en "El Quinto Informe de Evaluación del Grupo Intergubernamental de Expertos sobre el Cambio Climático" −"Intergovernmental Panel on Climate Change", IPCC−[293, 294] Aunque se acercaron posturas, la discrepancia entre los principales países emisores de CO_2 −Rusia, China, La India y EE. UU.− sobre cuándo y cuánto reducir las emisiones, continuaron siendo una realidad.

En 2019, adicionalmente a los objetivos de la COP21, la UE se fijó la meta de ser el primer continente climáticamente neutro en el año 2050. Para ello, en 2020 la UE acordó que sus emisiones de GEI en 2030 deberían ser un 50% de las realizadas en 1990. En junio de 2022, este objetivo de reducción en la UE pasó a ser el 55% −iniciativa denominada *Fit for 55*"−[295]

■ *El mercado de compra y venta de derechos de emisión de CO_2 en la UE*

Veamos las características principales del sistema europeo de control y reducción de las emisiones de CO_2 debidas a la actividad humana. El conjunto de impuestos, reglas y normativas se materializa en un complejo mercado de asignación, compra y venta de derechos de emisión de CO_2. Este comercio, regulado e intervenido, supone pingües beneficios para los estados que no se emplean precisamente en el control de las emisiones.[296, 297]

- En 2005 se adoptó en la UE un sistema de compra y venta de "derechos de emisión de CO_2," para la industria más contaminante −*Emissions Trading System/Scheme I* (ETS I)−. Se asignaron unos derechos y cuotas a cada estado −Plan Nacional de Asignación (PNA)−. A partir de ahí, cada país define periódicamente unos objetivos de reducción de emisiones para los establecimientos industriales más contaminantes. El mercado de compraventa de derechos funciona para las industrias bajo el principio de "quien más contamina más paga" y cada estado se beneficia de este mercado. España recauda más de 2.000 millones de euros anuales gracias a este sistema de compra y venta de derechos de emisión de CO_2.

- El control de emisiones ha ido evolucionando, por ejemplo, con la creación del mecanismo para evitar la denominada "Fuga de Carbono" –*Carbon Leakage*–. Es un sistema de subvenciones para evitar la deslocalización de ciertas industrias, definidas por la Comisión Europea, debido a la pérdida de competitividad que supone el ir reduciendo sus emisiones y encareciendo sus costes.

- Posteriormente se ha incluido en el mecanismo de control y reducción de emisiones a los establecimientos no industriales: construcción, agricultura, transporte, gestión de residuos. Es el sistema "Effort Sharing Regulation" (ESR).

- También se ha introducido el concepto de absorción o fijación del CO_2 como herramienta fundamental para reducir el impacto de las emisiones de este gas. Los océanos y los bosques fijan continuamente grandes cantidades del CO_2 atmosférico de forma natural. Recordemos que el carbono es un elemento esencial para la vida, encontrándose presente en la gran mayoría de las estructuras celulares de todos los seres vivos. Las acciones humanas que favorezcan la fijación natural del CO_2 en los ecosistemas –sumideros de carbono– comienzan a potenciarse y a considerarse en el balance de emisiones de países y establecimientos. Existen también proyectos de captura y almacenamiento de CO_2 con nuevas tecnologías. Son tecnologías caras y pendientes de un desarrollo eficaz que evite efectos colaterales en el medioambiente y el clima. En este marco se han publicado en el año 2023 las normas sobre el "Uso de la Tierra" –"Regulation on GHG emissions and removals from land use, land use change and forestry (LULUC)–.[262]

- La revisión en el año 2023 del sistema ETS II ha introducido el concepto "Carbon Border Adjustment Mechanism" (CBAM) como una vía para acabar con el sistema de derechos de emisión gratuitos por países y también para evitar la "fuga de carbono". El ETS II ha incrementado los objetivos de reducción de emisiones de GEI para las industrias afectadas.

En paralelo se han desarrollado multitud de diferentes reglamentos y leyes relativas a tecnologías de bajas emisiones de carbono, captura y utilización de emisiones de CO_2,[298] almacenamiento geológico de CO_2,[299] potenciación de las energías renovables, introducción del coche eléctrico, mejoras para el almacenamiento de energía procedente de fuentes renovables, etc.[300]

Bajo el paraguas la "Agenda 2030"[161] de Naciones Unidas y del "Pacto Verde Europeo"[264] –*Green Deal*–, se siguen desarrollando diferentes directivas que mantienen una relación indirecta con la compraventa de derechos de emisiones de CO_2. Muchas de estas regulaciones afectan a complejos retos en una amplia variedad de sectores económicos, como la Ley del Clima[290], "De la Granja a la Mesa"[263] –*Farm to Fork*–, "Biodiversidad"[261], "RED III"[301], "Economía Circular"[302], etc. Todas estas leyes tienen un impacto importantísimo en la actividad económica y en la vida de los ciudadanos europeos.

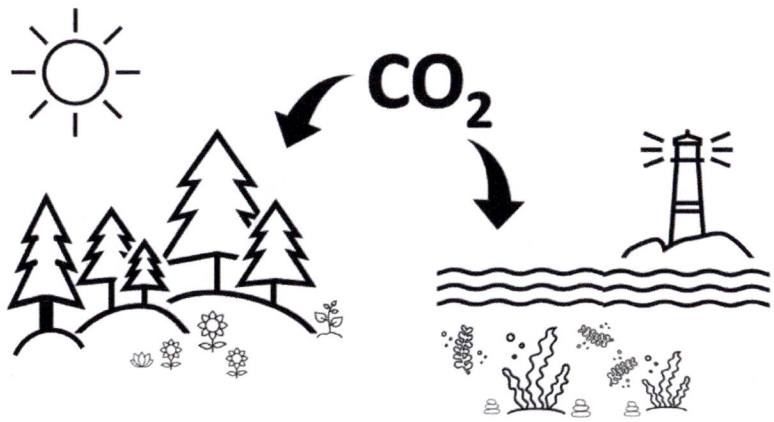

Los bosques y los océanos son los principales "sumideros de carbono". Grandes cantidades de CO_2 son incorporadas a la estructura de plantas y fitoplancton mediante la fotosíntesis. Es un proceso complejo y estacional. En los bosques del hemisferio norte se absorben grandes cantidades de CO_2 atmosférico en primavera.
Gráfico de elaboración propia.

■ Los cambios en el clima a lo largo de la historia

El clima de la Tierra cambia constantemente debido a múltiples factores. Nuestro planeta tiene unos 4.500 millones de años. Las primeras formas de vida aparecieron hace 3.800 millones de años. La atmósfera terrestre se fue formando y evolucionando a lo largo de millones de años. Su composición y la temperatura en la superficie de la Tierra no han hecho más que cambiar. Esos cambios del clima han posibilitado, junto con otros múltiples factores, la evolución de las distintas especies animales y vegetales a lo largo de millones años. En ese proceso muchos seres vivos han desaparecido, se extinguieron y tenemos constancia de ellos por los restos fósiles que han llegado hasta nuestros días. La extinción y aparición de nuevas especies es inherente a la evolución. La vida en la Tierra es un continuo cambio al que los seres humanos no somos ajenos.[303]

Una de las evidencias más palpables de los cambios climáticos a lo largo de la historia son las glaciaciones. Durante una glaciación el hielo de los casquetes polares y glaciares se extiende y ocupa vastas áreas de la superficie terrestre, coincidiendo con una severa bajada de las temperaturas. A lo largo de la historia de nuestro planeta ha habido diversas glaciaciones. Durante el "Periodo Criogénico", que comenzó hace 715 millones de años y finalizó hace 635, se sucedieron dos glaciaciones: la de Sturt y la de Marinoana. En esta época hubo temporadas en las que prácticamente toda la superficie de la Tierra quedó cubierta de hielo. Por otro lado, en los periodos interglaciares hubo épocas de altas temperaturas en las que el hielo desapareció casi completamente de la superficie terrestre. Hay evidencias geológicas, paleontológicas -fósiles- y químicas que permiten estudiar estos eventos naturales del pasado.

La glaciación de Würm, hace doce mil años, fue la última conocida. Tras ella se produjo la Revolución neolítica. Los humanos dejamos de ser cazadores recolectores y comenzamos a vivir en las ciudades. Surgieron las primeras civilizaciones. Doce mil años no son prácticamente nada si los comparamos con los transcurridos desde que surgió la vida en la Tierra. Aun así, considerando únicamente ese pequeño espacio de tiempo, podemos constatar cambios importantes en el clima que afectaron a nuestros antepasados en amplias regiones de nuestro planeta. Veamos tres ejemplos.

Al final de la Edad de Bronce, la caída del Imperio hitita, la desaparición de la cultura micénica y el declive del Imperio nuevo de Egipto coincidieron con la entrada en el Mediterráneo de los llamados Pueblos del Mar, concretamente entre los años 1208 y 1176 a.C. La famosa Batalla del Delta del Nilo, la primera contienda naval de la que existen registros históricos, enfrentó a las tropas del faraón Ramsés III con estas hordas cuyo origen estuvo en una amplia zona geográfica alrededor del Mar Negro. La victoria de los egipcios quedó grabada en los magníficos murales exteriores del templo de Medinet Habu. Según las investigaciones de antropólogos como Eric H. Cline e Isabel Kershner, entre otros, estos hechos coincidieron con largos años de sequía y falta de lluvias.[304, 305] Los cambios en el clima pudieron ser el origen de las migraciones de los Pueblos del Mar que causaron el denominado "Colapso de la Edad de Bronce".[306]

Los antropólogos e historiadores denominan como "Periodo Cálido Medieval" a un intervalo de tiempo de unos cuatrocientos años, entre el s. X y el s. XIV, durante el cual las temperaturas medias fueron más cálidas que en años precedentes y posteriores. Este periodo coincide parcialmente con un máximo de actividad solar entre los años 1100 y 1250. Un ejemplo de las consecuencias de este clima más benigno es que el cultivo de la vid se extendió desde el Mediterráneo hacia el norte de Europa, como lo confirman los restos vegetales encontrados en zonas de Inglaterra y latitudes septentrionales del continente europeo. Los registros geológicos de sedimentos fluviales también confirman este significativo aumento de las temperaturas en la parte más occidental de EE. UU., Canadá y Groenlandia. Otras evidencias geológicas y paleontológicas, encontradas en Australia, Japón, África ecuatorial y la Antártida, vienen a confirmar ese incremento de las temperaturas entre la Alta y Baja Edad Media.[307, 308, 309]

Las temperaturas descendieron significativamente tras estos años cálidos, dando paso a un periodo conocido como la "Pequeña Edad de Hielo" entre los s. XV y s. XIX. Existen pruebas inequívocas que lo confirman, como el avance de los glaciares en todas partes del mundo.[310]

Sin negar estas evidencias históricas de los cambios en el clima durante la Edad de Bronce, Edad Media y Edad Moderna, algunos expertos las restringen a zonas geográficas amplias del planeta, pero no globales. Por el contrario, argumentan que el período más caluroso de los últimos dos milenios ocurrió durante el s. XX en más del 98% de la Tierra. Con ello ponen encima de la mesa un argumento más sobre la influencia de la actividad humana en el calentamiento del planeta.[311, 312]

No debemos olvidar que los registros de temperaturas anteriores al año 1850 son escasos y se basan fundamentalmente en correlaciones a partir de diversos datos locales como muestras testigo de hielo glaciar, sedimentos, restos vegetales, maderas y troncos de árboles, composición de estalactitas y estalagmitas, etc. Hasta el año 1950 la representatividad global de los registros de temperatura disponibles es más que cuestionable para muchos expertos. Este es un obstáculo para definir con precisión el alcance más o menos global de los frecuentes cambios en el clima terrestre del pasado.

■ Los datos sobre las emisiones de gases de efecto invernadero (GEI)

Veamos la situación actual en relación con las emisiones europeas de GEI debidas a la actividad humana.[313] Según la Agencia Europea del Medioambiente (AEMA), sin considerar el vapor de agua, en 2019 en Europa el 77,10% de las emisiones antropogénicas de GEI estaban relacionadas con la producción de energía, el 9,10% con la industria y el uso del producto, el 10,55% con la agricultura y el 3,32% con la gestión de los residuos.

Según la misma fuente –AEMA–, el 80% de las emisiones de GEI por la actividad humana, excluido el vapor de agua, fueron de dióxido de carbono (CO_2), el 11% de metano (CH_4) y el 6% de óxido nitroso (N_2O).

El problema de las emisiones antropogénicas de GEI, en la UE y en la mayoría de los países del mundo, está por tanto muy centrado en las emisiones de CO_2 para producir energía. Aunque no se deben olvidar las emisiones de CH_4 que siendo mucho menores en cantidad tienen un efecto invernadero superior al del CO_2 debido a las características físicas de la molécula de CH_4.

Revisemos los datos de emisiones totales de CO_2 por generación de energía, proporcionados por la Agencia Internacional de la Energía (AIE) en su informe "World Energy Outlook 2023".[314A] Las emisiones de CO_2 han alcanzado el mayor nivel de la historia en 2022. Según la AIE, en el escenario actual, dichas emisiones continuarán creciendo hasta alcanzar un máximo y comenzarán a decrecer antes del año 2030.

Recordemos que los gases mayoritarios en la atmósfera terrestre suponen el 99,95% de su composición. Son el nitrógeno (78%), el oxígeno (21%) y el argón (1%). El CO_2 es un gas minoritario en la capa de aire que rodea nuestro planeta, supone alrededor del 0,03% del total.

En cifras globales, en la atmósfera hay unos 3 billones de toneladas de CO_2, distribuidas de una manera bastante regular.[315] Las emisiones humanas de CO_2 al generar energía en 2022 supusieron un 1,2% del total de CO_2 presente en la atmósfera. Considerando otras emisiones distintas a la generación de energía, podemos concluir que las emisiones anuales de CO_2 debidas a la actividad humana suponen entre el 1,2% y el 1,5% del total de CO_2 presente en la atmósfera. Parece una cifra pequeña, pero el problema es que las emisiones humanas de CO_2 tienen un efecto acumulativo en la atmósfera dada la persistencia de esta molécula en la naturaleza. En 1750 se estima que había unas 280 partes por millón (ppm) de CO_2 en la atmosfera. En el año 2023 alcanzamos las 425 ppm. Hay que tener en cuenta que a medida que aumenta la concentración de CO_2 la capacidad de retención de calor de cada molécula disminuye logarítmicamente.[316] No obstante, estos incrementos tan rápidos son preocupantes. En el pasado hubo niveles de CO_2 en la atmósfera terrestre muy superiores a los actuales, debido fundamentalmente a la actividad volcánica. Esas acumulaciones se produjeron de manera natural y no por la influencia humana, pero fue a lo largo de periodos de tiempo muy diferentes a los actuales. Según los especialistas en paleontología y climatología Ellen Thomas y James Zachos esto es lo que sucedió hace 56 millones de años, al inicio de la actual era cenozoica. Fue el denominado "Máximo Térmico del Paleoceno-Eoceno". Como consecuencia se produjo un calentamiento en nuestro planeta de 5 a 10ºC, desaparecieron los casquetes polares, las junglas tropicales se adueñaron del planeta y se produjo un incremento en la acidez de los océanos que afectó especialmente a los microorganismos acuáticos, provocando la extinción de diversas especies marinas. Estos efectos perduraron entre 100.000 y 200.000 años.[317, 318]

Tras un esfuerzo muy importante a lo largo de los últimos tiempos, en 2022 las emisiones de CO_2 de la UE representaron únicamente el 7,2% de las emisiones totales en el mundo. Es decir, las emisiones anuales de la UE suponen hoy en día alrededor del uno por mil de todo el CO_2 que hay en la atmósfera. La reducción de emisiones de GEI es necesaria, hay que ser generosos y dar ejemplo, pero ¿qué impacto real en el clima tiene la costosísima tarea, impuesta por los políticos europeos a sus ciudadanos, de reducirlas al 55% en el año 2030 –respecto a 1990– y alcanzar la neutralidad en 2050? ¿Y que coste supone ese esfuerzo para la competitividad futura de la economía de la UE?

Emisiones totales de CO_2 (millones de toneladas).

Fuente: IEA, 2023[294A]

	Datos históricos			Escenario A		Escenario B	
	2010	2021	2022	2030	2050	2030	2050
Total mundial	32.877	36.589	36.930	35.125	29.696	30.769	12.043
Norte América	6.470	5.631	5.702	4.570	2.892	3.683	277
Estados Unidos	5.456	4.669	4.697	3.608	1.982	2.900	10
Sur y Centro América	1.153	1.185	1.178	1.205	1.333	1.044	542
Brasil	411	479	452	448	473	374	172
Europa	4.720	3.990	3.826	2.961	1.846	2.390	346
Unión Europea	3.311	2.744	2.662	1.885	882	1.515	81
África	1.168	1.364	1.385	1.468	1.991	1.328	1.171
Oriente Medio	1.637	2.056	2.119	2.333	2.737	2.151	1.816
Eurasia	2.153	2.330	2.348	2.193	2.144	2.056	1.644
Rusia	1.688	1.846	1.856	1.645	1.470	1.569	1.192
Asia Pacífico	14.450	19.051	19.260	18.982	14.883	16.788	5.269
China	8.799	12.110	12.135	11.261	6.897	9.949	1.946
India	1.685	2.462	2.627	3.252	3.363	2.875	1.481
Japón	1.201	1.057	1.062	763	442	684	42
Sudeste de Asia	1.163	1.690	1.733	2.047	2.530	1.836	987

Escenario A: considera las actuales políticas energéticas de los diferentes países y sectores.
Escenario B: considera los compromisos internacionales de reducción de emisiones de los distintos países.

Una de las medidas más polémicas puestas en marcha por los políticos europeos, en relación con la reducción de emisiones de CO_2, es la prohibición a partir del año 2035 de la venta de coches y furgonetas con motores diésel y gasolina en la UE.[319, 320] Los grandes fabricantes de automóviles han manifestado sus serias dudas sobre el futuro del coche eléctrico, pero sus voces son apagadas por el estridente discurso político y ecologista.[321] La falta de redes de repostaje, la limitada autonomía, la falta de materias primas para las baterías, el impacto medioambiental de su reciclaje, su corta vida útil y especialmente su elevado coste, son algunas de las razones que soportan las dudas de los grandes fabricantes de automóviles. Esta medida tendrá un gran impacto en la movilidad de los ciudadanos europeos. Solo los más pudientes podrán disfrutar de la libertad y calidad de vida que supone disponer de un vehículo propio.[322] ¿Es esto lo correcto? Es importante recordar que la población mundial supera actualmente los 8.000 millones de habitantes, según los datos de la ONU, y los habitantes de Europa son únicamente 450 millones. ¿Es correcto exigir este tremendo esfuerzo a los ciudadanos europeos cuando países como China, La

India e incluso EE. UU. no adquieren similares compromisos de reducción de emisiones? [323, 324]

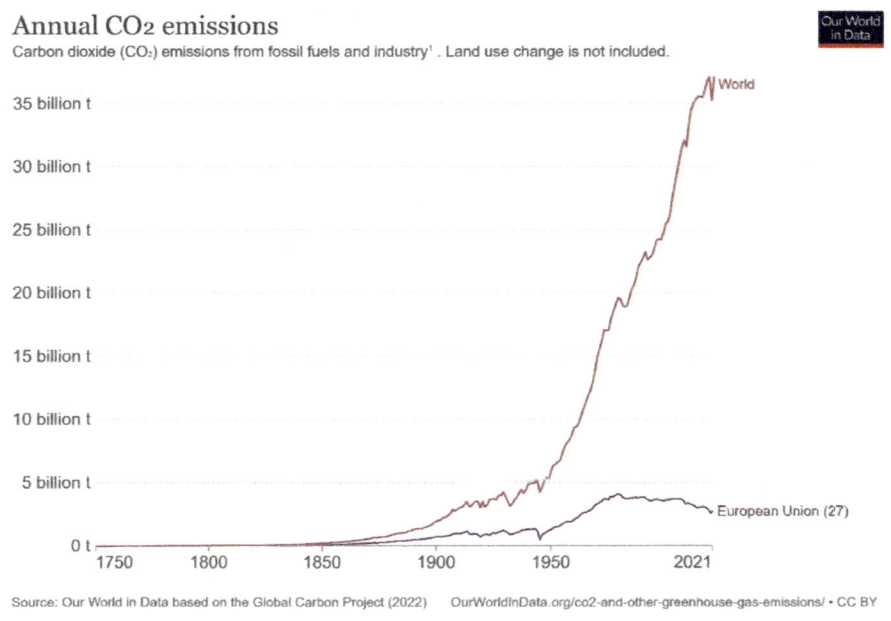

Annual CO₂ emissions

Carbon dioxide (CO₂) emissions from fossil fuels and industry¹ . Land use change is not included.

Source: Our World in Data based on the Global Carbon Project (2022)   OurWorldInData.org/co2-and-other-greenhouse-gas-emissions/ • CC BY

1. **Fossil emissions**: Fossil emissions measure the quantity of carbon dioxide (CO₂) emitted from the burning of fossil fuels, and directly from industrial processes such as cement and steel production. Fossil CO₂ includes emissions from coal, oil, gas, flaring, cement, steel, and other industrial processes. Fossil emissions do not include land use change, deforestation, soils, or vegetation.

Evolución histórica de las emisiones de CO$_2$ en la UE y en el mundo. Las emisiones mundiales aumentan y en la UE disminuyen significativamente. Ello representa un alto coste para los ciudadanos europeos y la competitividad de la economía en la UE.
Fuente: Our World in Data[325]

■ *Los efectos en el clima de las emisiones de GEI*

Todo el intrincado y carísimo sistema de control y reducción de emisiones de CO$_2$ en Europa, con las múltiples implicaciones que tiene en los distintos países a nivel de impuestos, gasto público, deuda, empleo, costes industriales, inversiones, política energética, innovación, competitividad industrial, productividad agrícola, costes de transporte, fortaleza económica, etc., se justifica por el alarmismo climático, el cual descansa bajo dos premisas:

1. Las emisiones de gases de efecto invernadero debidas a la actividad humana incrementan el calentamiento de nuestro planeta.

2. El mayor calentamiento es responsable del cambio climático y tiene unas gravísimas consecuencias en los ecosistemas y la vida en la tierra.

En el año 2013, el Grupo Intergubernamental de Expertos en el Cambio Climático −"Intergovernmental Panel on Climate Change", (IPCC)− emitió su quinto informe sobre el impacto de las actividades humanas en el cambio climático.[293] La principal conclusión fue que el cambio en el clima por el calentamiento de la Tierra es real y se incrementa debido a las emisiones de GEI generados por la actividad humana, concretamente la quema de combustibles fósiles −carbón, petróleo, gas−. El calentamiento del planeta se manifiesta en incrementos de temperatura en la atmósfera y los océanos, una disminución de la superficie helada del planeta, la subida del nivel del mar y unas mayores concentraciones de GEI en la atmósfera. Además, las emisiones humanas de CO_2 se acumulan e incrementan ligeramente la acidez del agua de los océanos.

Según las predicciones del IPCC, si no disminuyen las emisiones de GEI la temperatura en la superficie terrestre en 2100 será, probablemente, 4,0ºC superior a la temperatura actual. El calentamiento continuará durante siglos, incluso si se detienen las emisiones de CO_2, mostrando una variabilidad temporal y no será uniforme a nivel regional.[326, 327]

En cuanto a las consecuencias del cambio en el clima, para algunos son mucho más graves y extensas que las plasmadas en el quinto informe del IPCC. Existe una gran controversia y falta de rigor científico en muchas de esas predicciones. Por ejemplo, de acuerdo con la información recogida en la web oficial de la UE consultada el 12-10-2023, las consecuencias del cambio en el clima por el calentamiento de la Tierra son muy graves y se manifiestan con toda una serie de fenómenos catastróficos.[328]

"El cambio climático afecta a todas las regiones del mundo. Los casquetes polares se están fundiendo y el nivel del mar está subiendo. En algunas regiones, los fenómenos meteorológicos extremos y las inundaciones son cada vez más frecuentes, mientras que en otras se registran olas de calor y sequías. Hemos de actuar por el clima ahora, o estos efectos no harán sino intensificarse.

El cambio climático es una amenaza muy grave, y sus consecuencias afectan a muchos y muy diversos aspectos de nuestra vida. A continuación, figura una lista de las principales consecuencias del cambio climático.

- Consecuencias naturales: altas temperaturas, aumento de las sequías e incendios forestales, disponibilidad de agua dulce, inundaciones, subida del nivel del mar en zonas costeras, disminución de la biodiversidad, erosión y desaparición de suelos, disponibilidad de aguas interiores y cambios en el medio ambiente marino.

- Amenazas sociales: efectos en la salud, efectos en la población vulnerable, efectos en el empleo, efectos en la población.

- Amenazas para las empresas: infraestructuras y edificios, energía, agricultura y silvicultura, seguros, turismo, problemas transversales para las empresas.

- Amenazas territoriales: El Ártico, Norte de Europa, Noroeste de Europa, Europa Central y Oriental, Región mediterránea, ciudades y zonas urbanas, zonas de montaña".

Es, pues, patente que el cambio climático es un problema grave que nos afecta a todos. Esto puede resultar abrumador, pero también hay buenas noticias: las soluciones existen. Infórmese sobre lo que la UE hace para luchar contra la crisis climática y cómo usted también puede ayudar.

La Meteorología es la ciencia que estudia los fenómenos atmosféricos. A corto plazo estos eventos definen el tiempo en las distintas regiones del mundo. Los científicos diferencian tiempo de clima. El clima sería el conjunto de condiciones atmosféricas que caracterizan una región a lo largo de un periodo temporal. Es decir, el clima lo definen medias de datos recogidas a lo largo de muchos años. El periodo mínimo temporal para estudiar la evolución del clima es entre 10 y 30 años.

A pesar de los grandes avances científicos del s. XXI la Meteorología continúa siendo una ciencia con enormes retos, especialmente en lo relacionado con la exactitud de las predicciones. Hay multitud de factores que influyen en las predicciones del tiempo. Algunos de esos datos están interrelacionados entre sí: altitud, latitud, humedad, presión atmosférica, temperatura, viento, nubes, el mar, las corrientes marinas, los intercambios de calor entre las aguas profundas de los océanos y las aguas superficiales, el polvo en la atmósfera, la radiación solar, la actividad solar, los campos electromagnéticos alrededor de la Tierra, la inclinación del eje de la Tierra, la órbita de la Tierra, la temperatura de su núcleo, los cambios en la composición de la estratosfera, los GEI presentes en la atmósfera, la actividad volcánica, los seres vivos, etc.

La disponibilidad, fiabilidad y representatividad de las mediciones de datos que definen esos factores es un primer e importante reto para los científicos, como ya hemos mencionado anteriormente. Otra gran dificultad radica en la consistencia de los modelos matemáticos que definen las predicciones meteorológicas. Estos modelos relacionan múltiples datos utilizando complejos algoritmos que necesitan de potentes ordenadores para facilitar los cálculos. La variabilidad de las predicciones meteorológicas se incrementa en función del tiempo y datos considerados. Es decir, es mucho más fiable una predicción del tiempo para las próximas horas que para los próximos días.

Toda esta variabilidad y complejidad en las predicciones del tiempo se multiplica exponencialmente cuando tratamos de definir el clima del futuro. En las predicciones climáticas hay que asumir la evolución de las variables meteorológicas y establecer además escenarios económicos, sociológicos, demográficos, de actividad humana, etc., etc. Pequeñas variaciones en cualquiera de los escenarios asumidos tienen un fuerte impacto en los resultados. Los expertos del IPCC reconocen estas dificultades y hablan en sus informes de tendencias generales y de probabilidades en sus predicciones del clima.

Ante el alarmismo climático siempre han existido voces discordantes. Acusados de radicales y negacionistas reciben feroces críticas y son perseguidos en las redes sociales y medios de comunicación. Tres de los principales argumentos utilizados por los discrepantes son: la falta de un consenso científico sobre los efectos reales en el clima de los GEI emitidos por la actividad humana, las consecuencias reales del calentamiento en la Tierra y la falta de fiabilidad en las predicciones del clima.[329, 330, 331, 332, 333] Hay que destacar a autores como Christian Gérondeau,[334, 335, 336] Bjørn Lomborg,[337] Michael Shellenberger,[338] Hans Rosling,[339] Richard Lindzen,[340] Hugo Rubio Águila,[341] Alejandro Caiser,[342] etc.

Desde hace años, uno de los personajes más solventes y críticos con el alarmismo climático es el físico y profesor norteamericano Steven E. Koonin, Subsecretario de Ciencias en el Departamento de Energía y antiguo asesor del presidente Barack Obama.[289, 343, 344] Para Koonin los datos sobre las emisiones de GEI y los modelos predictivos sobre las temperaturas y el clima no son fiables. Koonin no niega el calentamiento actual de la Tierra ni la influencia que puede llegar a tener la actividad humana en el clima, pero relativiza el alcance real del impacto humano, así como el enorme coste y dudoso efecto de las medidas para reducir las emisiones de GEI. También cuestiona la influencia humana en inundaciones, incendios, tornados, ciclones y otros fenómenos meteorológicos extremos, plagas, pandemias, falta de alimentos y muertes humanas relacionadas con el clima. Para Koonin y otros muchos, el apocalipsis climático es un relato político y no científico.[345, 346] Las críticas hacia las tesis de Koonin son múltiples y apasionadas, aunque muchas se limitan a cuestiones de forma o a temas puntuales.[347, 348, 349]

Explosión del volcán Hunga Tonga-Hunga Ha'apai el 15-01-2022.
Fotografía: Universidad de Chile.
www.bachillerato.uchile.cl/destacados/las-caracteristicas-unicas-de-la-erupcion-volcanica-ocurrida-en-tonga/

Baste un ejemplo para constatar la dificultad técnica que supone valorar los efectos en el clima de las emisiones de GEI debidas a la actividad humana. El 15 de enero del año 2022 se produjo en el océano Pacífico la violenta erupción del volcán Hunga Tonga Hunga-Ha'Apai.[350, 351] Se trata de un volcán submarino cuyo foco está localizado a más de 3.000 metros de profundidad en el fondo del océano. Su repentino despertar provocó, entre otras cosas, la emisión a la atmósfera de una ingente cantidad de vapor de agua, cenizas y todo tipo de gases. Según las primeras estimaciones de los científicos de la NASA, el vapor de agua generado por esta erupción –146 millones de toneladas– supone un 10% de todo el vapor de agua presente en la atmósfera.[352]

Algunos expertos opinan que únicamente esta emisión natural va a provocar, entre otros efectos, un incremento de la temperatura media en la Tierra que se prolongará a lo largo de los próximos cinco a diez años.[353, 354] Las altas temperaturas del 2022 en todo el mundo parecen estar relacionadas con esta erupción volcánica según otras fuentes. Se desconoce el efecto que pueda provocar sobre otros GEI emitidos por el hombre y presentes en la atmósfera, así como en la formación de nubes. Esta erupción interferirá durante los próximos años en cualquier cálculo del impacto en la temperatura terrestre de las emisiones de los GEI debidas a la actividad humana. Y ello a pesar de que la persistencia del vapor de agua en la atmósfera es menor que la del CO_2 y que los técnicos del IPCC utilizan promedios de 30 años en los cálculos de las temperaturas medias globales para establecer las diferencias. Hay que recordar que el vapor de agua y las nubes son responsables del 90% de la capacidad de la atmósfera para retener el calor -efecto invernadero-.

Capítulo 13.

Sostenibilidad, energía y progreso social

"Para hacer que una lámpara esté siempre encendida, no debemos dejar de ponerle aceite"

Teresa de Calcuta (1910-1997), albanesa. Fundadora de las Misioneras de la Caridad en Calcuta (India).

En el s. XXI es imprescindible que todos los habitantes de la Tierra nos impliquemos en proteger el medioambiente. Hay que reducir el impacto cada vez mayor de la actividad humana en la naturaleza. Pero al mismo tiempo, no podemos renunciar en Europa a tener unos sectores productivos competitivos y con futuro. Para ello hay que disponer de energía abundante, segura y económica. Además, debemos incrementar la eficiencia en la generación y el uso de esa energía. Los objetivos de reducción de emisiones de CO_2 definidos por los políticos y la ausencia de una estrategia energética coordinada tienen un coste elevadísimo para todos los europeos. También suponen un riesgo cierto para la competitividad futura de la economía de la UE, el progreso y el bienestar de sus ciudadanos. Los líderes empresariales no pueden permanecer impasibles ante esta realidad, aunque los políticos traten de ignorarla. Las soluciones no son fáciles.

■ *La reducción de emisiones de CO_2 y sus implicaciones en la oferta y el consumo de energía en el mundo*

¿Cómo conseguir reducir las emisiones de CO_2 y al mismo tiempo asegurar la disponibilidad de energía que asegure el crecimiento y el progreso económico en los distintos países? Este es quizás unos de los dilemas más importantes y complejos que afronta la humanidad en estos momentos.

La población mundial alcanzó los 8.000 millones de personas en 2022 y según las estimaciones de la ONU se espera que para finales del s. XXI superemos ampliamente los 10.000 millones.[174] Para asegurar el crecimiento de la economía y el progreso de la humanidad se requiere disponer de energía abundante, segura y económica. Para poder reducir las emisiones de CO_2, debidas a la generación de energía, hacen falta grandes inversiones que permitan aumentar la capacidad de generación de energías "limpias" −que generen menos CO_2− e incrementar la eficiencia energética −producir más riqueza utilizando menos energía−.[355, 356]

Gramos de CO_2 emitidos por cada Kilovatio hora producido por distintas fuentes de energía.

Fuente: IPCC 2014. AR5 Climate Change 2014: Mitigation of Climate Change[293]

Eólica terrestre	11 gr CO_2/KWh
Eólica marina	12 gr CO_2/KWh
Nuclear	12 gr CO_2/KWh
Hidráulica	24 gr CO_2/KWh
Solar térmica	27 gr CO_2/KWh
Solar fotovoltaica	45 gr CO_2/KWh
Biomasa	230 gr CO_2/KWh
Gas Natural (ciclo combinado)	490 gr CO_2/KWh
Carbón	820 gr CO_2/KWh

En su informe anual "World Energy Outlook 2023", la Agencia Internacional de la Energía ha desarrollado tres escenarios para analizar la oferta y el consumo futuro de energía en el mundo, en función de los planes y objetivos de reducción de emisiones de CO_2 definidos en los diferentes países.[314]

Escenarios futuros de oferta y consumo total de energía en el mundo (EJ) (1 EJ=10^{18} julios).

Fuente: IEA, 2023[294A]

		2022	2030	2040	2050
Escenario A	Oferta de Energía	632	668	692	725
	Consumo de Energía	442	482	509	536
Escenario B	Oferta de Energía	632	628	612	623
	Consumo de Energía	442	451	433	429
Escenario C	Oferta de Energía	632	573	528	541
	Consumo de Energía	442	406	360	343

Escenario A: considera las actuales políticas energéticas de los diferentes países y sectores económicos.
Escenario B: considera los compromisos internacionales de reducción de emisiones de los distintos países y sectores económicos.
Escenario C: considera emisiones netas cero en la generación de energía para el año 2.050 y acceso universal a la energía en el año 2.030 de acuerdo con los ODS establecidos por Naciones Unidas.

Lo primero que podemos observar en los resultados del estudio es que los actuales compromisos internacionales de reducción de emisiones de CO_2 −escenario B− suponen una congelación de la oferta y del consumo de energía en el mundo. En el hipotético caso de alcanzar la neutralidad en las emisiones de CO_2 para el año 2050 –escenario C–, sería necesario disminuir tanto la oferta de energía como el consumo. ¿Es esto compatible con el progreso de la humanidad?

Asegurar el progreso de la humanidad en estos escenarios solo sería posible si se incrementaran brutalmente tanto las inversiones en el consumo eficaz de la energía como las inversiones en nuevas plantas de generación de energías limpias. Además deberían desarrollarse ciertas tecnologías que en este momento no lo están. Las inversiones en nuevas instalaciones de generación son tremendas, dado que la menor disponibilidad de las energías limpias hace que se disparen las necesidades de potencia instalada. ¿Es razonable ese tremendo esfuerzo inversor?, ¿es factible realmente?, ¿es lo más ético?, ¿por qué los políticos no hablan de esta realidad?[357, 358]

Según Manuel Fernández Ordóñez, experto en física nuclear, "...*para cumplir con los objetivos de descarbonización en el año 2050, es decir, cero emisiones en ese año habría que instalar cada día 1,5 millones de paneles solares durante los próximos 11 años. O construir una central nuclear cada 19 días durante los próximos 11 años. Es decir, un absurdo*"[359]

La Confederación Española de Organizaciones Empresariales (CEOE), en su informe de marzo de 2022 postula: "*Para que la transición energética tenga éxito, debe conjugar la lucha contra el cambio climático con el mantenimiento de la competitividad de las empresas y los puestos de trabajo que éstas generan, a la vez que combate la pobreza energética y garantiza la seguridad de suministro. En definitiva, para que las medidas del "Fit for 55" gocen de una amplia aceptabilidad, deben fomentar una transición hacia la neutralidad climática que sea económica y socialmente viable".*[360]

Como refleja el informe de la AIE, en el escenario actual –A– el consumo de energía en el mundo se incrementará un 21,2% de cara al 2030.[314A] Así es como se ha producido el desarrollo de la humanidad hasta ahora. Desde la Revolución industrial del s. XIX, todo el crecimiento de la riqueza en el mundo ha estado ligado al incremento en la oferta y el consumo de energía. El papel de los combustibles fósiles ha sido fundamental para el progreso de la humanidad. Gracias a estos avances se han desarrollado, por ejemplo, nuevas tecnologías que han permitido mejorar los sistemas de alerta y gestión de catástrofes naturales. Esta innovaciones han permitido que el número de fallecidos en nuestro planeta por estas causas se redujera casi tres veces, entre los años 1970 y 2019, pasando de 50.000 en la década de 1970 a menos de 20.000 en la de 2010.[361, 362] ¿Qué consecuencias tendría renunciar al desarrollo económico y al progreso social para reducir las emisiones de los GEI? ¿No serían mayores los perjuicios para los habitantes del planeta?

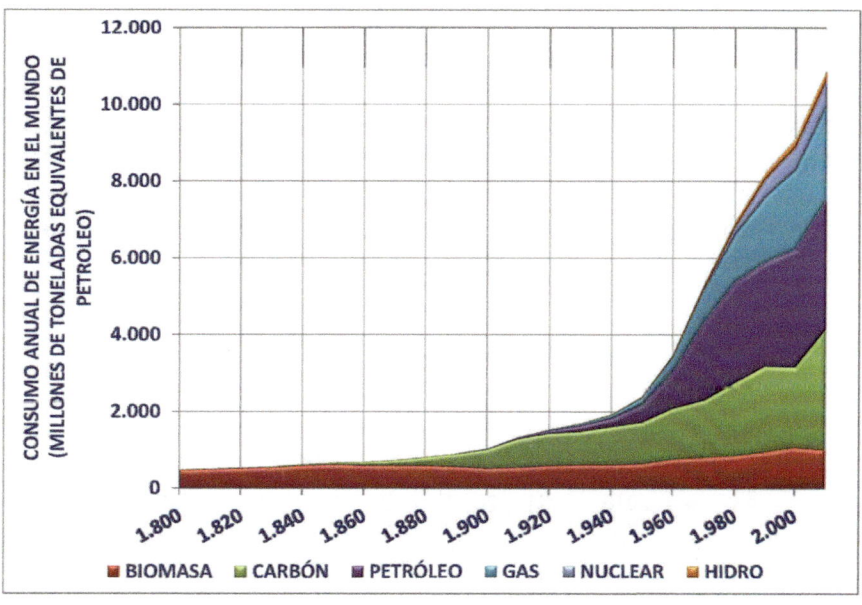

Evolución histórica del consumo de energía en el mundo.
https://aguaenergiadecrecimiento.wordpress.com/2017/10/09/la-nuclear-el-eslabon-perdido-de-la-energia/

■ Las distintas fuentes de energía en el s. XXI

Conozcamos mejor las distintas fuentes de energía que existen actualmente en el mundo y como evolucionarán porcentualmente en los próximos años, teniendo en cuenta las políticas energéticas y los compromisos de reducción de emisiones de los distintos países.

Las fuentes renovables son esenciales para satisfacer las necesidades energéticas de los distintos países en los próximos años. Las proyecciones actuales de la AIE, en el caso de que todos los países del mundo cumplan con sus compromisos de reducción de emisiones –escenario B–, atribuyen a las renovables el 52% de la oferta de energía en el mundo en el año 2050.[314A] Pero las energías renovables, excepto la obtenida a partir de residuos biológicos, que es minoritaria, necesitan del respaldo de otras fuentes que puedan generar energía de forma estable.[363, 364] Sin ese soporte se producirían, entre otros problemas, apagones y cortes temporales de suministro. Las fuentes hidráulica, eólica y solar no generan energía de forma continua. Su disponibilidad a lo largo de un año es muy reducida comparada con otras fuentes. Ello obliga a grandes inversiones en potencia instalada lo que es muy caro y poco eficiente. Con los conocimientos actuales la energía solo puede ser almacenada en pequeñas cantidades. Las pilas para almacenar energía son caras y requieren para su fabricación de minerales escasos y costosos de obtener. Además, su reciclaje supone un reto y un coste muy importante.[365] Este es un problema determinante para llegar al 52% de oferta de energía renovable, por mucho que avance la tecnología y la eficiencia en las nuevas baterías. ¿Es realista esta proyección?

Oferta de energía en el mundo (EJ)
(1 EJ=10^{18} julios).
Fuente: IEA, 2023[314A]

	Datos históricos			Escenario A (%)			Escenario B (%)		
	2010	2021	2022	2022	2030	2050	2022	2030	2050
Total oferta energía	541	624	632	100	100	100	100	100	100
Renovables	43	71	75	12	18	31	12	23	52
Solar	1	5	7	1	3	10	1	4	17
Eólica	1	7	8	1	3	6	1	4	11
Hidráulica	12	15	16	2	3	3	2	3	4
Residuos bio	26	38	40	7	8	10	7	11	16
Otras	3	5	5	1	1	2	1	1	4
Biomasa	25	24	24	4	3	2	4	1	1
Nuclear	30	31	29	5	6	7	5	6	9
Gas Natural	115	147	145	23	22	20	23	22	13
Petróleo*	173	182	187	30	29	26	30	28	16
Carbón	153	167	170	27	22	14	27	20	7

*Petróleo para generar energía. (Alrededor del 6% de la oferta mundial de petróleo no se utiliza en generación de energía)

Escenario A: considera las actuales políticas energéticas de los diferentes países y sectores económicos.

Escenario B: considera los compromisos internacionales de reducción de emisiones de los distintos países y sectores

Las energías eólica y solar requieren de una alta potencia de generación instalada, como comentamos anteriormente. Ese exceso de potencia instalada plantea problemas técnicos adicionales en momentos de alta producción: limitaciones en el vertido a la red de la energía generada, desconexiones de las plantas generadoras, disminución de los precios de la electricidad, etc.[366, 367] Ello puede afectar gravemente a la rentabilidad financiera y a la seguridad jurídica de los proyectos de inversión. Algunos técnicos plantean utilizar el exceso de energía renovable, en momentos puntuales, para producir hidrógeno o generar energía hidráulica −bombeando agua de nuevo a las centrales hidroeléctricas−. Estas propuestas requerirían de fuertes inversiones adicionales y serían también muy complejas de gestionar. Por otro lado, el exceso de potencia instalada incrementa la necesidad de grandes superficies de terreno, en zonas adecuadas, para la construcción de parques que permitan su generación.[368] Y esto supone un impacto medioambiental muy importante que no puede obviarse. En España, el gobierno eliminó en 2023 los estudios de impacto ambiental obligatorios, hasta esa fecha, para la aprobación de proyectos de energías renovables, excepto en zonas protegidas.[369] Es una contradicción tremenda argumentar razones ecológicas para promover las renovables y no considerar adecuadamente su importante impacto ambiental. Esta y otras muchas regulaciones que afectan a la instalación de nuevos parques de generación de energía eólica y solar favorecen la corrupción y la especulación, lo que al final repercute de una u otra manera en los costes y la factura que paga el consumidor.[370] Además, las placas fotovoltaicas y los generadores eólicos tienen una vida útil limitada por lo que al cabo de ese tiempo deben ser reemplazadas y sometidas a un complejo proceso de reciclaje.[371, 372, 373]

Últimamente se habla mucho de la importancia que puede tener en el futuro la energía obtenida a partir de la combustión de hidrógeno. La combustión del hidrógeno no genera CO_2 sino vapor de agua −que por otro lado es un GEI−. En principio sería una energía limpia. Decimos en principio porque para obtener hidrógeno se requieren grandes cantidades de energía y agua. Según el origen de esa energía se habla de hidrógeno verde −obtenido a partir de energías renovables− o de hidrógeno sucio −obtenido a partir de combustibles fósiles−. Este es el gran obstáculo hoy en día, las enormes cantidades de energía que requiere la producción de hidrógeno. Además, su transporte y distribución carece de infraestructuras y presenta algunos retos técnicos.[374, 375, 376] Otras energías de futuro son la geotérmica[377] y la fusión nuclear[378, 379]. Aunque su potencial desarrollo facilitaría disponer de unas fuentes de energía prácticamente inagotables, la tecnología actual no permite una utilización significativa en los próximos años.[380]

No debemos olvidar las grandes ventajas de la energía derivada de la fisión nuclear. Especialmente con las nuevas tecnologías que permiten una mayor eficiencia en el reciclaje de los residuos radiactivos y la construcción de reactores nucleares modulares, más pequeños, seguros, potentes, versátiles y económicos. De hecho, mientras China está ya construyendo 150 nuevas plantas nucleares convencionales[381] para tenerlas operativas en el año 2035, EE. UU. quiere construir 300 reactores de nueva generación[382, 383], antes del 2050 y Francia ha anunciado la construcción de 14 centrales de nueva tecnología[384] antes de esa misma fecha. Incluso Japón ha reactivado su programa nuclear. Una de las mayores contradicciones de muchos políticos y de las organizaciones ecologistas, especialmente en Europa, es su rechazo a la energía nuclear. Si realmente se quieren reducir con urgencia las emisiones de CO_2, la única alternativa realmente sostenible y viable es la energía nuclear.

En cualquier caso, según las proyecciones de la AIE[314A], parece claro que a fecha de hoy ningún país puede prescindir en su "mix energético" para los próximos años de las energías fósiles: carbón, petróleo y gas natural. Con la tecnología y recursos actuales los combustibles fósiles seguirán siendo una de las fuentes de generación de energía imprescindibles en el futuro.[385, 215] ¿Cómo compaginar esta realidad con los objetivos de reducción de emisiones y el progreso social y económico de la humanidad?

■ *El coste social y económico de las políticas de la UE contra el cambio climático*

¿Cuánto cuestan a la UE sus políticas contra el cambio climático? Pues según los datos oficiales publicados por la propia UE,[386, 387] entre los años 2014 y 2020 la UE empleó el 20% de su presupuesto total en financiar estas políticas. Y tras el acuerdo de los líderes de la UE en julio de 2020, esta cifra se elevará hasta al menos el 30% del presupuesto para el periodo 2021-2027, en total 1,07 billones de euros. Pero ese dinero solo supone el 10% de la inversión necesaria para poder llevar a cabo la denominada transición energética que permita alcanzar los objetivos de reducción de emisiones establecidos en la Ley del Clima[290] europea. El 90% de los fondos restantes deben salir de los presupuestos de los países y, especialmente, de la inversión privada.[214]

Adicionalmente, un 37% de los 627.500 millones de euros pertenecientes al "Mecanismo de Recuperación y Resiliencia", para luchar contra los efectos de la pandemia Covid-19, se destinará a objetivos relacionados con el clima.

Además, los responsables políticos de la UE han creado un fondo especial, en el marco del "Mecanismo para una Transición Justa", que ha sido dotado inicialmente con 17.500 millones de euros para conseguir el objetivo de ser climáticamente neutros en 2050. En este mismo marco, las autoridades de la UE prevén movilizar unos 30.000 millones de euros a través del Banco Europeo de Inversiones (BEI). Por último, la UE y sus estados miembros son el mayor proveedor de financiación para "proteger el clima" en todo el mundo. Sus contribuciones totales ascendieron a 23.040 millones de euros en 2021, una cifra prácticamente idéntica a la del año anterior.

En la cumbre del clima celebrada en Egipto en el año 2022 −COP27−, el principal acuerdo alcanzado fue la creación de un fondo para compensar a las naciones en desarrollo por el impacto negativo del cambio climático.[388] La UE se ha comprometido a aportar recursos financieros adicionales a este fondo. China se negó a hacer cualquier desembolso.[389]

Las cifras son realmente muy importantes. Es un esfuerzo sin precedentes para todos los ciudadanos europeos. No hemos encontrado datos oficiales consolidados del coste, pero como señalábamos en el Capítulo 10 el economista sueco Bjørn Lomborg estimó en 600.000 millones de euros anuales el coste total para la UE de cumplir con los objetivos de reducción de emisiones de GEI establecidos en los acuerdos de Paris.[211, 212, 213] Silvia Ayuso, del diario El País, establece el coste anual de la transición energética europea, en el año 2023, en un billón de euros anuales −Ley del Clima[290] europea−. Un 67% más que la cifra estimada por Lomborg.[214]

■ *La política energética en los países de la UE y su coste social*

La política energética de la UE depende de cada uno de los países miembros. No hay una política energética comunitaria coordinada a pesar de que la regulación del mercado, y la promulgación de todas las leyes que le afectan, sí depende de los políticos de la UE. Esto es especialmente dramático en una Europa cuyos ciudadanos están siendo forzados a realizar un esfuerzo económico titánico para reducir las emisiones de CO_2, pero cuyos estados tienen en su mayoría un mix energético que hoy en día depende fuertemente de los combustibles fósiles.

Además, la UE necesita a terceros países para abastecerse de energía, lo que añade más complejidad y riesgo al actual escenario. Si no hay una coordinación seria y efectiva de la política energética, buscando la soberanía del continente, el riesgo de desabastecimiento y encarecimiento del suministro es brutal, con la amenaza que supone para la competitividad y el futuro bienestar de todos los ciudadanos.

Molinos de viento que eran utilizados para moler cereales, ubicados en Consuegra, provincia de Toledo. La energía eólica ha sido aprovechada por los seres humanos desde hace siglos, pero es intermitente y hoy por hoy no puede almacenarse.
Fotografía: Wikipedia CC BY 2.5

A lo largo de los últimos años los gobiernos europeos han adoptado diversas decisiones de gran calado en relación con sus políticas energéticas. Cierres de centrales nucleares, especialmente en Alemania pero también en España y otros estados; cierres de centrales termoeléctricas alimentadas con carbón, excepto en Alemania donde cada vez se genera más energía con esta materia prima; limitaciones a nuevas redes de suministro eléctrico; limitaciones a la energía hidráulica; cierres de yacimientos de gas natural; cierres de minas de carbón; prohibición del *fracking*; prohibiciones y trabas a la actividad minera en general; potenciación de las importaciones de gas natural de terceros países –Rusia fundamentalmente–; instalación de plantas de ciclo combinado alimentadas con gas natural; potenciación de energías renovables mediante subvenciones –fotovoltaica y eólica en su mayoría–, etc., etc.

Todas estas decisiones han significado una disminución acusada de la oferta de energía estable; un encarecimiento generalizado del coste energético para ciudadanos y empresas; un aumento drástico de las subvenciones que distorsionan los mercados; una disminución de la competencia y competitividad de las compañías europeas; importantes subidas de impuestos; un deterioro de la seguridad jurídica; múltiples reclamaciones legales de inversores; etc., etc. Además, han acentuado una peligrosa dependencia energética de terceros países, especialmente del gas ruso.[390]

Según el economista y experto en energía Daniel Lacalle –*El Debate*, 12 de septiembre de 2022–: *"La política europea en energía ha olvidado la seguridad de suministro y la competitividad por una planificación ideológica que ha llevado a un mix energético volátil, intermitente y de difícil planificación. Europa ha perdido más de 45TWh (tera-vatios hora) de producción estable, limpia y continua desde el año 2009, eliminando la nuclear y limitando la hidráulica. Y depende más del carbón y del gas en periodos de alta demanda. En las épocas de gas barato se rechazó invertir en seguridad de suministro y diversificación y ahora nos encontramos con el problema. Es un sistema fallido e intervenido, donde más del 75% de los costes son regulados por los gobiernos e impuestos que se imponen al mix de generación"*.[391]

Toda esta sinrazón se puso en evidencia, dramáticamente, tras la invasión de Ucrania por Rusia que comenzó el 21 de febrero de 2022. Millones de ciudadanos europeos sufrieron la amenaza de interrupciones y restricciones en el suministro eléctrico en sus hogares y negocios. Los precios de la energía, que ya venían subiendo desde hace años, se dispararon en 2022. Al igual que los derechos de emisión de CO_2. La guerra en Oriente Medio, iniciada el 7 de octubre de 2023, tras los ataques de la organización terrorista Hamas a Israel, suponen un riesgo añadido al suministro y a los costes de la energía en Europa.

Según la Agencia Internacional de la Energía, en su informe anual de 2022, los precios mayoristas de la electricidad en la UE se triplicaron en los primeros seis meses del año 2022, frente a un aumento medio del 40% en los costes de generación.[314B] Ello supone una transferencia de riqueza sin precedentes desde el bolsillo de los ciudadanos hacia las compañías eléctricas y, sobre todo, hacia las arcas de los estados, dado el importante componente fiscal de la factura eléctrica en todos los países europeos. Según los expertos, los precios de la energía en la UE, especialmente el gas natural, continuarán subiendo en los próximos años.[392, 393]

Debemos recordar que el coste de la energía en España es especialmente elevado debido al déficit de tarifa acumulado.[394] Este pasivo se genera cuando el coste de producción de la energía no se repercute totalmente en la factura por una decisión política. La deuda que deben pagar los consumidores españoles en el recibo de la luz no es culpa exclusiva de un solo partido político, pero se originó fundamentalmente entre los años 2004 y 2012. Durante esos ocho años, el gobierno del Sr. Zapatero decidió incentivar la instalación de parques fotovoltaicos retribuyendo a los inversores entre un 300% y un 575% sobre el coste de generación, en función de la potencia instalada. En ese momento, el coste de generación era muy poco eficiente al ser la fotovoltaica una energía tecnológicamente inmadura. Esas subvenciones fueron tan elevadas que provocaron un fuerte movimiento especulativo. Unos meses más tarde la ley tuvo que ser modificada, lo que provocó demandas internacionales, deterioro de la imagen de España y huida de los inversores por inseguridad jurídica.[395, 396] Según el Doctor en Física Nuclear y experto en energía Manuel Fernández Ordóñez, el peso del coste de generación de la energía en el recibo de luz que pagan los españoles es solo del 30%. El 70% restante se debe al déficit de tarifa, subvenciones e impuestos.[355]

La actual situación en relación con los elevados costes de la energía en Europa y la dependencia de terceros países condicionan no solo el bienestar de los ciudadanos sino la competitividad y el futuro de todo el tejido industrial y económico de la UE. En verano del 2022, ante la dramática situación, las autoridades europeas declararon energías limpias −verdes− a las originadas por fisión nuclear y combustión de gas natural.[397] Las autoridades alemanas han apostado por la generación de energía eléctrica con carbón y renovables.[398, 399, 400] España, al menos por el momento, mantiene el programa de cierre de centrales nucleares y confía su futuro al gas natural y las renovables.[401, 402, 403, 404, 405, 406, 407] Francia apuesta claramente por la energía nuclear. Polonia, Eslovaquia, Hungría, Finlandia e incluso Bélgica, parece que también van a potenciarla en su mix energético... Lo único en lo que coinciden todos los estados es en tratar de potenciar sus inversiones para incrementar la eficiencia energética.

Ante la gravedad de la situación en los mercados internacionales de energía, en mayo de 2022 la Comisión Europea puso marcha la iniciativa REPowerEU.[408] Los principales resultados del plan fueron la adopción de nuevas medidas para: potenciar el ahorro de energía, fomentar las energías renovables, diversificar el abastecimiento energético para no depender del gas y del petróleo rusos, y definición de topes temporales en el precio del gas en determinados países. Todo ello responde a la necesidad de impulsar la competitividad y el liderazgo industrial de la UE en el nuevo contexto energético mundial.

A pesar de estas iniciativas, los máximos responsables políticos de la UE siguen sin coordinar las políticas energéticas de los distintos países. Sin embargo, continúan incrementando las exigencias y gastos relacionados con en el alarmismo climático y extendiendo transversalmente los requerimientos a todos los sectores productivos. ¿Es lo correcto para el futuro bienestar y desarrollo económico de los europeos? [409, 410, 411]

Los europeos debemos encontrar un equilibrio entre los objetivos de reducción de emisiones de CO_2, la competitividad de nuestros sectores económicos y el progreso social de la humanidad. Como ya hemos comentado, para resolver esta complicada ecuación es imprescindible disponer de energía abundante, segura y económica. No podemos engañarnos, sin energía no hay progreso posible para un mundo cada vez más poblado. Lamentablemente, las decisiones tomadas y los objetivos en vigor actualmente, definidos por nuestros políticos a lo largo de los últimos años, no aseguran disponer de energía abundante, segura y económica en Europa:

- Los objetivos de reducción de emisiones suponen, en los distintos escenarios estudiados, un descenso en las previsiones de oferta y consumo de energía para los próximos años. Si estos objetivos se mantienen, no parece posible que vayamos a disponer de energía abundante en Europa en el futuro. Además, hay decisiones tomadas que son ya irreversibles y que condicionarán futuras rectificaciones.

- La seguridad en el suministro tampoco está garantizada en el futuro debido a las diversas y descoordinadas políticas energéticas de los distintos países europeos. A la actual dependencia exterior en el suministro de gas y petróleo, puesta en evidencia tras el comienzo de la guerra entre Rusia y Ucrania, se unen las importantes limitaciones técnicas de las energías renovables y el rechazo en varios países a la energía nuclear. En países como Alemania y España es sorprendente la contradicción que supone querer prescindir de la energía nuclear, que no produce prácticamente emisiones, y potenciar las energías altamente contaminantes basadas en la combustión del carbón y el gas natural.

- En cuanto al coste de la energía, hemos podido constatar el tremendo gasto, presente y futuro, que suponen para los ciudadanos europeos las leyes, subvenciones, impuestos, sanciones e iniciativas de financiación exterior definidas por los políticos para reducir las emisiones de los GEI. En el futuro, el coste de la energía en Europa difícilmente podrá ser competitivo respecto al coste de la energía en otras potencias mundiales.

Estas realidades ponen en evidencia los distintos intereses ideológicos, políticos y económicos, potenciados por un dogmático sentimiento de urgencia, que están en juego alrededor de la denominada transición energética. Desgraciadamente, la lucha por el poder prevalece frecuentemente en las decisiones políticas que afectan a la reducción de emisiones, la competitividad económica y el progreso social. El comportamiento de los políticos es cada vez más autoritario e intervencionista. Hay que controlar y poner límites a la acción de la clase política. Se debe recuperar la voz de los ciudadanos y de las empresas en las decisiones que afectan a su futuro. Hay que defender la actividad económica, el progreso y la libertad. Hay que analizar los problemas con rigor y profesionalidad, con mente abierta y comportamiento ético. Hay que encontrar, entre todos, el necesario equilibrio entre el progreso de la sociedad y el respeto al medioambiente. Los complejos retos que afronta la humanidad no se solucionan retrocediendo al pasado, prescindiendo del bienestar y los avances conseguidos. No hay que volver a la caverna, ni a las tesis maltusianas, ni a sufrir escasez e incomodidades como pregonan los ecologistas y políticos radicales. La innovación, la tecnología, la optimización y búsqueda de nuevos recursos, el conocimiento y el esfuerzo necesarios para encontrar soluciones se deben basar en el progreso y la libertad de las personas. No necesitamos líderes políticos visionarios y autocráticos que nos impongan sus ideas para mantenerse en el poder. Necesitamos de nuestros líderes políticos responsabilidad y hechos que produzcan buenos resultados, generen confianza y demuestren generosidad para garantizar el futuro de los países que gobiernan. Estos son precisamente los pilares del Liderazgo Basal.

Bibliografía

(1) Cosimo Chiesa de Negri. Vender es mucho más. Secretos de la fidelización en la venta. Editorial Empresa Activa, 2017.

(2) Redacción BBC News Mundo. Fin de la revolución en Rumania: la macabra historia de los huérfanos de Ceausescu y qué enseñó su tragedia a la ciencia sobre la mente de los niños. 23/12/2019. *https://www.bbc.com/mundo/noticias-internacional-50888959*

(3) Miguel Angelo Laporta Nicolelis. El verdadero creador de todo. Editorial Paidós.

(4) Luis Rojas Marcos. Eres Tú Memoria. Editorial Espasa, 2011.

(5) José Antonio Marina. Inteligencia Ejecutiva. Editorial Ariel, 2012.

(6) Maxwell Anderson. The True Story of Christopher Emmanuel Balestrero. Editorial: Warner Brothers, Burbank, CA, 1956.

(7) Herbert Brean. A case of Identity. Life Magazine, 1953.

(8) Daniel Kahneman y Amos Tverskyl. La teoría de las perspectivas, 1979.

(9) Daniel Kahneman. Pensar rápido, pensar despacio. Editorial Debate, 2012.

(10) Gordon Allport. La naturaleza del prejuicio. Editorial Universitaria de Buenos Aires, 1.971.

(11) Mahzarin Banaji, Anthony Greenwald. Blindspot: Hidden Biases of Good People. Delacorte Press, 2013.

(12) Kelly McCleary and Amir Vera. A video of black men being arrested at Starbucks. Three very different reactions. CNN, 15-04-2018. *https://edition.cnn.com/2018/04/14/us/philadelphia-police-starbucks-arrests/index.html*

(13) Eduardo Loren. La decisión de Starbucks con la que intenta revertir las acusaciones de racismo. Huffpost, 18-04-2018. *https://www.huffingtonpost.es/entry/la-decision-de-starbucks-con-la-que-intenta-revertir-las-acusaciones-de-racismo_es_5c8a8680e4b0f489d2b3aa67.html*

(14) Madison Park. What the Starbucks incident tells us about implicit bias. CNN, 18-04-2017. *https://edition.cnn.com/2018/04/17/health/implicit-bias-philadelphia-starbucks/index.html*

(15) Christine Ro. Equality Matters. The complicated battle over unconscious-bias training. BBC, 29-03-2021. *https://www.bbc.com/worklife/article/20210326-the-complicated-battle-over-unconscious-bias-training*

(16) Project Implicit. Harvard University. *https://implicit.harvard.edu/implicit/takeatest.html*

(17) J.F. Galán. "La capacidad de la memoria humana es prácticamente ilimitada". El Comercio, 24 de mayo 2013. Entrevista a Héctor Gonzá-

lez Prado. *https://www.elcomercio.es/v/20130524/aviles/capacidad-memoria-humana-practicamente-20130524_amp.html*

(18)   Paul Reber. What Is the Memory Capacity of the Human Brain? Scientific American, 1 de mayo 2010. *https://www.scientificamerican.com/article/what-is-the-memory-capacity/*

(19)   Salk News. Memory capacity of brain is 10 times more than previously thought. Salk News 20 de enero 2016.
https://www.salk.edu/news-release/memory-capacity-of-brain-is-10-times-more-than-previously-thought/

(20)   David Hutchens. De la Caverna a la Conciencia. Editorial Griker Orgemer, 2002.

(21)   Neal Stephenson. Snow Crash. Published by Bantam, New York, 1992.

(22)   Carlos Martínez Gorriarán. La verdad según Felipe González. Vozpopuli 21/10/2022. *https://www.vozpopuli.com/opinion/principito-felipe-gonzalez-cancelacion-verdad.html*

(23)   Jonathan Haidt. La mente de los justos. Por qué la política y la religión dividen a la gente sensata. Editorial Planeta, 2019.

(24)   Jonathan Haidt . La transformación de la mente moderna: Cómo las buenas intenciones y las malas ideas están condenando a una generación al fracaso. Editorial Planeta, 2019.

(25)   Alejandro Zaera Polo. La universidad de la posverdad. El mundo académico en la era de la cancelación, el pensamiento 'woke' y las políticas identitarias. Ediciones Deusto, 2022

(26)   François Michelin. Empresa y Responsabilidad. Conversaciones con Iván Levai e Yves, Messarovitd. Encuentro Ediciones, 1999.

(27)   Enrique Rojas. Todo lo que tienes que saber sobre la vida. Editorial Planeta, 2020.

(28)   William Stern. The Psychological Methods of Intelligence Testing. Nabu Press, 2012.

(29)   Howard Gardner. Las estructuras de la mente. La teoría de las inteligencias múltiples. Fondo Cultura Económica de España S.L., 2017.

(30)   Daniel Goleman. Inteligencia Emocional. Editorial Kairós, 1995.

(31)   Daniel Goleman. La Práctica de la Inteligencia Emocional. Editorial Kairós, 1998.

(32)   Jonah Lehrer. Como decidimos y como tomar mejores decisiones. Editorial Paidós, 2011.

(33)   Antonio Damasio. Sentir y saber: El camino de la consciencia. Ediciones Destino, 2021.

(34)   Karl Jaspers. Los grandes filósofos: Los hombres decisivos: Sócrates, Buda, Confucio, Jesús. Editorial Tecnos, 2013

(35) Antonio Damasio. Y el cerebro creó al hombre: ¿Cómo pudo el cerebro generar emociones, sentimientos, ideas y el yo? Editorial Booket, 2018.

(36) Daniel Goleman. El cerebro y la inteligencia emocional: nuevos descubrimientos. Ediciones B, S.A., 2011.

(37) Dalai Lama, Paul Ekman. Sabiduría Emocional, una conversación entre Paul Ekman y S.S. El Dalai Lama. Editorial Kairós, 2009.

(38) Richard Firth-Godbehere. Homo emoticus: La historia de la humanidad contada a través de las emociones. Editorial Salamandra, 2022.

(39) Miguel Ángel Cristóbal Carle. El Mundo 16 de marzo del 2011. *https:// www.elmundo.es/elmundo/2011/03/16/ciencia/1300266020.html*

(40) Daniel Goleman y Dalai Lama. Emociones destructivas. Editorial Kairós, 2003.

(41) Daniel Goleman. FOCUS. Editorial Kairós, 2013.

(42) Daniel Goleman. Inteligencia Social. Editorial Kairós, 2006.

(43) Will Durant. The Story of Philosophy. The lives and Opinions of Greater Philosophers. Pocket Books, Reissue Edition 1991.

(44) Gerald M. Edelman. Neural Darwinism. The theory of neuronal group selection. Basic Books, 1987.

(45) José María Valderas. La Conciencia. RBA Coleccionables SAU, 2017.

(46) Gerald M. Edelman y Giulio Tononi. El universo de la conciencia: Cómo la materia se convierte en imaginación. Editorial Crítica, 2002.

(47) John Locke. Ensayo sobre el entendimiento humano. Editorial Verbum, 2020.

(48) Adam Smith. La Teoría de los Sentimientos Morales. Traducción de Carlos Rodríguez Braun. Alianza Editorial, 2013.

(49) Noa de la Torre. Entrevista a Tyler VanderWeele, catedrático de Harvard. "El aumento de los suicidios se debe a la caída de la religión". El Mundo, 19/03/2023. *https://www.elmundo.es/papel/el-mundo-que-viene/2023/03/19/64145ce3fc6c835f168b4580.html.*

(50) Hermann Ebbinghaus. Memory, A Contribution to Experimental Psychology. Editorial Martino Fine Books, 2011

(51) Amelia Yates. El arte de la memoria. Editorial Siruela, 2011.

(52) Pablo Pineda. El reto de aprender. Editorial San Pablo, 2013

(53) Pablo Pineda. Niños con capacidades especiales. Manual para padres. Editorial Hércules, 2015.

(54) Enrique Rojas. La conquista de la voluntad. Editorial Planeta, 2010.

(55) Will y Ariel Durant. Lecciones de la Historia. Arpa Editores, 2022.

(56) José Ortega y Gasset. Meditaciones del Quijote. Alianza Editorial, 2014.

(57) José Ortega y Gasset. La Rebelión de las Masas. Espasa libros, 1999.

(58) Raquel Nogueira. Larga Vida al Hombre Masa. ETHIC, 19 de abril del 2021. *https://ethic.es/2021/04/larga-vida-al-hombre-masa/*

(59) Religión en Libertad. Alexander Grau, artículo 29-01-2021. Traducción de Elena Faccia Serrano. *https://www.religionenlibertad.com/polemicas/316195582/humanita-rismo-abstracto-moralismo-autoritario-libres.html*

(60) John Stuart Mill. Sobre la Libertad. Alianza editorial, 2013.

(61) Del Bosque: "Podían habérmelo dicho antes". Europa Press. El Mundo, 24/06/2033. *https://www.elmundo.es/elmundodeporte/2003/06/24/liga/1056412434.html*

(62) Tomás Roncero. El laberinto de Del Bosque. Diario AS, 15-06-2003. *https://as.com/masdeporte/2003/06/15/polideportivo/1055650491_850215.html*

(63) Juan Carlos Zubieta Irún. Catedrático y Sociólogo, Universidad de Cantabria. 26/01/2006. Todo en la vida gira en torno a la confianza. *https://www.eldiariomontanes.es/pg060126/prensa/noticias/Opinion/200601/26/DMO-OPI-161.html*

(64) Tansley, A.G. 1935: The use and abuse of vegetational concepts and terms. Ecology 16, 284 307

(65) Michael Kosfeld, Markus Heinrichs, Paul J. Zak, Urs Fischbacher y Ernst Fehr. Oxytocin increases trust in humans. Nature magazine, 02-06-2005.

(66) Paul J. Zak. La molécula de la felicidad. Editorial Indicios, 2012.

(67) Erik H. Erikson. Infancia y Sociedad. Editorial Paidos, 2.019.

(68) Ernst Fehr. On the economics and biology of trust. Institute for Empirical Research in Economics, University of Zurich, 2.009. Working Paper nº 399.

(69) Ernst Fehr y Paul W. Glimcher. Neuroeconomics. Decision making and the brain. Editorial Academic Press, 2013.

(70) Fukuyama. Trust. The Social Virtues and The Creation of Prosperity. Free Press; first paperback edition, 18-06-1996.

(71) Ernest Gellner. Trust, cohesion, and the social order. 1998, Oxford: Blackwell.

(72) Harris H. Kim. Determinants of individual trust in global institutions. The role of Social Capital and Transnational identity. Scientific Research, 2012.

(73) Kenneth Newton. Trust, Social Capital, Civil Society and Democracy. International Political Science Review, 2001.

(74) Rothstein B. y Uslaner E. All for all: equality, corruption and social trust. World Politics, 2005.

(75) Stephen M. R. Covey, David Kasperson, McKinlee Covey, Gary T. Judd. Trust and Inspire. Editorial Simon & Schuster, 2022.

(76) Stephen M. R. Covey y Rebeca R. Merril. La velocidad de la confianza, el valor que lo cambia todo. Ediciones Paidós, 2.011.

(77) Stephen M. R. Covey y Greg Link. Confianza inteligente. Ediciones Paidós, 2.012.

(78) Stephen R. Covey. Los siete hábitos de la gente altamente efectiva. Editorial Booket, 2015.

(79) Paul J. Zak. Trust Factor: The Science of Creating High-Performance Companies. Editorial AMACOM, 2017.

(80) Paul J. Zak. The neuroscience of trust. Harvard Business Review magazine. Jan.-Feb., 2017.
https://hbr.org/2017/01/the-neuroscience-of-trust

(81) Frances X. Frei y Anne Morriss, Begin with Trust, Harvard Business Review, 2020. https://hbr.org/2020/05/begin-with-trust

(82) Frances X. Frei y Anne Morris. The Unapologetic Leader's Guide to Empowering Everyone Around You. Harvard Business Review Press, 2020.

(83) David H. Maister, Charles H. Green, Robert M. Galford. The Trusted Advisor. Editorial: Free Pr; Anniversary edition, 02-02-2021.

(84) Charles H. Green, Andrea P. Howe. The trusted advisor field book, a comprehensive toolkit for leading with trust. Editorial: John Wiley & Sons INC, 16-12-2011.
https://trustedadvisor.com/books/the-trusted-advisor-fieldbook

(85) Jack Zenger y Joseph Folkman. The 3 Elements of Trust. February 05, 2019. https://hbr.org/2019/02/the-3-elements-of-trust

(86) Jack Zenger. The New Extraordinary Leader: Turning Good Managers into Great Leaders, Editorial: McGraw Hill, 2019.

(87) Joseph R. Folkman. The trifecta of trust. The proven formula for building and restoring trust. Editorial River Grove Books, 2022.

(88) Bill Taylor. If Humility Is So Important, Why Are Leaders So Arrogant? Harvard Business Review, 15/10/2018. https://hbr.org/2018/10/if-humility-is-so-important-why-are-leaders-so-arrogant

(89) Edgar H. Schein. Humble Inquiry: The Gentle Art of Asking Instead of Telling. Editorial: Berrett-Koehler Publishers, 2013.

(90) John P. Kotter. What leaders really do. Harvard Business Review, May-June 1990.

(91) Warren Bennis. On becoming a leader. Basic Books. A member of The Perseus Book Group. NY.

(92) Patrick Lencioni. Las cinco disfunciones de un equipo. Editorial Empresa Activa, 2003

(93) Disfunciones de los equipos de alto rendimiento.
https://osmotic.co/blog/lencioni-equipos-de-alto-rendimiento/

(94) Michael Lewis. Moneyball. The Art of Winning an Unfair Game. Editorial: W.W. Norton & Co, 2004.

(95) Billy Beane, Wikipedia. *https://en.wikipedia.org/wiki/Billy_Beane*

(96) Michael J. Mauboussin. The true measures of success. Harvard Business Review, October, 2012.
https://hbr.org/2012/10/the-true-measures-of-success

(97) Kike Vázquez. Cuidado con esa empresa que paga tantos dividendos. El Confidencial, 31/10/2017.
https://blogs.elconfidencial.com/mercados/perlas-de-kike/
2017-10-31/cuidado-empresa-paga-tantos-dividendos_1469848/

(98) Organizational health: A fast track to performance improvement. McKinsey, 07/09/2017. *https://www.mckinsey.com/capabilities/*
people-and-organizational-performance/our-insights/organizational-
health-a-fast-track-to-performance-improvement

(99) Don Brown. The link between safety and financial performance. Basicsafe, 26/07/2016. *https://info.basicsafe.us/safety-management/*
blog/safety-and-financial-performance

(100) Organizational Health Index. *https://www.mckinsey.com/solutions/*
orgsolutions/overview/organizational-health-index

(101) Curva de Bradley™ de dss⁺. El valor de una cultura de seguridad.
https://latam.consultdss.com/curva-bradley/

(102) Show you the money – firms investing in worker safety have better financial performance: insights from a mapping review. Saymon Ricardo de Oliveira Sousa, Cristiane Melchior, Wesley Vieira Da Silva, Roselaine Ruviaro Zanini, Zhaohui Su, Claudimar Pereira da Veiga. International Journal of Workplace Health Management, May 2021.
*https://www.researchgate.net/publication/351494349_Show_you_the_*
*money_-_firms_investing_in_worker_safety_have_better_financial_*
performance_insights_from_a_mapping_review

(103) OIT registra incremento en muertes por accidentes o enfermedades profesionales. Greentology, 27-04-2022.
https://greentology.life/2022/04/27/oit-registra-incremento-en-muer-
tes-por-accidentes-o-enfermedades-profesionales/

(104) Informe anual de accidentes de trabajo en España, 2021. Ministerio de Trabajo y Economía Social. 30/09/2022.
https://www.insst.es/el-instituto-al-dia/informe-anual-de-acciden-
tes-de-trabajo-en-espa%C3%B1a-2021

(105) Ana María Ortiz. La "siniestralidad muda" del tractor: el doble de muertos que en turismos. El Mundo, 11-02-2023.

https://www.elmundo.es/espana/2023/02/11/63e7bba-
b21efa023298b4580.html?emk=NELMPRM1&s_kw=3T

(106) Lance Armstrong. Mi vuelta a la vida: como gane el tour después de superar el cáncer. RBA Editores, 2000.

(107) José Lucas Serrano. El Alpe D'Huez corona a Lance Armstrong. Diario AS, 16/07/2001. *https://as.com/ciclismo/2001/07/16/mas_ciclismo/995234405_850215.html*

(108) Subida de Lance Armstrong a L'Alpe D'Huez en el Tour del año 2.001. Youtube. *https://youtu.be/1oiuwRejx0g*

(109) Nacho Labarga. Una década de la caída a los infiernos de Lance Armstrong: "La USADA quería su cabeza como trofeo". Marca, 22/10/2022. *https://www.marca.com/ciclismo/2022/10/22/6352652fe2704e5f438b457f.html*

(110) James M. Kouzes, Barry Z. Posner. EL DESAFÍO DEL LIDERAZGO: Cómo hacer realidad cosas extraordinarias en una organización. Editorial: REVE0|#Reverte, 2018.

(111) John Wooden. Wooden on Leadership. Mc Graw Hill, 2009.

(112) Nadal reivindica la humildad y la perseverancia "que parecen estar pasadas de moda". Jaume A. El Diario de Mallorca, 08/06/2022. *https://www.diariodemallorca.es/deportes/2022/06/08/nadal-reivindica-humildad-perseverancia-parecen-67067932.html*

(113) Abraham Zaleznik. Managers and Leaders: Are They Different? Harvard Business Review. Primera publicación en el año 1.977, revisado en enero del año 2.004. *https://hbr.org/2004/01/managers-and-leaders-are-they-different*

(114) Montesquieu, Charles. Del Espíritu de Las Leyes. Alianza Editorial, 2015.

(115) Rob Goffee and Gareth Jones Creating the Best Workplace on Earth. HBR,May 2013. *https://hbr.org/2013/05/creating-the-best-workplace-on-earth*

(116) Rob Goffee and Gareth Jones. Why Should Anyone Be Led By You: What It Takes to Be an Authentic Leader. Harvard Business Review Press, 2015.

(117) Inmanuel Kant. Crítica de la razón pura. Editorial Taurus, 2013.

(118) Inamuel Kant. Fundamentación de la metafísica de las costumbres. Editorial Austral, 2016.

(119) Frans de Waal. El bonobo y los diez mandamientos. En busca de la ética entre los primates. Editorial: Tusquets Editores, 2015.

(120) Jan Van Hoof 12oct2017. *https://www.youtube.com/watch?v=Fp6mdtD_2tM*

(121) Ludwig Feuerbach. La esencia de la religión. Editorial Páginas de Espuma, 2008.

(122) Manuel Fraijó. ¿Vivir sin ética, vivir sin religión? El País, 8 de febrero del 2014.

(123) Yuval Noah Harai. Sapiens. De animales a dioses. Editorial Debate, 2014.

(124) Melvin Konner. La Especie Espiritual: Por qué las creencias son parte de la naturaleza humana. Editorial Almuzara, 2020.

(125) Rudyard Kipling. El libro de la selva. Editorial Gribaudo, 2018.

(126) Federico Lara Peinado. Código de Hammurabi. Editorial Tecnos, 2008.

(127) Desmond Doss. Wikipedia.
https://es.wikipedia.org/wiki/Desmond_Doss

(128) Victoria Camps. Breve historia de la ética. RBA Libros, 2017.

(129) Oliver Sheldon. La Filosofía del Management. Editorial Orbis, 1984.

(130) Ignacio Ferrero. Ética de la actividad económica y empresarial. EUNSA. Ediciones Universidad de Navarra, S.A., 2021.

(131) Melé de Domenech. Business ethics in action: Seeking human excellence in organizations. Red Globe Press, Nº 2009, edition 25 June 2009.

(132) Howard Bowen. Social responsibilities of a businessman. University of Iowa Press, 2013.

(133) Comisión de las Comunidades Europeas. Comunicación de la Comisión al Parlamento Europeo, al Consejo y al Comité Económico y Social europeo. Poner en práctica la asociación para el crecimiento y el empleo: hacer de Europa un polo de excelencia de la responsabilidad social de las empresas. *https://eur-lex.europa.eu/LexUriServ/ LexUriServ.do?uri=COM:2006:0136:FIN:es:PDF*

(134) Fran Hurtado. La Escuela de Salamanca: nacen los derechos humanos y la economía de mercado. Geografía Infinita, 29/09/2020. *https://www.geografiainfinita.com/2020/09/la-escuela-de-salamanca-nacen-los-derechos-humanos-y-la-economia-de-mercado/#:~:text= La%20Escuela%20de%20Salamanca%20renov%C3%B3,la%20libertad% 20de%20pensamiento%2C%20etc.*

(135) Adam Smith. La riqueza de las naciones. Traducción de Carlos Rodríguez Braun. Alianza Editorial, 2011.

(136) Karl Marx y Friedrich Engels. El manifiesto comunista. Editorial Nórdica, 2012.

(137) Karl Marx. El Capital (edición resumida). Editorial: Los Libros de la Frontera, 2018.

(138) Luis E. Íñigo Fernández. Breve Historia de la Revolución Industrial. Ediciones Nowtilus, S.L., 2022.

(139) José Manuel Rodríguez Carrasco. La responsabilidad social de la empresa en el pensamiento de los autores clásicos. cade núm. ICADE nº100, Revista cuatrimestral de las Facultades de Derecho y Ciencias Económicas y Empresariales. *https://revistas.comillas.edu/index.php/revistaicade/article/view/8022/8400*

(140) De Bismarck a Beveridge: seguridad social para todos. Organización Internacional del Trabajo, 01/12/2009. *https://www.ilo.org/global/publications/world-of-work-magazine/articles/ilo-in-history/WCMS_122242/lang--es/index.htm*

(141) Estado de bienestar: ayer y hoy. BBVA, actualizado el 23/06/2023. *https://www.bbva.com/es/estado-bienestar-ayer-hoy/#*

(142) La reveladora historia de Howard Bowen. *https://www.comunicarseweb.com/biblioteca/la-reveladora-historia-de-howard-bowen-el-padre-de-la-rse*

(143) Thomas Robert Malthus. Ensayo sobre el principio de la población. Fondo de Cultura Económica de España, 1998.

(144) Paul R. Ehrlich, Anne Howland Ehrlich. The Population Bomb. Editorial: Sierra Club / Ballantine Books, 1968.

(145) Meadows Donella, Randers Jorgen y Meado. Los Límites del Crecimiento. Editorial Aguilar, 2012.

(146) Union of Concerned Scientists. World Scientists' warning to humanity. 1992. *https://www.ucsusa.org/sites/default/files/attach/2017/11/World%20Scientists%27%20Warning%20to%20Humanity%201992.pdf*

(147) Banco Mundial. Índice de pobreza Extrema. *https://datos.bancomundial.org/tema/pobreza*

(148) Banco Mundial. Pobreza Extrema. Panorama General. 14 de septiembre del 2.022. *https://www.bancomundial.org/es/topic/poverty/overview*

(149) El escándalo de las esterilizaciones masivas en India. Redacción BBC Mundo, 13/11/2014. *https://www.bbc.com/mundo/noticias/2014/11/141113_salud_india_esterilizacion_doctor_muertes_egn*

(150) La India pone fin a los campamentos de esterilización. El Periódico, 19/09/2016. *https://www.elperiodico.com/es/internacional/20160919/india-fin-campamentos-esterilizacion-5388098*

(151) One Child Nation. Distribuidora: Amazon Studios, año 2.019. Documental dirigido por Zhang Lynn y Nanfu Wang. *https://www.filmaffinity.com/es/film676638.html*

(152) Por qué China relajó su controvertida política de natalidad y permitió que las parejas puedan tener 3 hijos. BBC News Mundo. 31/05/2021. *https://www.bbc.com/mundo/noticias-internacional-57307247*

(153) CMMAD. Informe Comisión Brundtland sobre Medio Ambiente y Desarrollo. *https://www.ecominga.uqam.ca/PDF/BIBLIOGRAPHIE/ GUIDE_LECTURE_1/CMMAD-Informe-Comision-Brundtland-sobre-Medio-Ambiente-Desarrollo.pdf*

(154) Arthur Fridolin Utz. Ética Económica. AEDOS, Unión Editorial, Madrid, 1998.

(155) Arthur Fridolin Utz . La doctrina social católica y el orden económico. Unión Editorial, Madrid, 1993.

(156) Historia de la OIT. Organización Internacional del Trabajo. *https://www.ilo.org/global/about-the-ilo/history/lang--es/index.htm*

(157) Retos OIT, 100 aniversario. *https://www.cerem.es/blog/la-oit-cumple-100-anos*

(158) OCDE. *https://www.oecd.org/acerca/*

(159) Pacto Mundial de Naciones Unidas. *https://www.pactomundial.org/*

(160) Organización Mundial del Comercio. Objetivos de Desarrollo del Milenio de Naciones Unidas. *https://www.wto.org/spanish/thewto_s/ coher_s/mdg_s/mdgs_s.htm*

(161) ODS Naciones Unidas. *https://www.un.org/sustainabledevelopment/ es/objetivos-de-desarrollo-sostenible/*

(162) Crítica positiva ODS. *ODS: una revisión crítica – FUHEM*

(163) Crítica ODS. *https://fundaciondisenso.org/2022/06/30/agenda-2030-una-reflexion-critica/*

(164) Conceptos jurídicos.com. Cumplimiento Penal. *https://www.conceptosjuridicos.com/compliance-penal/*

(165) José Luis González Quirós. La Virtud de la Política. Unidad Editorial, 2022.

(166) Aforados en España, cuántos hay, quiénes son y privilegios. El Periódico. 30-11-2018. *https://amp.elperiodico.com/es/politica/20181130/ aforados-espana-privilegios-5925860*

(167) Elisa de la Nuez. Un punto de inflexión en nuestra historia constitucional. El Mundo, 09-12-2022. *https://amp.elmundo.es/opinion/ 2022/12/09/63932b2d21efa0a9238b45c8.html*

(168) Sánchez dice cómo traerá a Puigdemont a España: "¿La Fiscalía depende del Gobierno?... Pues ya está". Europa Press Nacional, 09/11/2023. *https://www.europapress.es/nacional/noticia-sanchez-dice-traera-puigdemont-espana-fiscalia-depende-gobierno-pues-ya-20191106110917.html*

(169) Ángela Martialay. Entrevista a Vicente Guilarte, presidente del CGPJ: "La amnistía política que se plantea es ajena al interés general". El Mundo, 24/09/2023. *https://www.elmundo.es/espana/ 2023/09/24/650ee16be4d4d898038b458a.html*

(170)   Segismundo Álvarez. Sin Ley no hay democracia. The Objective, 22/09/2023. *https://theobjective.com/elsubjetivo/opinion/ 2023-09-22/ley-democracia/*

(171)   Las palabras de Cicerón que sirven de advertencia a España: Cuando cae la legalidad "es el colapso total del Estado". ABC Historia, 16-11-2022. *https://www.abc.es/historia/palabras-ciceron-sirven-advertencia-espana-legalidad-colapso-20221116192332-nt.html*

(172)   Rodrigo Terrasa. El nuevo poder de la ignorancia: "Nos gobiernan líderes que han hecho de su incompetencia un honor". El Mundo, 24-01-2023. *https://www.elmundo.es/papel/historias/2023/01/24/ 63ca8fe721efa0f6638b45c6.html*

(173)   Guadalupe Sánchez Baena. Crónica de la degradación democrática española. Editorial Deusto, 2023.

(174)   Earth now has 8 billion people and counting. Where do we go from here? NATIONAL GEOGRAPHIC, BY CRAIG WELCH. PUBLISHED NOVEMBER 14, 2022. *https://www.nationalgeographic.com/ environment/article/the-world-now-has-8-billion-people?rid= 00D8CB5541F5E435AC4FD8FB76DD380F&cmpid=org=ngp::mc=crm-email::src=ngp::cmp=editorial::add=Daily_NL_Monday_Environment_ 20221114*

(175)   Banco Mundial. Esperanza de vida al nacer. *https://datos.bancomundial.org/indicator/SP.DYN.LE00.IN*

(176)   Andrés Ortega. "Las clases medias son ya la mitad del mundo". Real Instituto Elcano. 9 de octubre del 2018.

(177)   India becoming world's most populous country may strengthen its claim for permanent UNSC membership: UN official. The Economics Times, 12/07/2022. *https://economictimes.indiatimes.com/news/ india/india-becoming-worlds-most-populous-country-may-streng-then-its-claim-for-permanent-unsc-membership-un-official/articles-how/92821450.cms?utm_source=contentofinterest&utm_ medium=text&utm_campaign=cppsthttps://economictimes. indiatimes.com/news/india/india-becoming-worlds-most-populous-country-may-strengthen-its-claim-for-permanent-unsc-membership-un-official/articleshow/92821450.cms?from=mdr*

(178)   Erin Blakemore. La Gran Niebla de Londres: una semana de ceguera y toxicidad. National Geographic. *https://www.nationalgeographic.es/historia/la-gran-niebla-de-londres-una-semana-de-ceguera-y-toxicidad*

(179)   M. Arrizabalaga. Resuelto el misterio de la niebla asesina de Londres que mató a 12.000 personas en 1952. ABC, 17-11-2016. *https://www.abc.es/ciencia/abci-resuelto-misterio-niebla-asesina-londres-mato-12000-personas-1952-201611171248_noticia.html*

(180)   Ley del aire limpio 1954. *https://hmong.es/wiki/Clean_Air_Act_1956*

(181) Contaminación del aire en las ciudades chinas, 1,1 millones de muertes al año y considerables pérdidas económicas. Universidad China de Hong Kong (CUHK). Steve Yim Hung-lam. *https://www.troposfera.org/index.php?mact=News,cntnt01,print,0&cntnt01articleid=15468&cntnt01showtemplate=false&cntnt01returnid=39*

(182) Informe Rhodium, emisiones China de gases de efecto invernadero. Helen Regan. CNN, 29-10-2021. *https://cnnespanol.cnn.com/2021/10/29/estados-unidos-china-emisiones-carbono-crisis-climatica-trax/*

(183) Informe Rhodium, emisiones chinas de gases de efecto invernadero. Independent en español, Louise Boyle, 07-05-2021. *https://www.independentespanol.com/noticias/eeuu/misiones-de-china-superan-ee-uu-paises-desarrollados-b1843505.html*

(184) Descenso de muertes en Europa por la reducción de la contaminación. Agencia Ambiental Europea. *https://www.eea.europa.eu/publications/air-quality-in-europe-2022/air-quality-in-europe-2022*

(185) Comisión Europea. Plan de acción de contaminación cero. *https://environment.ec.europa.eu/strategy/zero-pollution-action-plan_es#:~:text=La%20visi%C3%B3n%20de%20una%20contaminaci%C3%B3n,medio%20ambiente%20libre%20de%20sustancias*

(186) Jakarta named world's most polluted city, as Indonesian residents worry about health risks. REUTERS, 10/08/2023. *https://www.scmp.com/news/asia/southeast-asia/article/3230658/jakarta-named-worlds-most-polluted-city-indonesian-residents-worry-about-health-risks*

(187) Israel Viana. La tristeza del Mar de Aral. ABC, 16-12-2022. *https://www.abc.es/historia/tristeza-mar-aral-hizo-desaparecer-urss-cuarto-20221216004859-nt.html*

(188) Vertido de petróleo en la plataforma A, Santa Bárbara (California). *https://hmong.es/wiki/1969_Santa_Barbara_oil_spill*

(189) Vertido de petróleo en la plataforma Ixtoc One en el Golfo de México. *https://www.bbc.com/mundo/internacional/2010/06/100615_derrame_especial_campeche*

(190) Vertido de petróleo en el barco Exxon Valdez en Alaska. *https://hmong.es/wiki/Exxon_Valdez_oil_spill*

(191) Derrames de hidrocarburos en zonas de guerra. *https://conexionambiental.pe/derrames-de-hidrocarburos-en-zonas-de-guerra-un-aproximamiento-desde-lo-ocurrido-en-la-guerra-del-golfo-persico/*

(192) Rusia 1994 rotura de oleoducto en Komi. Club Ensayos. *https://www.clubensayos.com/Historia/RUSIA-1994-ROTURA-DE-OLEODUCTO-EN-KOMI/4864789.html*

(193)   Vertido de petróleo en la plataforma Deepwater Horizon en del Golfo de México. *https://hmong.es/wiki/Deepwater_Horizon_oil_spill*

(194)   Vertido de mercurio en la bahía de Minamata en Japón. El caso de los enfermos de Minamata. Ciencia Infusa. 04-03-2018. *https://culturacientifica.com/2018/03/04/caso-los-enfermos-minamata/*

(195)   Emisión accidental de gases contaminantes en Seveso, Italia 1976. Planta de insecticidas. Accidente en Seveso. *https://guiar.unizar.es/1/Accident/Seveso.htm*

(196)   Emisión accidental de isocianato de metilo en Bohpal, La India, en 1984. Planta de insecticidas. Accidente en Bohpal. *https://guiar.unizar.es/1/Accident/Bhopal.htm*

(197)   El accidente de la central nuclear de Chernóbil de 1986. Organismo Internacional de la Energía Atómica. IAEA. *https://www.iaea.org/es/temas/el-accidente-de-la-central-nuclear-de-chornobil-de-1986*

(198)   Chernóbil, ¿cómo fue el accidente? Foro Nuclear, foro de la industria nuclear española. *https://www.foronuclear.org/descubre-la-energia-nuclear/preguntas-y-respuestas/sobre-proteccion-radiologica-y-radiacion/chernobil-como-fue-el-accidente/*

(199)   The Insider - Tabaco adicción - Revista de Ciencias Penales. Sexta Época, Vol. XLIV, 2017, págs. 232-334. *http://revistadecienciaspenales.cl/wp-content/uploads/2018/03/Varia.pdf*

(200)   D. Borasteros. Las super bacterias resistentes se multiplican por la contaminación. El Confidencial, 03-04-2017. *https://www.elconfidencial.com/alma-corazon-vida/2017-04-03/salud-bacterias-antibioticos-india_1358982/*

(201)   Uso de antibióticos en ganadería. National Library of Medicine. World Health Organization Bulletin, 2020 May 1; 98(5): 360–361. *https://www.ncbi.nlm.nih.gov/pmc/articles/PMC7265937/*

(202)   Es ahora o para siempre. Detengamos el flujo actual de residuos plásticos. The Nature Conservancy. 17-07-2021. *https://www.nature.org/es-us/que-hacemos/nuestras-prioridades/ciudades-saludables/detener-residuos-plasticos/*

(203)   Los plásticos son una preocupación climática y medioambiental creciente: ¿qué puede hacer Europa para invertir esta tendencia? Agencia Europea del Medioambiente. 28-01-2021. *https://www.eea.europa.eu/es/highlights/los-plasticos-son-una-preocupacion*

(204)   El costo ambiental de estar de moda. Noticias ONU, 12abril2019. *https://news.un.org/es/story/2019/04/1454161*

(205)   Carlos Manuel Sánchez. XL Semanal. La industria Textil, la segunda más contaminante del planeta. *https://www.xlsemanal.com/actualidad/20160913/cataclismo-la-fast-fashion.html*

(206) El impacto de la producción textil y de los residuos en el medio ambiente (infografía). Actualización: 21-04-2022 - 16:15. Creado: 29-12-2020 - 08:00 *https://www.europarl.europa.eu/news/es/headlines/society/20201208STO93327/el-impacto-de-la-produccion-textil-y-de-los-residuos-en-el-medio-ambiente*

(207) Calentamiento global de 1,5 °C. Grupo Intergubernamental de Expertos sobre el Cambio Climático -IPCC-. *https://www.ipcc.ch/site/assets/uploads/sites/2/2019/09/IPCC-Special-Report-1.5-SPM_es.pdf*

(208) A survey of global impacts of climate change: replication, survey methods, and a statistical analysis. William D. Nordhaus and Andrew Moffat. NATIONAL BUREAU OF ECONOMIC RESEARCH, August 2017. *https://www.nber.org/papers/w23646*

(209) IPCC Report 2018. *https://www.ipcc.ch/2018/*

(210) United Nations Climate Change. El Acuerdo de París del año 2015. *https://unfccc.int/es/acerca-de-las-ndc/el-acuerdo-de-paris#:~:text=El%20Acuerdo%20de%20Par%C3%ADs%20es,4%20de%20 20noviembre%20de%202016.*

(211) Bjørn Lomborg. Welfare in the 21st century: Increasing development, reducing inequality, the impact of climate change, and the cost of climate policies. Science Direct. July 2020. *https://www.sciencedirect.com/science/article/pii/S0040162520304157*

(212) Bjørn Lomborg cree acuerdo climático de París es un despilfarro ineficiente. La Vanguardia, 20-01-2016. *https://www.lavanguardia.com/politica/20160120/301554514316/bjørn-lomborg-cree-acuerdo-climatico-de-paris-es-un-despilfarro-ineficiente.html*

(213) Diego Sánchez de la Cruz. La UE tendrá que pagar hasta 600.000 millones de euros al año para cumplir el acuerdo de París contra el calentamiento. Libre mercado 02-06-2017. *https://www.libremercado.com/2017-06-02/la-ue-pagara-hasta-600000-millones-de-euros-al-ano-para-cumplir-el-acuerdo-de-paris-contra-el-calentamiento-1276600246/*

(214) Silvia Ayuso. El Tribunal de Cuentas de la UE advierte de que los objetivos climáticos y energéticos para 2030 están en riesgo. El País, 26/06/2023. *https://elpais.com/clima-y-medio-ambiente/2023-06-26/el-tribunal-de-cuentas-de-la-ue-advierte-de-que-los-objetivos-climaticos-y-energeticos-para-2030-estan-en-riesgo.html*

(215) Alexander Joseph Epstein. La cuestión moral de los combustibles fósiles. Ediciones Deusto 2021.

(216) Bjørn Lomborg. Combustibles fósiles: la hipocresía de los países ricos niega el desarrollo a los más pobres. Libertad Digital, 4seo2022. *https://www.libremercado.com/2022-09-04/bjørn-lomborg-combustibles-fosiles-la-hipocresia-de-los-paises-ricos-niega-el-desarrollo-a-los-mas-pobres-6927843/?_ga=2.202564313.*

932562945.1662371877-411096263.1662371877_ga=2.202564313.
932562945.1662371877-411096263.1662371877

(217) Milton Friedman. La economía monetarista. Editorial Gedisa, 2010.

(218) Milton Friedman. Capitalismo y Libertad. Editorial Síntesis, 2012.

(219) ESG should be boiled down to one simple measure: emissions. Three letters that won't save the planet. The Times, July 21st, 2022. https://www.economist.com/leaders/2022/07/21/esg-should-be-boiled-down-to-one-simple-measure-emissions

(220) Como estar seguro de que una inversión es realmente sostenible. Ángel Peña. Actualidad Económica, 22-noviembre-2022. https://www.elmundo.es/economia/actualidad-economica/2022/11/22/6375071e21efa00a568b45a0.html

(221) Reporting ESG. Guía práctica para su correcta comprensión y aplicación. Centro de Gobierno Corporativo de ESADE y Price Waterhouse Coopers. Actualizado en noviembre del año 2.021. https://www.pwc.es/es/esg/informe-reporting-esg.pdf

(222) Isabel Acosta. Los inspectores de Hacienda cobran bonus de 30.000 euros al año, aunque sus actas fracasen. The Objective. 11-09-2022. https://theobjective.com/economia/2022-09-11/inspectores-hacienda-bonus/

(223) Rubén Acosta. Hacienda pierde más de la mitad de los recursos presentados por los ciudadanos. El Día, 17-01-2021. https://www.eldia.es/economia/2021/01/17/hacienda-pierde-mitad-recursos-presentan-29249258.html

(224) Ignacio Ruiz-Jarabo. Dura reprimenda para los de Hacienda. Vozpopuli, 13/02/2023. https://www.vozpopuli.com/opinion/dura-reprimenda-para-los-de-hacienda.html

(225) Alberto Sierra. Varapalo a Hacienda del Tribunal Supremo por reclamar a un menor las deudas de sus padres. The Objective, 18/07/2023. https://theobjective.com/espana/tribunales/2023-07-18/hacienda-supremo-menor-deudas-padres/

(226) Daniel Viaña. Entrevista a Miguel Ángel Garrido. "La Agencia Tributaria es una máquina de recaudar muy difícil de parar, no tenemos derechos de ningún tipo". El Mundo, 02/10/2023. https://www.elmundo.es/economia/actualidad-economica/2023/10/02/651419f3e9cf4aba5c8b45ba.html

(227) Bruno Pérez y Antonio Ramírez Cerezo. De lo que se queja el Ibex: litigiosidad, inestabilidad jurídica y presión fiscal. ABC. 13/03/2023. https://www.abc.es/economia/queja-ibex-litigiosidad-inestabilidad-juridica-presion-fiscal-20230312020500-nt.html

(228) Jesús Cacho. Ferrovial y la derrota de la democracia testicular. Vozpopuli, 14/04/2023. *https://www.vozpopuli.com/opinion/ferrovial-derrota-democracia-testicular.html*

(229) Paula María. El Ibex destina hasta 11 millones al año en influir en Bruselas. El Mundo, 14-01-2023. *https://www.elmundo.es/economia/empresas/2023/01/14/63c04c9a21efa093548b45cc.html*

(230) Encuesta en una plataforma de Internet para influir en un proceso normativo. *https://www.change.org/p/por-un-pan-de-masa-madre-sin-fraude-firma-para-modificar-el-proyecto-de-ley-sobre-el-pan*

(231) Antonio Escohotado. Los enemigos del comercio (trilogía). Editorial Espasa, 2019.

(232) Juan Ramón Rallo. Anti-Marx. Editorial Deusto, 2022.

(233) Diego Sánchez de la Cruz. Entrevista a Juan Ramón Rallo. Libre Mercado, 11-12-2022. *https://www.libremercado.com/2022-12-11/rallo-yo-soy-el-primero-que-asume-que-el-capitalismo-no-tiene-por-que-ser-eterno-6960148/*

(234) Jeffrey D. Sachs, Guillaume Lafortune, Christian Kroll, Grayson Fuller, and Finn Woelm. Sustainable Development Report 2022. Cambridge University Press, 2022.

(235) Jeff Desjardins. 2.000 años de historia económica en un solo gráfico. Foro Económico Mundial. 27-octubre-2017. *https://es.weforum.org/agenda/2017/10/2-000-anos-de-historia-economica-en-un-solo-grafico/*

(236) Jean-François Lyotard. La diferencia. Editorial Gedisa, 2012.

(237) Jean-François Lyotard. La condición posmoderna. Editorial Cátedra, 2006.

(238) Jacques Derrida. La escritura y la diferencia. Editorial Antrophos, 1987.

(239) Jacques Derrida. De la gramatología. Siglo XXI Editores, 1971.

(240) Paul Michel Foucault. La verdad y las formas jurídicas. Editorial Gedisa, 2017.

(241) Ernesto Laclau y Chantal Mouffe. Hegemonía y estrategia socialista. Hacia una radicalización de la democracia. Siglo XXI de España Editores, S.A., 2015.

(242) Federico Jiménez Losantos. Las leyes habilitantes: de Hitler a Chávez. Club Libertad Digital, 23-12-2022. *https://www.clublibertaddigital.com/ideas/tribuna/2022-12-23/federico-jimenez-losantos-las-leyes-habilitantes-de-hitler-a-chavez-6969873/*

(243) Autocracia parlamentaria. Araceli Mangas Martín. El Mundo 20-12-2022. *https://www.elmundo.es/opinion/2022/12/19/63a057b421efa0d31c8b45c0.html?emk=NELMPRM1&s_kw=2T*

(244) Herbert Marcuse. El hombre unidimensional. Editorial Austral, 2016.

(245) Douglas Murray. La masa enfurecida. Como las políticas de identidad llevaron al mundo a la locura. Ediciones Península, junio 2022.

(246) Alejo Vidal Quadras. Crotaofensiva "weird" frente a la tiranía "woke". Vozpopuli, 06-11-22. *https://www.vozpopuli.com/opinion/ contraofensiva-weird-frente-tirania-woke.html*

(247) Santiago Navajas. La secta ecoterrorista. Club Libertad Digital, 11/11/22. *https://www.clublibertaddigital.com/ideas/tribuna/ 2022-11-11/santiago-navajas-la-secta-ecoterrorista-6953793/*

(248) Pablo Malo. Los peligros de la moralidad: Por qué la moral es una amenaza para las sociedades del siglo XXI. Editorial Deusto, 2021.

(249) Agencia EFE. Getafe retira el nombre de Alfonso Pérez al Coliseum tras su entrevista con EL MUNDO. El Mundo, 04/10/2023. *https://www.elmundo.es/deportes/futbol/primera-division/ 2023/10/04/651d2de5e9cf4a9d048b459d.html*

(250) Axel Kaiser. La Neoinquisición. Persecución, censura y decadencia cultural en el s. XXI. Editorial Planeta, S.A., 2020.

(251) Juan Carlos Girauta. Sentimentales, ofendidos, mediocres y agresivos: Radiografía de la nueva sociedad. Editorial Almuzara, S.L., 2022.

(252) Mariano Torcal. De votantes a Hooligans. Editorial Los Libros de la Catarata, 2.023.

(253) Joseph E. Stiglitz. Inequality and Democracy. Project Syndicate, The World Opinion Page. *https://www.project-syndicate.org/commentary/ inequality-source-of-lost-confidence-in-liberal-democracy-by-joseph-e-stiglitz-2023-08?barrier=accesspaylog*

(254) Steven Levitsky y Daniel Ziblatt. Cómo mueren las democracias. Editorial Ariel, 2018

(255) Pablo de Lora. Los derechos en broma: La moralización de la política en las democracias liberales. Editorial Deusto, 2023.

(256) Abuso sexual y agresión sexual: ¿en qué se diferencian? DEXIA Abogados, 27-10-2022. *https://www.dexiaabogados.com/blog/ diferencias-abuso-agresion-sexual/*

(257) Pablo Capel Dorado. Ley del «solo sí es sí»: adanismo, estulticia y populismo punitivo. ECONOMIST&JURIST, 20-11-22. *https://www.economistjurist.es/la-misiva-del-director/ley-del-solo-si-es-si-adanismo-estulticia-y-populismo-punitivo/*

(258) El Gobierno ocultó al Congreso documentación clave para aprobar la ley del 'sí es sí'. ABC. Ana I. Sánchez y Nati Villanueva. 17/11/2022. *https://www.abc.es/espana/gobierno-oculto-congreso-documentacion-clave-aprobar-ley-20221117212008-nt.html*

(259) Violadores excarcelados y una avalancha de recursos: los efectos de la ley de Irene Montero. Libertad Digital, 16nov2022. *https://www.libertaddigital.com/espana/2022-11-16/violadores-excarcelados-y-una-avalancha-de-recursos-los-efectos-de-la-ley-de-montero-6955060/*

(260) Tsevan RABTAN. 'Sólo sí es sí': Una indigestión de mentiras. El Mundo, 02/02/2023. *https://www.elmundo.es/opinion/2023/02/02/63dba5effdddff194f8b45a7.html*

(261) Consejo de Europa. Biodiversidad: como protege la naturaleza la UE. *https://www.consilium.europa.eu/es/policies/biodiversity/*

(262) Land Use Sector -LULUC-. Comisión Europea. *https://climate.ec.europa.eu/eu-action/land-use-sector_es*

(263) Consejo de Europa. De la granja a la mesa. *https://www.consilium.europa.eu/es/policies/from-farm-to-fork/*

(264) Consejo de Europa. Pacto Verde Europeo. *https://www.consilium.europa.eu/es/policies/green-deal/*

(265) Unión Europea: el 25% de la agricultura deberá ser ecológica en 2030. BIOECO Actual, 21-05-2020. *https://www.bioecoactual.com/2020/05/21/ue-25-de-la-agricultura-debe-ser-ecologica-en-2030/*

(266) El Parlamento Europeo da luz verde al objetivo de la CE de llegar a un 25% de cultivos ecológicos en 2030. AGRONEGOCIOS, 03/05/2022. *https://www.agronegocios.es/agronegocios/internacional/el-pe-da-luz-verde-al-objetivo-de-la-ce-de-llegar-a-un-25-de-cultivos-ecologicos-en-2030/*

(267) Comisión Europea. La agricultura ecológica en pocas palabras. Consulta realizada el 12-10-2023. *https://agriculture.ec.europa.eu/farming/organic-farming/organics-glance_es*

(268) Carlos Cuesta. Sánchez exige a los agricultores dejar casi la mitad de sus terrenos sin frutales para cuidar la cubierta vegetal. Libertad Digital, 08/12/22. *http://m.libertaddigital.com/economia/2022/12/08/sanchez-exige-a-los-agricultores-dejar-casi-la-mitad-de-sus-terrenos-sin-frutales-para-cuidar-la-cubierta-vegetal-6965289/*

(269) España primer productor productos ecológicos de la UE. *https://cincodias.elpais.com/cincodias/2019/06/05/companias/1559750075_329429.html*

(270) Producción Ecológica. Estadísticas del año 2022. Ministerio de Agricultura, Pesca y Alimentación. Septiembre, 2023. *https://www.mapa.gob.es/es/alimentacion/temas/produccion-eco/estadisticas_pe_2022_tcm30-659660.pdf*

(271) Si todo fuera ecológico faltaría comida.
       https://theobjective.com/economia/2022-07-04/agricultura-ecologica-ue-desabastecimiento-alimentos/

(272) Carlos Cuesta. Este es el demoledor informe que alerta de pérdidas de hasta un 17% en la producción de alimentos y que la UE esconde. Libre Mercado, 07/07/2023. *https://www.libremercado.com/2023-07-08/este-es-el-demoledor-informe-que-alerta-de-perdidas-de-hasta-un-17-en-la-produccion-de-alimentos-y-que-la-ue-esconde-7031733/*

(273) Patricia Malagón. ¿Qué está pasando en Reino Unido? Los supermercados empiezan a racionar la compra de alimentos? Libertad Digital, 27/02/2023. *http://m.libertaddigital.com/economia/2023/02/27/que-esta-pasando-en-reino-unido-los-supermercados-empiezan-a-racionar-la-compra-de-alimentos-frescos-6990696/*

(274) The coming food catastrophe. The Economist, 19/05/2022. *https://www.economist.com/leaders/2022/05/19/the-coming-food-catastrophe*

(275) Marta Arce. Así funciona el gran lobby europeo que está detrás de la ley animalista de Belarra. Libre Mercado 25/12/2022. *https://www.libremercado.com/2022-12-25/asi-funciona-el-gran-lobby-europeo-que-esta-detras-de-la-ley-animalista-de-belarra-6970090/*

(276) Marta Arce. Carne cultivada y animales felices: el plan cárnico del lobby que inspiró la ley animalista de Belarra. Libre Mercado 26/02/2023. *http://m.libertaddigital.com/economia/2023/02/26/carne-cultivada-y-animales-felices-el-plan-carnico-del-lobby-que-inspiro-la-ley-animalista-de-belarra-6989746/*

(277) Sandra García. ISCCM 2022: Los avances más relevantes en la producción de carne cultivada. Conferencia internacional científica sobre carne cultivada. AINIA, 02/11/2022. *https://www.ainia.es/ainia-news/isccm-2022-avances-produccion-carne-cultivada/*

(278) Andrea Núñez-Torrón. La carne cultivada en laboratorio tiene letra pequeña: implica sacrificio animal por el uso de esta sustancia. Business Insider, 09/03/2022. *https://www.businessinsider.es/suero-bovino-fetal-oscuro-secreto-carne-laboratorio-1024973*

(279) Mosa Meat elimina el suero fetal bovino dentro del desarrollo de la carne cultivada. The Food Tech 28/02/2023. *https://thefoodtech.com/tecnologia-de-los-alimentos/mosa-meat-elimina-el-suero-fetal-bovino-dentro-del-desarrollo-de-la-carne-cultivada/*

(280) Domingo Soriano. "Renaturalización": la enloquecida propuesta para acabar de un plumazo con la agricultura y la ganadería. Libre Mercado, 30/03/2023. *https://www.libremercado.com/2023-03-30/renaturalizacion-la-enloquecida-propuesta-para-acabar-de-un-plumazo-con-la-agricultura-y-la-ganaderia-7000451/*

(281) Consejo Europeo. Política Agraria Común.
https://www.consilium.europa.eu/es/policies/cap-introduction/

(282) Danielle Resnick, Rob Vos, and Will Martin. The political economy of reforming costly agricultural policies. Brookings Global Connection, 10/03/2023. *https://www.brookings.edu/blog/future-development/2023/03/10/the-political-economy-of-reforming-costly-agricultural-policies/?utm_campaign=Global%20Economy%20and%20Development&utm_medium=email&utm_content=251906380&utm_source=hs_email*

(283) Santiago García del Campo. Escaso respiro frente a la farragosa PAC. Mundo Agrario nº 288. 28 de noviembre del 2022. El Mundo Diario de Valladolid.

(284) Carlos Cuesta. Sánchez no cede ante el campo y anuncia un endurecimiento de las exigencias ecologistas. Libre Mercado, 04/10/2023. *https://www.libremercado.com/2023-10-04/sanchez-no-cede-ante-el-campo-y-anuncia-un-endurecimiento-de-las-exigencias-ecologistas-7055074/*

(285) AECOC y FIAB apuestan por compatibilizar los objetivos de sosteni bilidad con el crecimiento económico. El Confidencial,03/03/2023. Agencias. *https://www.elconfidencialdigital.com/articulo/ultima-hora/aecoc-fiab-apuestan-compatibilizar-objetivos-sostenibilidad-crecimiento-economico/20230301125258529799.html*

(286) Horacio González Alemán. ¿Hacia una pausa reglamentaria? THO-FFOOD, 25/09/2023. *https://thoffood.com/hacia-la-pausa-reglamentaria/*

(287) Van Voorhis, Scott, People Trust Business, But Expect CEOs to Drive Social Change, Harvard Business School Working Knowledge, October 21, 2022. *https://hbswk.hbs.edu/item/people-trust-business-but-expect-ceos-to-drive-social-change*

(288) Czeslaw Milosz. El Pensamiento Cautivo. Tusquets Editores, 1981.

(289) Steven E. Koonin. Unsettled: What Climate Science Tells Us, What It Doesn't, and Why It Matters. Editorial: BenBella Books, 2021.

(290) Consejo de Europa. El Consejo adopta la Ley Europea del Clima. 28/06/2021. *https://www.consilium.europa.eu/es/press/press-releases/2021/06/28/council-adopts-european-climate-law/*

(291) Peter Jackson. De Estocolmo a Kyoto: breve historia del cambio climático. Naciones Unidas. *https://www.un.org/es/chronicle/article/de-estocolmo-kyotobreve-historia-del-cambio-climatico*

(292) United Nations Climate Change. El protocolo de Kyoto. *https://unfccc.int/es/kyoto_protocol*

(293) IPCC. AR5 Climate Change 2014. Mitigation of climate change. Working Group III. Contribution to the Fith Asessment Report of the IPCC.

Cambridge University Press, 2014.
https://www.ipcc.ch/report/ar5/wg3/

(294) Informe de síntesis del Quinto Informe de Evaluación del Grupo Inter-gubernamental de Expertos sobre el Cambio Climático -IPCC-.
https://www.ipcc.ch/site/assets/uploads/2018/02/SYR_AR5_FINAL_full_es.pdf

(295) Consejo Europeo. Objetivo 55. *https://www.consilium.europa.eu/es/policies/green-deal/fit-for-55-the-eu-plan-for-a-green-transition/*

(296) Asignación de derechos de emisión. Ministerio para la transición ecológica y el reto demográfico. *https://energia.gob.es/desarrollo/Medioambiente/CambioClimatico/Paginas/Asignaciondederechosdeemision.aspx*

(297) El comercio de derechos de emisión. Ministerio para la transición ecológica y el reto demográfico. *https://www.miteco.gob.es/es/cambio-climatico/temas/comercio-de-derechos-de-emision/*

(298) Alexia Columba Jerez. Geoingeniería, el controvertido plan para jugar a ser Dios con el clima. ABC, 6-11-2022. *https://www.abc.es/economia/geoingenieria-controvertido-plan-jugar-dios-clima-20221106135242-nt.html*

(299) La geología versus el dogma climático (1ª PARTE). Tierra y Tecnología nº60. Enrique Ortega Gironés, geólogo. 30nov2022.
https://www.icog.es/TyT/index.php/2022/11/la-geologia-versus-el-dogma-climatico-1a-parte/?amp

(300) Derechos de emisiones de CO_2. El reto de reducir las emisiones sin subir la tarifa eléctrica. Open mind BBVA. 18/06/2021.
https://www.bbvaopenmind.com/ciencia/medioambiente/reto-reducir-emisiones-sin-subir-tarifa-electrica/amp/

(301) RED III. *https://cero2050.es/es/red-iii-propuesta-de-directiva-sobre-energias-renovables/*

(302) Economía Circular en la Unión Europea. Ministerio para la transición ecológica y el reto demográfico. *https://www.miteco.gob.es/es/calidad-y-evaluacion-ambiental/temas/economia-circular/comision-europea/*

(303) Thor Hanson. Lagartos huracanados y calamares plásticos: La dura y fascinante biología del cambio climático. Alianza Editorial, 2023.

(304) Eric H. Cline. 1177 B.C.: The Year Civilization Collapsed. Revised and updated. Editorial: Princeton University Press; Updated edition. February 2nd, 2021.

(305) Kershner, Isabel. The New York Times. «Pollen Study Points to Drought as Culprit in Bronze Age Mystery».
https://www.nytimes.com/2013/10/23/world/middleeast/pollen-study-points-to-culprit-in-bronze-era-mystery.html?pagewanted=all

(306) Amado Herrero. Una grave sequía acabó con el Imperio Hitita. El Mundo, 08-02-2023. *https://www.elmundo.es/ciencia-y-salud/ciencia/2023/02/08/63e381efe4d4d89b718b45a8.html*

(307) Bradley, RS, 2003-Climate of the last Milenium-Working Group Workshop, Bjerkness Centre for Climate Research, August 2003.

(308) Raymond S. Bradley, Malcolm K. Hughes, Henry F. Diaz. Climate in Medieval Time. 17 OCTOBER 2003 VOL 302 SCIENCE.

(309) Cook E.R., Palmer J.G., D'Arrigo R.D. (2002), Evidence for a 'Medieval Warm Period' in a 1100-year tree-ring reconstruction of past austral summer temperatures in New Zealand. GEOPHYSICAL RESEARCH LETTERS, VOL. 29, NO. 14, 1667, 10.1029/2001GL014580, 2002

(310) Fagan, Brian. The Little Ice Age: How Climate Made History 1300-185. Basic Books; Revised edition. November 26th, 2019.

(311) Raphael Neukom, Nathan Steiger, Juan José Gómez-Navarro, Jianghao Wang & Johannes P. Werner. Nature volume 571, pages 550–554 (2019). No evidence for globally coherent warm and cold periods over the preindustrial Common Era. *https://www.nature.com/articles/s41586-019-1401-2*

(312) PAGES 2K CONSORTIUM. 11julio 2017. *https://www.ncbi.nlm.nih.gov/pmc/articles/PMC5505119/*

(313) Noticias del Parlamento Europeo. Emisiones de gases de efecto invernadero por país y sector (infografía). Actualizado 28-03-2023. *https://www.europarl.europa.eu/news/es/headlines/society/20180301STO98928/emisiones-de-gases-de-efecto-invernadero-por-pais-y-sector-infografia*

(314) A. Agencia Internacional de la Energía. World Energy Outlook 2023. *https://iea.blob.core.windows.net/assets/26ca51d0-4a42-4649-a7c0-552d75ddf9b2/WorldEnergyOutlook2023.pdf*

B. Agencia Internacional de la Energía. World Energy Outlook 2022. *https://www.iea.org/reports/world-energy-outlook-2022?language=es*

(315) Informe sobre el cambio climático. Gases de efecto invernadero, datos CO_2 en la atmósfera. ONG Oceana. *https://europe.oceana.org/es/cambio-climatico-2/*

(316) The warming effect of each molecule of CO_2 declines as its concentration increases. CO_2 coalition. *https://co2coalition.org/facts/the-warming-effect-of-each-molecule-of-co2-declines-as-its-concentration-increases/*

(317) Teresa Guerrero. La paleo climatóloga Ellen Thomas: "La Tierra se recuperará de este cambio climático, los humanos lo tenemos mucho más difícil". El Mundo, 19/06/2023. *https://amp.elmundo.es/papel/lideres/2023/06/19/64904ab3e4d4d879188b4591.html*

(318) Fundación BBVA. Premio Fronteras del Conocimiento. Ellen Thomas y James Zachos. *https://www.premiosfronterasdelconocimiento.es/galardonados/ellen-thomas/*

(319) La prohibición de vender nuevos coches de gasolina y diésel a partir de 2035 en la UE. Noticias del Parlamento Europeo. 28/10/2022, actualizada el 13/02/2023. *https://www.europarl.europa.eu/news/es/headlines/economy/20221019STO44572/la-prohibicion-de-vender-nuevos-coches-de-gasolina-y-diesel-a-partir-de-2035*

(320) M.R. Martín. La UE veta oficialmente el coche de gasolina desde 2035 con la excepción alemana. Libre Mercado, 28/03/2023. *https://www.libremercado.com/2023-03-28/la-ue-veta-oficialmente-el-coche-de-gasolina-desde-2035-con-la-excepcion-alemana-7000045/*

(321) Jesús Díaz. La 'mayoría silenciosa' de expertos que duda sobre el coche eléctrico. El Confidencial, 04/01/2023. *https://www.elconfidencial.com/tecnologia/novaceno/2023-01-04/dudas-coche-electrico-litio-materiales_3550758/*

(322) Jesús Esteba. General Motors: ser propietario de un automóvil será "el mayor lujo" en el futuro. Libre Mercado, 01/04/2023. *https://www.libremercado.com/2023-04-01/general-motors-ser-propietario-de-un-automovil-sera-el-mayor-lujo-en-el-futuro-7000508/*

(323) China dispara la apertura de centrales de carbón y echa por tierra la lucha de Occidente contra el CO_2. Libre Mercado, 06/03/2023. *https://www.libremercado.com/2023-03-06/china-dispara-la-apertura-de-centrales-de-carbon-y-echa-por-tierra-la-lucha-de-occidente-contra-el-co2-6991604/?_ga=2.100047006.1856492630.1678111509-1534000074.1678111509*

(324) Wolfgang Fengler and Homi Kharas. Building a prosperous world with fewer emissions. Brookings Global Connections, 13/04/2023. *https://www.brookings.edu/blog/future-development/2023/04/13/building-a-prosperous-world-with-fewer-emissions/*

(325) Our World in data. Global CO_2 emissions from fossil fuels. *https://ourworldindata.org/co2-emissions#global-co2-emissions-from-fossil-fuels-global-co2-emissions-from-fossil-fuels*

(326) Facts about the climate emergency. United Nations Environment Program. *https://www.unep.org/facts-about-climate-emergency*

(327) Climate change 2013 The Physical Science Basis. Intergovernmental Panel on Climate Change, IPCC. *https://www.ipcc.ch/site/assets/uploads/2018/03/WG1AR5_SummaryVolume_FINAL.pdf*

(328) Comisión Europea. Climate Action. Consecuencias del cambio climático. *https://ec.europa.eu/clima/climate-change/consequences-climate-change_es*

(329) Manuel Lamas. ¿Consenso? 1.600 científicos, Nobel incluidos, desmienten la emergencia climática. Libre Mercado, 31/08/2023. *https://www.libremercado.com/2023-08-31/consenso-1600-cientificos-nobel-incluidos-desmienten-la-emergencia-climatica-7044932/*

(330) John Abbot y otros 23 autores. Climate Change Facts. Stockade Books, 2015.

(331) Climate Facts. CO_2 Coalition. *https://co2coalition.org/facts/*

(332) A. Hernández. Clauser: "El 'cambio climático' es en realidad una desinformación muy deshonesta difundida por los políticos". Libre Mercado, 16/09/2023. *https://www.libremercado.com/2023-09-16/clauser-el-cambio-climatico-es-en-realidad-una-desinformacion-muy-deshonesta-presentada-por-varios-politicos-7048877/*

(333) Manuel Lamas. Hasta los ecologistas empiezan a admitir que no hay emergencia climática. Libre Mercado, 04/10/2023. *https://www.libremercado.com/2023-10-04/hasta-los-ecologistas-empiezan-a-admitir-que-no-hay-emergencia-climatica-7055379/*

(334) Christian Gérondeau. Le CO_2 est bon pour la planète: Climat, la grande manipulation. Editorial: L'artilleur, 2019

(335) Christian Gérondeau. La religion écologiste: Climat, CO_2 et hydrogène: réalité et fiction. Editorial: L'artilleur, 2021.

(336) Christian Gérondeau. Les douze mensonges du GIEC: La religion écologiste 2. Editorial: L'artilleur, 2022.

(337) Bjørn Lomborg. Falsa alarma: por qué el pánico ante el cambio climático no salvará el planeta. Editorial Antoni Bosch, 2021.

(338) Michael Shellenberger, No hay apocalipsis: Por qué el alarmismo medioambiental nos perjudica a todos. Editorial Deusto, 2021.

(339) Hans Rosling. Factfulness: Diez razones por las que estamos equivocados sobre el mundo. Y por qué las cosas están mejor de lo que piensas. Editorial Planeta, 2018.

(340) Richard Lindzen y otros autores. Climate change, the facts. Editorial: Stockade Books, 2015.

(341) Hugo Rubio Águila, Cambio Climático ¿Hecho o Fraude?, edición independiente, 2021. ASIN: B0B28HTK4W.

(342) Alejandro Caiser. La verdad sobre el cambio climático: ¿realmente es provocado por el hombre?, edición independiente, 2022. ASIN: B0B4HJSR8G.

(343) Steven E. Koonin. Climate Science Is Not Settled. The Wall Street Journal. Sept. 19, 2014. *https://www.wsj.com/articles/climate-science-is-not-settled-1411143565*

(344) Steven E. Koonin: "Las metas de los políticos con el clima no son reales". El Mundo, Emilia Landaluce, 1-10-22.

https://amp.elmundo.es/papel/el-mundo-que-viene/2021/10/01/614d9f30fc6c83aa4a8b461d.html

(345) Los dogmas de la religión climática. The Objective. Esperanza Aguirre, 11-11-2022. https://theobjective.com/elsubjetivo/opinion/2022-11-11/cambio-climatico-2/

(346) Histerismo Climático. The Objective. Guadalupe Sánchez. 8-11-2022. https://theobjective.com/elsubjetivo/opinion/2022-11-08/histerismo-climatico/

(347) A New Book Manages to Get Climate Science Badly Wrong. Scientific American. By Gary Yohe on May 13, 2021. https://www.scientificamerican.com/article/a-new-book-manages-to-get-climate-science-badly-wrong/?amp=true

(348) A critical review of Steven Koonin's 'Unsettled'. Yale Climate Connections. by MARK BOSLOUGH, MAY 25, 2021. https://yaleclimateconnections.org/2021/05/a-critical-review-of-steven-koonins-unsettled/

(349) Cranky Uncle vs. Climate Change book. Dr. John Cook, founder of the website Skeptical Science. https://crankyuncle.com/book/

(350) National Geographic. Tonga's strange volcanic eruption was even more massive than we knew. Maya Wei-Haas. 21-11-2022. https://www.nationalgeographic.com/science/article/tonga-volcano-largest-eruption-pacific-ocean-tallest-plume

(351) Teresa Guerrero. Así es el Hunga Tonga-Hunga Ha'apai, el volcán que llegó al espacio: "Una erupción así ocurre cada 100 años". El Mundo, 7 diciembre 2022. https://www.elmundo.es/papel/historias/2022/12/07/6390c0afe4d4d8ce308b45c4.html

(352) Miguel del Pino. Biólogo, Profesor de la Universidad Complutense de Madrid y Catedrático del Instituto de Ciencias Naturales. Explosión del volcán submarino HUNGA TONGA en el Pacífico Sur, 15-01-2022. https://www.libertaddigital.com/opinion/miguel-del-pino/volcan-hunga-tonga-calefaccion-global-planetaria-6926327/

(353) ¿Por qué ha hecho tanto calor estos meses? Un volcán puede ser la respuesta. La Razón 02-11-2022. H.M. https://www.larazon.es/sociedad/20221102/odx7lihspfhidcymgj5h5eab3i.html#:~:text=Un%20estudio%2C%20publicado%20en%20Geophysical,ya%20presente%20en%20esa%20atm%C3%B3sfera.

(354) El vapor de agua emitido por el Tonga puede durar de 5 a 10 años. Entrevista Luis Milán. Antonio Cerrillo. La Vanguardia 31-10-2022 https://www.lavanguardia.com/natural/20221030/8586968/vapor-agua-erupcion-tonga-causara-calentamiento-pequeno.html

(355) Manuel Fernández Ordóñez. En busca de la libertad. Editorial LGE Libros, 2023

(356) El cambio climático se combate con innovación no con mensajes catastrofistas. The Objective. John Lomborg. 19-9-22. https://theobjective.com/economia/2022-09-19/cambio-climatico-innovacion/

(357) Diego Sánchez de la Cruz. Alex Epstein, el defensor de los combustibles fósiles: "El clima era mucho más peligroso antaño". Libre Mercado, 25/02/2023. https://www.libremercado.com/2023-02-25/alex-epstein-el-defensor-de-los-combustibles-fosiles-han-contribuido-al-progreso-humano-6989605/

(358) Diego Sánchez de la Cruz. Alex Epstein (II): "Tenemos que desconfiar de quienes dicen ser los defensores del Planeta". Libre Mercado, 26/02/2023. https://www.libremercado.com/2023-02-26/alex-epstein-ii-tenemos-que-desconfiar-de-quienes-dicen-ser-los-defensores-del-planeta-6990205/

(359) Luis Fernando Quintero. Ni ha terminado ni hemos visto lo peor: los precios de la luz seguirán disparados entre 3 y 5 años. Libre Mercado 20-04-2023. https://www.libremercado.com/2023-01-20/ni-ha-terminado-ni-hemos-visto-lo-peor-los-precios-de-la-luz-seguiran-disparados-entre-3-y-5-anos-6977366/?_ga=2.208444181.643153975.1674231516-1448903175.1662836290

(360) Claves del paquete "Fit for 55" de la Comisión Europea. Carbon Border Adjustment Mechanism. CEOE, marzo 2022. https://www.ceoe.es/sites/ceoe-corporativo/files/content/file/2022/04/05/104/2203_ceoe_claves-paquete-fit-for-55.pdf

(361) Las catástrofes relacionadas con el clima se quintuplican en 50 años, pero la mejora de los sistemas de alerta salva más vidas. Noticias ONU, 01/09/2021. https://news.un.org/es/story/2021/09/1496142

(362) ¿Están aumentando las catástrofes naturales? Javier Caamaño Malagón. MAPFRE. https://www.mapfre.com/actualidad/seguros/estan-aumentando-las-catastrofes-naturales/

(363) Biogás: residuos orgánicos que pueden calentar tu casa y propulsar tu coche. UE Studio. El Mundo, 30-10-2022. https://sostenibles.elmundo.es/biogas-residuos-organicos-que-pueden-calentar-tu-casa-y-propulsar-tu-coche

(364) Biogás y biometano, soluciones innovadoras para un futuro neutro en carbono. Libertad Digital. 18-01-2023. https://www.libremercado.com/2023-01-18/biogas-y-biometano-soluciones-innovadoras-para-un-futuro-neutro-en-carbono-6975119/

(365) Si el cambio climático es un problema, las renovables no son la solución. The Objective. Velarde Daoiz. 10-02-22. https://theobjective.com/elsubjetivo/opinion/2022-02-10/cambio-climatico-energias-renovables/

(366) Paula María. Entrevista a Juan Béjar, presidente Bruc Management: "Me preocupa un horizonte de energía a precio cero que haga inviables los proyectos". El Mundo, 25-07-2023. *https://www.elmundo.es/economia/actualidad-economica/2023/07/22/64b7bd35fdddff898 48b45c0.html*

(367) Paula María. Renovables denuncian a Red Eléctrica por paradas forzosas en sus plantas cuando sobra energía. El Mundo, 21-07-2023. *https://www.elmundo.es/economia/empresas/2023/07/21/64ba9be9 e9cf4a5e368b45a3.html*

(368) C. Jordá. El dato que todos callan: la energía eólica necesita mil veces más espacio que la nuclear para producir lo mismo. Libre Mercado, 27/02/2023. *http://m.libertaddigital.com/economia/2023/02/27/ el-dato-que-todos-callan-la-energia-eolica-necesita-mil-veces-mas-espacio-que-la-nuclear-para-producir-lo-mismo-6990535/*

(369) El gobierno exime de la evaluación de impacto ambiental a los proyectos de energías renovables, independientemente de su tamaño. Asociación Española de Evaluación del impacto Ambiental -EIA-, 09-01-2023. *https://www.eia.es/nota-de-prensa-rdl-20-2022/*

(370) Bjørn Lomborg. España demuestra los peligros de ser líder mundial en renovables (subvenciones). Libertad Digital, 18dic2015. *https://www.libertaddigital.com/opinion/bjørn-lomborg/espana-demuestra-los-peligros-de-ser-lider-mundial-en-renovables-77579/?_ ga=2.258057551.496518010.1662371928-1969139735.1662371927*

(371) Pilar Sánchez Molina y Beatriz Santos. La AIE predice un escenario de alto coste y bajos ingresos para el reciclaje solar. PV Magazine, 26/09/2022. *https://www.pv-magazine.es/2022/09/26/la-aie-predice-un-escenario-de-alto-coste-y-bajos-ingresos-para-el-reciclaje-solar/*

(372) Carlos Prego. Reciclar las palas de los aerogeneradores se ha convertido en un problema. Vestas tiene una idea: descomponerlas. Xataka, 11/02/2023. *https://www.xataka.com/energia/reciclar-palas-aerogeneradores-se-ha-convertido-problema-vestas-tiene-idea-descomponerlas/amp*

(373) Reciclaje de palas eólicas, un nuevo reto para la energía eólica. IBERDROLA. *https://www.iberdrola.com/sostenibilidad/reciclaje-palas-eolicas*

(374) Carlos Segovia. Biden rompe la carrera del hidrógeno: ofrece que producirlo en EE. UU. cueste la mitad que en España. Actualidad Económica. 20-11-22. *https://www.elmundo.es/economia/actualidad-economica/2022/11/20/637540a6fdddff74478b45cb.html*

(375) Guillermo del Palacio. La diplomacia del hidrógeno: España pugna con Francia, Alemania y Estados Unidos por ser líder mundial. El Mundo, 25/02/2023. *https://www.elmundo.es/economia/2023/02/25/ 63f8f9a4fdddff2a268b4593.html*

(376) Guillermo del Palacio. ¿Adónde van los 30.000 millones del hidrógeno verde? El Mundo, 19/03/2023. *https://www.elmundo.es/economia/actualidad-economica/2023/03/18/6410aab1fc6c83ea718b4582.html*

(377) El proyecto que quiere alimentar viejas centrales de carbón con una energía inacabable. MR Martín. Libre Mercado, 11-12-2022. *https://www.libremercado.com/2022-12-11/quaise-energia-geotermica-proyecto-alimentar-centrales-carbon-con-energia-inacabable-6965480/*

(378) EE. UU. logra un hito histórico para la energía infinita con fusión nuclear. Jesús Díaz. El Confidencial, 12-12-2022. *https://www.elconfidencial.com/tecnologia/novaceno/2022-12-12/fusion-nuclear-energia-nuclear_3538448/*

(379) EE. UU. da un paso histórico para lograr una energía limpia e inagotable con la fusión nuclear. Patricia Biosca, ABC, 13-12-22. *https://www.abc.es/ciencia/prueba-primera-podemos-replicar-energia-estrellas-tierra-20221213160751-nt.html*

(380) Emilio de las Heras. Fusión Nuclear: bla, bla, bla. Expansión, 15-12-2022. *https://www.expansion.com/blogs/cambioclimatico/2022/12/15/fusion-nuclear-bla-bla-bla.html*

(381) El 'imperio nuclear' que planea China: construirá 150 nuevos reactores en 15 años, más que el resto del mundo en las últimas tres décadas. EL ECONOMISTA, 4-11-21. *https://www.eleconomista.es/energia/noticias/11463091/11/21/El-imperio-nuclear-que-planea-China-construira-150-nuevos-reactores-en-15-anos-mas-que-el-resto-del-mundo-en-las-ultimas-tres-decadas.html*

(382) EE. UU. responde a China con 300 reactores nucleares en 2050. Jesús Díaz. El Confidencial, 21-05-22. *https://www.elconfidencial.com/tecnologia/novaceno/2022-06-21/eeuu-300-reactores-nucleares-china-2050_3447565/*

(383) Jesús Díaz. EE. UU. quiere sustituir todas sus centrales de carbón por nucleares. El Confidencial 17-09-2022. *https://www.elconfidencial.com/tecnologia/novaceno/2022-09-17/eeuu-energia-nuclear-carbon_3491680/*

(384) Francia anuncia la construcción de 14 nuevos reactores nucleares para lograr la "independencia energética". El Economista, 01/03/2023. Europa Press. *https://www.eleconomista.es/economia/amp/11611869/All-in-de-Francia-con-la-energia-nuclar-anuncia-la-construccion-de-14-nuevos-reactores*

(385) Alex Epstein. Un futuro fósil. Editorial Deusto, 2023.

(386) European Council. Climate Change: what the EU is doing. *https://www.consilium.europa.eu/en/policies/climate-change/*

(387) Consejo Europeo. Financiación de la transición climática. *https://www.consilium.europa.eu/en/policies/climate-finance/*

(388) Más de 200 países avalan un nuevo fondo climático. EXPASIÓN, 19 de noviembre del 2022. *https://expansion.mx/mundo/2022/11/19/ estados-unidos-acepta-fondo-climatico-para-paises-desarrollo*

(389) Diego Sánchez de la Cruz. China, el país que más contamina, se niega a financiar el fondo climático de la ONU. Libre Mercado 4-12-22. *https://www.libremercado.com/2022-12-04/china-el-pais-que-mas-contamina-se-niega-a-financiar-el-fondo-climatico-de-la-onu-6962591/*

(390) Pedro Mielgo. La COP27 y la realidad. Club Libertad Digital, 11-11-2022. *https://www.clublibertaddigital.com/ideas/tribuna/2022-11-11/ pedro-mielgo-la-cop27-y-la-realidad-6953788/*

(391) Entrevista Daniel Lacalle, El Debate, 12sep2022. *https://www.eldebate.com/economia/20220912/daniel-lacalle-luz-europa-no-cara-casualidad-diseno-politico-tarifa-maquina-recaudar-impuestos_59350.html*

(392) Carlos Cuesta. Estrepitoso fracaso de la política energética de Sánchez y los líderes europeos: el gas subirá otro 21% en 2023. Libertad Digital, 27-12-2022. *http://m.libertaddigital.com/economia/2022/ 12/27/estrepitoso-fracaso-de-la-politica-energetica-de-sanchez-y-los-lideres-europeos-el-gas-subira-otro-21-en-2023-6970731/*

(393) Luis Fernando Quintero. Ni ha terminado ni hemos visto lo peor: los precios de la luz seguirán disparados entre 3 y 5 años. Libre Mercado 20-04-2023. *https://www.libremercado.com/2023-01-20/ni-ha-terminado-ni-hemos-visto-lo-peor-los-precios-de-la-luz-seguiran-disparados-entre-3-y-5-anos-6977366/?_ ga=2.208444181.643153975.1674231516-1448903175.1662836290*

(394) ¿Qué es el déficit de tarifa eléctrico? EXPANSIÓN. *https://www.expansion.com/economia-para-todos/familia/ que-es-el-deficit-de-tarifa-electrico.html*

(395) Diego Sánchez de la Cruz. Embargan edificios y cuentas del Reino de España por impagos de Sánchez a las renovables. Libre Mercado, 05/04/2023. *https://www.libremercado.com/2023-04-05/embargado-edficio-sede-instituto-cervantes-londres-impagos-sanchez-renovables-7002168/*

(396) María Jamardo. Seis países persiguen al Gobierno para que pague los 2.000 millones de las primas de las renovables. El Debate, 16/04/2023. *https://www.eldebate.com/espana/20230416/seis-paises-persiguen-gobierno-pague-2-000-millones-primas-renova-bles_108225.html*

(397) El Parlamento Europeo etiqueta como "verdes" la energía nuclear y el gas. Euronews, 06/07/2022. *https://es.euronews.com/my-*

europe/2022/07/06/el-parlamento-europeo-etiqueta-como-verdes-la-energia-nuclear-y-el-gas

(398) Nikolaus J. Kurmayer. Germany reactivates coal power plants amid Russian gas supply threats. EURACTIV 9 mar 2022 (updated: 10 mar 2022). *https://www.euractiv.com/section/energy/news/germany-reactivates-coal-power-plants-amid-russian-gas-supply-threats/*

(399) Lützerath: la batalla de los ecologistas en el pueblo alemán que será demolido para ampliar una mina de carbón. Redacción BBC News Mundo. 10-01-2023. *https://www.bbc.com/mundo/noticias-internacional-64223698*

(400) Alemania dice este sábado adiós a la energía nuclear con el cierre de sus tres últimas centrales. Euronews, 14/04/2023. *https://es.euronews.com/2023/04/14/alemania-dice-este-sabado-adios-a-la-energia-nuclear-con-el-cierre-de-sus-tres-ultimas-cen*

(401) Diego Sánchez de la Cruz. El Gobierno, a contracorriente: cada vez más países europeos apuestan por la nuclear. Libre Mercado, 11-03-2022. *https://www.libremercado.com/2022-03-11/energia-nuclear-espana-moratoria-psoe-otros-paises-macron-francia-eslovaquia-polonia-comision-europea-verde-6875326/*

(402) Jesús Cacho. La industria española y el tabú nuclear. Vozpopuli, 23/04/2023. *https://www.vozpopuli.com/opinion/industria-espanola-y-tabu-nuclear.html*

(403) Guillermo del Palacio. El nuevo plan energético del Gobierno: multiplicar las renovables, cierre nuclear y el enigma del almacenamiento. El Mundo, 28-06-2023. *https://www.elmundo.es/ciencia-y-salud/medio-ambiente/2023/06/28/649c19fffc6c8391708b4577.html*

(404) Guillermo del Palacio y Elsa Martín. Un 81% de renovables, promesa de baterías y adiós a la nuclear: así cambiará el sistema eléctrico español. El Mundo, 28-06-2023. *https://www.elmundo.es/economia/2023/06/28/649c6059fdddffb1a38b459f.html*

(405) Carlos Segovia. La banca de inversión da un suspenso al plan energético del Gobierno: "Carece de credibilidad. Se puede coger con pinzas". El Mundo, 02/07/2023. *https://www.elmundo.es/economia/2023/07/02/64a1b310fc6c83d2628b45e0.html*

(406) Javier Leal. Red Eléctrica cree que España no puede prescindir de la nuclear como quiere Sánchez. The Objective, 05/07/2023. *https://theobjective.com/economia/2023-07-05/red-electrica-espana-nuclear-ribera/*

(407) Plan Nacional Integrado de Energía y Clima (PNIEC) 2021-2030. Ministerio para la Transición Ecológica y el Reto Demográfico. *https://www.miteco.gob.es/es/prensa/pniec.html*

(408) REPowerEU. *https://commission.europa.eu/strategy-and-policy/priorities-2019-2024/european-green-deal/repowereu-affordable-secure-and-sustainable-energy-europe_es*

(409) Diego Sánchez de la Cruz. Repsol, Iberdrola y Endesa cargan contra la burocracia, los impuestos y los excesos de la agenda climática. Libre Mercado, 16/09/2023. *https://www.libremercado.com/2023-09-16/ruiz-tagle-iberdrola-ceo-denuncia-subidas-impuestos-y-costes-transicion-ecologica-7049071/*

(410) Pierre Briançon. La UE debe aclarar los costes de la transición ecológica. Cinco Días, 19/07/2023. *https://cincodias.elpais.com/opinion/2023-07-19/la-ue-debe-aclarar-los-costes-de-la-transicion-ecologica.html*

(411) M.R. Martín. La UE admite que "la transición climática va a tener una repercusión económica y social difícil de evaluar". Libre Mercado, 26/04/2023. *https://www.libremercado.com/2023-04-26/la-ue-admite-que-la-transicion-climatica-va-a-tener-una-repercusion-economica-y-social-dificil-de-evaluar-7008261/*